本书得到东华大学人文社科出版基金资助

忆的流动

体时代档案记忆再生产转型研究

东华大学
出版社·上海

图书在版编目（CIP）数据

记忆的流动：新媒体时代档案记忆再生产转型研
究 / 张燕著. -- 上海：东华大学出版社，2024. 10.
ISBN 978-7-5669-2426-1

Ⅰ. G279.21

中国国家版本馆 CIP 数据核字第 2024XM1841 号

责任编辑：周慧慧
装帧设计：上海三联读者服务合作公司

记忆的流动：新媒体时代档案记忆再生产转型研究

JIYI DE LIUDONG:XINMEITI SHIDAI DANGAN JIYI ZAISHENGCHAN ZHUANXING YANJIU

张　燕　著

出　　版：东华人学出版社（上海市延安西路1882号，邮政编码：200051）
本社网址：dhupress.dhu.edu.cn
天猫旗舰店：http://dhdx.tmall.com
营销中心：021-62193056　62373056　62379558
印　　刷：上海万卷印刷股份有限公司
开　　本：710 mm × 1000 mm　1/16
印　　张：20
字　　数：358千字
版　　次：2024年10月第1版
印　　次：2024年10月第1次印刷
书　　号：ISBN 978-7-5669-2426-1
定　　价：78.00元

序

  档案与记忆宛若历史土壤中萌发的两株藤蔓，相伴相生、彼此缠结、浑然一体。尽管古今先哲对档案与历史、历史与记忆的考察由来已久，但对于档案与记忆深层关联的研究，则迟至20世纪90年代以后。随着社会记忆理论兴起、世界记忆工程实施等，档案学界才有了真正学理意义上的再认识和新发现。研究者们在细察这一"藤蔓"生发演进、新陈代谢的过程中，敏锐捕捉到档案记忆孕育的新兴学术生命力，中外学者相关研究成果相继出现，屡有切中肯綮之论。诚如黑格尔言之"熟知非真知"，档案记忆研究升温有其脉络可寻。置于整个人类社会这一宽阔场域，档案记忆以社会学"聚光灯"将历史面纱下相对隐蔽的社会情境、关系、权力、媒介、认同、文明传承等凸显、照亮，体现出多维的社会旨趣与强烈的时代意蕴。档案记忆研究已然成为档案学和社会记忆研究领域的一道风景和新兴理论范式。

  档案不仅是记忆的载体或工具，更是有生命的"记忆体"，反映出档案作为中介切入的社会记忆的形体（形态）、特性或存在状态。社会记忆形态并非凝固的、单一化的，而是在流动记忆与固化记忆、存储记忆与功能记忆、交往记忆与文化记忆等不同形态之间不息流转变化的。历经学术共同体的孜孜以求，研究成果日趋丰硕，并逐渐聚合形成了当下以资源论、建构论、功能论为主导的档案记忆话语框架，同时也存在一些观念、思想、认识上的局限，有待强化档案记忆本体论思维和实践转向，推动档案记忆研究走向新境界。

受记忆建构观的影响，档案记忆研究中也长期存在着档案记忆的建构性思维，即便相关研究逐渐延展到记忆传承、控制、保护，这一思维程式仍作用于其中。马克思社会再生产理论为我们提供了社会记忆研究领域的又一指导理论和阐释路径。跳出"记忆建构"思维，迈向"记忆再生产"，这一超越具有思想、理论和实践的多重意义，成为深化档案记忆研究的创新来源与动力，并推动打造具有中国特色的档案记忆理论体系。从档案记忆研究到档案记忆再生产，是一种自然延伸或自然深化的过程。它以"档案记忆再生产"范畴统摄档案实践活动，以探索档案记忆本质特点、记忆再生产内在机制、参与社会再生产的社会机制和发展规律为问题导向，将档案记忆再生产置于社会记忆再生产的整体性框架中，突出解释学取向，对客观存在并延续于人类社会发展历史时空的档案记忆现象加以理解和阐释，以生产出更具解释力和预见性的档案学理论知识。本书正是体现这一新思维、新理论、新态势的有益探索与尝试，符合社会记忆理论研究当代发展趋势。

全书充分运用马克思社会再生产理论，以"记忆再生产"为主线，围绕"档案记忆何以再生产、何以介入社会再生产"这一核心议题，对档案记忆生成、加工到消费这一生生不息、循环往复的流动过程进行考察，突出了档案记忆的本体地位。这也奠定了马克思主义理论在社会记忆／档案记忆研究中的指导地位和解释价值，具有开创探索意义。针对新媒体时代对人类生活形式和生活世界面貌的深刻改变，作者以宏观发展意义上的新媒体时代为研究坐标，对档案记忆再生产的转型变化、运行逻辑、推进机制等进行了较为深入的系统分析，提出"太极图式"机理模型等创新视点，实现档案记忆再生产对象、过程、结果与时空之间的有机统一，既立足于现实档案实践，又超越现实档案实践，对重新认识思考档案记忆生成转化、档案实践发展具有学术探知价值。作为以博士论文为基础的专著，虽然在选题、逻辑展开、内容铺陈上多有创新努力和思考，但亦有不足和可持续深化之处，诸如档案记忆再生产理论体系的构建、面向国家治理体系与治理能力现代化的"档案记忆治理"、人工智能时代的档案记忆再生产伦理等问题仍具有较大的探索和延展空间，希望作者进一步发挥学术想象力，不断开拓充满活力的问题空间，取得更多富有创新性的成果。

张燕是我的第一位博士生，求学阶段对她要求格外严格，务求踏实精进。学术之路不免荆棘，求索之艰自不待言，然曲径通幽处，豁然开朗、收获之丰足以盖之。从零星的思维火花到这本最终呈现在读者面前的著作，凝聚了作者在档案记忆领域累积数年的研究心得。作为老师，见证了本书丝织缕进的过程，听闻终得付梓，甚感慰藉，欣然作序，以资勉励，并表期许，希望秉持初心，不畏险阻，求索之途得闻馨香，尽享其趣。

愿"海阔凭鱼跃，天高任鸟飞"！

丁华东

2023 年 11 月于上海大学

前　言

　　档案作为当代重要的信息资源和历史文化遗产之一，对于社会记忆具有独特意义。在"社会记忆"这一学界广泛题域，"档案记忆"议题演绎出富有学术想象力的又一趣境。从马克思主义精神生产角度，社会记忆再生产作为一种精神再生产现象普遍存在于人类社会。档案是"刻写"的社会记忆，档案领域也是社会记忆再生产的典型场域。基于中外档案事业史考察，本书梳理并总结档案记忆再生产的历史脉络与演变轨迹，进而以蕴含转型动能的新媒体时代到智媒时代的发展为实践语境，探讨当代档案记忆再生产转型方向与推进机制。

　　本书引入"档案记忆再生产"新范畴统摄档案实践活动，以此为论域构建新兴的"档案记忆再生产理论"体系框架。档案记忆再生产包括从生成、加工到消费循环往复的记忆流动过程，贯通文本形式、内容、意义三个层面。它以记忆行为、过程和结果的三重集合，直接参与社会记忆乃至整个社会的再生产，促进记忆传承、社会治理和文化认同。汲取中华优秀传统文化智慧，笔者以"太极图"式模型勾勒了档案记忆再生产体系的运作机理，深度嵌入媒体传播要素，展现"档案记忆社会化"和"社会记忆档案化"两大流程的交互更新。

档案与档案工作以一种社会建制形式而存在，档案记忆再生产作为社会记忆系统的有机组成，受外部政治、经济、文化、媒介以及内部主体、制度、资源等因素综合影响。在媒介化生存与生产方式快速变革的推动下，新媒体时代叠加着一系列的转型情境变化。本书聚焦档案记忆流动过程，深入分析新媒体时代档案记忆再生产过程、对象、方式等的转型变化，关注档案记忆与社会再生产的互动与功能发挥，指向共享档案记忆和共同体培育与发展。面向智媒时代，有必要建构提升档案记忆再生产转型能级的推进机制体系，以推动整体社会记忆以及社会的再生产。

"忽如一夜春风来"，倏忽间新媒体时代已大步迈向智媒时代，媒体从未如今日深入社会和人类生活，且充满变数与可能性。基于档案记忆与媒体、与社会的深度关联，媒体不仅扮演记忆"中介"角色，更演化为档案记忆的一种再生产机制。新媒体时代不仅在技术层面，更在社会文化的深层结构层面对档案记忆再生产提出全方位的转型要求。本书对身处时代浪潮的档案记忆实践活动予以理论抽象与实证分析，有利于重新探讨档案记忆的生成转化规律，推进档案实践转型，亦可为各类文化记忆如城市记忆、乡村记忆、红色记忆、非遗记忆、共同体记忆、社群记忆等再生产提供借鉴与参考。

目 录

绪　论

　　号称"国民的整体"或"国家"的这个庞然大物"利维坦"是用艺术造成的，它只是一个"人造的人"；……向它提供必要知识的顾问们是它的"记忆"。

——（英）托马斯·霍布斯①

　　英国学者托马斯·霍布斯（Thomas Hobbes）在其名著《利维坦》中，以身体组成比喻国家构成，记忆之于国家的重要性不言而喻。在国家-社会这一庞大生命体中，"记忆"以贯通人类总体意识和社会行动的方式，为有机体的整体运行输送绵延不尽的"生命"能量。档案是人类实践活动的原始历史记录，档案系统正是其中专司记忆的重要部分。诚如一定集体（群体）的形成与凝聚有赖于共享的集体记忆与共识，国家、社会的结构形式和功能秩序亦须通过社会记忆或共享的共同体价值认同来维系。档案是凝结国民精神、民族意识、社会心态的典型"记忆之场"，档案记忆成为一种独特的社会记忆形态，新媒体时代则为其演绎出充满技术变革与社会"心跳"的生产语境。

---

① 托马斯·霍布斯：《利维坦》，黎思复、黎廷弼等译，商务印书馆，2017，引言。

一、研究背景与研究意义

（一）研究背景

1. 档案记忆实践的兴起

20世纪90年代以来，世界各国逐渐关注记忆遗产问题。1992年，在联合国教科文组织的牵头下，国际档案理事会积极参与的世界记忆项目在全球范围内实施，推动了濒危、珍贵文化遗产保护，显著提升了公众对文化遗产的认知。受此影响，诸多国家与地区纷纷启动层次、形式、内容各异的记忆工程（项目）。按洲别分布，代表性的记忆项目有：美洲的美国记忆、佛罗里达记忆等，加拿大记忆计划；拉丁美洲的加勒比地区照片藏品、哥伦比亚百年建筑掠影；欧洲的俄罗斯记忆、俄罗斯拉兹维史记、荷兰"记忆宫殿"展览、意大利"威尼斯时光机"、匈牙利数字化项目、捷克共和国布拉格手稿、波兰记忆、保加利亚-圣索菲亚、亚美尼亚虚拟玛坦纳达兰等；亚洲的新加坡记忆工程、土耳其坎地利天文台手稿、乌兹别克斯坦14—17世纪东方掠影、也门萨那手稿等；非洲的透过明信片汇集看20世纪以来的埃及、西非明信片、突尼斯明信片、马里廷巴克图手稿等①。

在国际记忆实践活动的推波助澜下，中国于1996年成立世界记忆项目中国国家委员会，1998年参与创立亚太地区委员会，2016年起成立澳门知识中心以及北京、福建、苏州学术中心。自1997年世界记忆工程设立"世界记忆名录"以来，截至2023年，中国先后入选世界记忆名录15项，包括中国传统音乐录音档案、清内务府档案、侨批档案、南京大屠杀档案等。2000年，国家设立"中国档案文献遗产名录"，截至2023年

---

① 徐拥军：《档案记忆观的理论与实践》，中国人民大学出版社，2017，第114—139页。

共有5批198件（组）珍贵档案文献入选。青岛、浙江两地档案局（馆）分别于2002年、2011年启动城市记忆工程、乡村记忆工程，其影响力和辐射力逐步显现，全国多地相继兴起实施。此外，档案馆、图书馆、博物馆、研究机构等共同参与实施了一系列记忆实践项目。仅以"北京记忆"为主题的就有中国人民大学"北京城市记忆"、北京市档案局（馆）"北京市档案信息网"、首都图书馆"北京记忆"等。近些年，中国人民大学信息资源管理学院实施了一系列数字记忆研究项目，包括"北京记忆""广州记忆""台州古村落"等。2022年，"十四五"全国档案事业发展规划着力推进"新时代新成就国家记忆工程"，开展"红色记忆""脱贫攻坚""新冠肺炎疫情防控"等专题档案记忆项目①。以上项目为本选题提供了广阔而生机勃勃的记忆"田野"。

记忆实践持续升温并呈热潮之势的背后，是人们对文化价值传统、情感认同等的守护与需求，以及以记忆的交流共享达成不同文明间的理解对话。2023年习近平在文化传承发展座谈会上强调，"要坚定文化自信、担当使命、奋发有为，共同努力创造属于我们这个时代的新文化，建设中华民族现代文明"。②档案与记忆、档案与社会的深层互动关系，已凸显为横亘时空的现实命题。我国档案和档案工作拥有悠久历史传统和独特制度文化，其内涵与外延亦随时代发展而发生深刻变革，富有中国特色的档案工作体系在世界上独树一帜。当代社会转型持续深入，记录和凝结社会演进历史的社会记忆出现膨胀加速与流失危机并存的发展态势。既往生活中惯常的诸多事物以碎片化、离心化的形式悄然流逝，某些"幸运物"则以令人兴叹的文献遗产、工业遗产、乡村遗产等形式，

① 《中办国办印发〈"十四五"全国档案事业发展规划〉》，https://www.saac.gov.cn/daj/yaow/202106/899650c1b1ec4c0e9ad3c2ca7310eca4.shtml，访问日期：2022年10月6日。
② 《习近平出席文化传承发展座谈会并发表重要讲话》，https://www.gov.cn/yaowen/liebiao/202306/content_6884316.htm，访问日期：2023年6月25日。

见证"时光之殇"。"档案的生产也已成为我们时代的迫切要求"①，"档案化"成为社会存续记忆、对抗遗忘的主要举措之一。

美国学者马克·波斯特（Mark Poster）认为，"语言构型中的变化，或者说语言包装中的变化，改变着主体将意符转化为意义的方式，这是文化生产中极为敏感的一点"②。数字传播阶段直指现代媒体，以互联网为代表的新媒体重塑了人类交流与生活方式，并深度嵌入社会文化结构，媒体变革亦成为考察档案记忆再生产转型的重要切入点。以新媒体为主要传播媒介、人类媒体化生存为特征的新媒体时代已"高歌猛进"。截至2023年6月，中国网民规模达10.79亿人③。在数字经济大踏步发展的同时，文化消费领域活力迸发。"以数字化、网络化、智能化为主要特征的文化新业态行业快速发展，已成为推动我国文化产业高质量发展的重要支撑。"④从互联网网站到微博、微信、抖音等社交媒体，从数据库技术到云计算、大数据、区块链、人工智能、5G等技术，从融合媒体到智能媒体，2021年"元宇宙"又掀起互联网"旋风"，新媒体时代的快速演进令人感叹。

在这一转型背景下，档案部门已然感受到变革的现实力量。近几年，国家不断实施和推进媒体融合发展战略、中华优秀传统文化传承发展工程、国家大数据战略、人工智能发展规划、网络强国战略、文化数字化战略、国家治理体系和治理能力现代化等。根据2022年国家文化数字化战略，"到2035年，建成物理分布、逻辑关联、快速链接、高效搜

---

① 皮埃尔·诺拉：《记忆与历史之间：场所问题》，黄红艳译，载皮埃尔·诺拉《记忆之场：法国国民意识的文化社会史》，黄红艳等译，南京大学出版社，2015，第14页。
② 马克·波斯特：《信息方式：后结构主义与社会语境》，范静哗译，商务印书馆，2000，第17页。
③ 中国互联网络信息中心（CNNIC）：《第52次〈中国互联网络发展状况统计报告〉》，https://www.cnnic.net.cn/n4/2023/0828/c88-10829.html，访问日期：2023年11月6日。
④ 《2022年全国文化及相关产业发展情况报告发布》，https://finance.sina.com.cn/jjxw/2023-06-29/doc-imyyyhsn9590294.shtml，访问日期：2023年7月1日。

索、全面共享、重点集成的国家文化大数据体系。发展数字化文化消费新场景,大力发展线上线下一体化、在线在场相结合的数字化文化新体验。"①2023 年中共中央、国务院印发《数字中国建设整体布局规划》,将数字中国定位为"数字时代推进中国式现代化的重要引擎",强调要"以数字化驱动生产生活和治理方式变革"②。可以预见,文化数据采集、加工、交易、分发、呈现等领域的数字化转型,必然对档案记忆的再生产方式与手段产生重要影响。

时代土壤孕育"时代之问"。"十四五"全国档案事业发展规划提出,要"创新档案工作理念、方法、模式,加快全面数字转型和智能升级",强调要"鼓励开展新媒体信息的采集"③。档案工作所面对的时代议题已是"深化档案信息化战略转型"以至智慧化转型。这为档案记忆研究提供了现实框架,据此解析档案记忆何以再生产及其整体作用的深层机理,可确立现实的行动逻辑,从而为档案事业现代化建设提供理论参考。

2. 档案记忆研究的进展

档案记忆实践活动的兴起推动了档案记忆的研究进程,档案记忆研究从功能性解释深入至本体论分析,关注相对整体社会记忆、人类总体社会的运行意义。对档案机构的认识也从保管、守护记忆的物理场所,过渡到具有象征和符号意义的"记忆之场"。一系列直面"中国问题"的记忆创新实践衍生出新的理论增长点,譬如新型城镇化下的城市记忆工程、乡村振兴下的乡村记忆工程、文化传承创新下的红色记忆工程,

① 《中共中央办公厅 国务院办公厅印发〈关于推进实施国家文化数字化战略的意见〉》,http://www.gov.cn/xinwen/2022-05/22/content_5691759.htm,访问日期:2022 年 11 月 5 日。
② 《中共中央 国务院印发〈数字中国建设整体布局规划〉》,http://www.gov.cn/zhengce/2023-02/27/content_5743484.htm,访问日期:2023 年 3 月 15 日。
③ 《中办国办印发〈"十四五"全国档案事业发展规划〉》,https://www.saac.gov.cn/daj/yaow/202106/899650c1b1ec4c0e9ad3c2ca7310eca4.shtml,访问日期:2022 年 10 月 6 日。

富有本土意义与当代价值。

　　档案记忆作为社会"生命"有机体的组成，记忆的"损伤"如档案记忆的流失、断裂、变形等不可避免。"记忆的损伤则可能来自这些机制的损坏。"①尽管法国哲学家亨利·柏格森（Henri Bergson）主要从生理和心理方面作此论断，但其对社会记忆生成机制的探讨仍具启发意义。在传播学领域，有研究者将媒体记忆的生产机制视作媒体记忆研究的首要批判性议题②，档案记忆有何种生产机制及如何确保其持续、"无损"运行，亦成为重要批判性议题。

　　从学术发展角度来看，档案记忆研究也在探寻意义中不断深化理论向度。档案学不仅解决"是什么""为什么"的问题，也体现为"融入一种档案作为人类经验记录的新哲学"③。正是基于对档案记忆本质意义的思考，档案记忆观应运而生。这为研究档案记忆再生产指明了知识路径，并提出关乎档案记忆再生产价值取向的一系列问题。诸如：新媒体时代档案如何记忆？媒体、档案记忆和社会间如何运作？档案记忆在何种情境下得以唤醒、再现？档案记忆与记忆生产者、接受或消费者有何关联？档案记忆伦理如何体现人类共同价值？

　　记忆如法国学者雅克·德里达（Jacques Derrida）所言是多义的，这增加了多条研究进路下的复杂性，因此，"转而从它的研究方法而不是研究对象出发来讨论，这或许是一条更加切实可行的途径"④。档案记忆理论已演化出一种新范式。范式的一大特征即既有研究成果"足以无限

---

① 亨利·柏格森：《材料与记忆》，肖聿译，北京联合出版公司，2013，第229页。
② 李红涛、黄顺铭：《新闻生产即记忆实践——媒体记忆领域的边界与批判性议题》，《新闻记者》2015年第7期。
③ BURKE F G：The future course of archival theory in the United States，*The American Archivist*，1981年第44卷。
④ 周兵、张广智、张广勇：《西方史学通史（第六卷：现当代时期）》，复旦大学出版社，2011，第300页。

制地为重新组成的一批实践者留下有待解决的种种问题"①。从既有研究和发展趋势来看，档案记忆理论仍有诸多议题值得深入探讨。有必要强化记忆实践与社会运作逻辑机理研究，并从中抽离出更具解释力和预测力的理论成果，增强档案记忆新范式的生命力。

目前档案学界以外的领域主要关注档案的记忆存储功能，相对局限于"提供大量的实践经验的借鉴"②的整理编目等业务操作层面。在以媒介（体）为研究对象的传播学领域，也有研究者承认对于档案"在传播研究与理论中重视不足"③。尽管档案记忆尤其数字档案记忆对于集体记忆、媒体记忆愈显重要，"这种发展对专业和非专业的媒体制造者的影响尚未被完全探索或者（很可能）还未被探索"④。既有媒体进路的相对弱化，为档案记忆及其再生产研究开辟了提升空间，推动理论的聚合、深化和视角转换。英国学者理查德·豪厄尔斯（Richard Howells）坦言新媒体研究"可畏"，"这是一个极具变化的领域，即使是最时兴的研究，到它成熟时就可能已经过时了"⑤。尽管这是一条学术畏途，档案记忆及其再生产研究仍须直面新媒体时代这一动态化的变革语境。有研究者认为"集体记忆研究需要以新媒体带来的个体话语力崛起以及社会变迁作为重要背景铺开"⑥。这也为本书从新媒体时代语境出发深化档案记忆研究确立了基点和方向。

① 托马斯·库恩：《科学革命的结构》，金吾伦、胡新和译，北京大学出版社，2003，第9页。
② 邵鹏：《媒介作为人类记忆的研究——以媒介记忆理论为视角》，博士学位论文，浙江大学，2014，第32页。
③ TIMCKE S：“The materials of memory:tracing archives in communication studies”，*Interactions:Studies in Communication & Culture*，2017年第1期，第9—20页。
④ 简·基德：《新媒体环境中的博物馆：跨媒体、参与及伦理》，胡芳译，上海科技教育出版社，2017，第43页。
⑤ 理查德·豪厄尔斯：《视觉文化》，葛红兵等译，广西师范大学出版社，2010，第225页。
⑥ 张庆园：《传播视野下的集体记忆建构：从传统社会到新媒体时代》，中国社会科学出版社，2016，第27页。

（二）研究意义

从档案记忆再生产的绵延性出发，其要旨在于探究其"制造过程及其意义"，即它"在当下是如何不断地被制造和重塑的"①。数字媒介引发的时代变革"使得记忆这个课题受到空前的重视"②，媒体已广泛渗透、介入并重塑人类精神空间与生活世界，智媒时代的到来则赋予"媒体、社会与记忆"更为深刻的意义，也使包括档案工作在内的各领域面对转型发展的重大挑战。"转型不仅仅是理念的更新，主题的重新定义，还包括视域的变化，特别是理论与实践、方法技术与应用诸方面的深刻变革。"③作为档案参与社会再生产的重要实践方式，档案记忆再生产也悄然开启转型之路，本书主题的研究意义亦就此展开。

1. 理论意义

对"档案记忆生产机制"这一命题的探讨，有利于深化对档案、记忆与社会的总体框架性的认知和内在机理性的分析，并延展至对整体社会记忆再生产、人类社会再生产作用机制的分析，进一步丰富档案记忆研究范式和中国特色档案事业现代化理论体系。

第一，深化档案记忆的本体论研究。本书与知识社会学、文化社会学、马克思主义理论等密切相关，从价值观的意义力图寻求一系列涉及档案和档案工作之社会存在意义的答案。诸如：谁有权利（力）生成档案记忆？档案记忆之合法性源于什么？档案记忆的边界在哪里？档案记忆再生产如何影响人们对过去的再现和对未来的理解？多元的档案记忆如个体/公共档案记忆、官方/民间档案记忆等何以贯通？这也有利于

---

① 罗德尼·哈里森：《文化和自然遗产批判性思路》，范佳翎、王思渝、莫嘉靖等译，上海古籍出版社，2021，第280页。

② 扬·阿斯曼：《文化记忆：早期高级文化中的文字、回忆和政治身份》，金寿福、黄晓晨译，北京大学出版社，2015，前言。

③ 柯平：《后知识服务时代：理念、视域与转型》，《图书情报工作》2019年第1期，第36—40页。

其他记忆议题如地方记忆、空间记忆、红色记忆、非遗记忆、社群记忆等的深化，并与其他学科领域如社会学、政治学、传播学等的记忆研究形成对话空间，进而在基于本质、区别与联系的分析基础上，重新审视档案记忆所处的宏观记忆场域。

第二，丰富档案记忆研究范式。本书从马克思社会再生产总体观重新审视档案工作，将其纳入社会再生产、精神再生产的整体分析框架，将档案资源建设与开发利用等统摄于档案记忆再生产的论域，对文化与社会、人的自由全面发展等予以更多关注，从而开辟新的理论诠释路径。同时从文化的"第二次结合"出发，注重对中华优秀传统思想文化的消化、吸收，力求视野更为综合、更具本土意义。据此，进一步探查档案记忆蕴含的社会结构和机制，理解档案工作如何作为一种社会建制而存在、运行，把握档案记忆生发演进规律及其意义再生产本质；对社会记忆断裂、缺失、空白、冲突等现象，从档案记忆再生产机制的破坏、变形、重建等角度予以回应。不仅强调档案记忆"是什么"，更探寻档案记忆如何从社会生活中生产和再生产出来，回答"为什么"。

第三，深化档案记忆传递共享研究。正如"集体记忆"被提出以来，社会记忆如何保持与传递成为学者共同关注的焦点。冯惠玲认为，记忆的进化沿两条进路发展：一是从个体记忆到社会记忆；二是记忆媒介的进化，从体化记忆扩展为"刻写记忆"①。前一进路离不开包括档案在内的各类记忆媒介的中介作用；后一进路强调了记忆媒介进化的路径，并助推了前一进路的深入。本书的主题某种程度上也是对这两大进路的呼应。档案记忆再生产面向整体社会记忆和人类共同记忆，不仅考察个体

---

① 冯惠玲：《构建数字记忆 把历史传给未来》，http://www.news.cn/2023-04/27/c_1129572680.htm，访问日期：2023年5月3日。

记忆到社会记忆的扩散，还意图探究作为复数的社会记忆内部不同群体档案记忆的传递共享。新媒体时代这一研究语境不仅关注记忆媒介的线性跨媒体变化态势，也关注记忆媒介日益注重感官具身体验、体化记忆的"人性化"逆向发展趋势，以及新媒体参与重塑的、社会记忆赖以存在演化的社会生产生活空间。

2. 实践意义

一是为档案事业战略转型提供理论参考。档案事业的智慧化转型已引起多方关注。落实到实践层面，最根本的意义在于结合档案工作实践活动，探讨在智媒时代如何提升档案参与社会记忆乃至整个社会再生产的能力，在国家和民族认同凝聚、国家与社会治理、人类命运共同体构建等方面充分释放档案记忆能量。随着时代发展，公民及社会组织更多地以自我表达与传播、获取和利用开放档案等方式参与档案记忆再生产，图书馆、博物馆、纪念馆等各类机构同样强化了记忆再生产的理念和举措。迈向智媒时代，档案记忆再生产面临形态多元、内容多样、规模扩张的复杂实践状况，其规律与特点关系到再生产何种档案记忆。如何防止社会记忆断裂或空缺，如何应对冲突或对抗，一系列实践问题亟待理论介入。

二是为档案部门以及各类文化记忆机构提供记忆实践路径借鉴。近些年档案开放和档案资源开发利用逐渐深入，档案文化产品生产取得显著成效。仅"十三五"期间，全国各级综合档案馆出版编研资料3014种、13.9亿字，举办档案展览12 870个①。但总体上"拳头"成果仍显不足，难以形成新媒体时代"刷屏"效应。对比现实领域的"档案解密""历史记忆热"，公众对档案记忆并非缺乏兴趣，瓶颈在于与其精神

---

① 《中办国办印发〈"十四五"全国档案事业发展规划〉》，https://www.saac.gov.cn/daj/yaow/202106/899650c1b1ec4c0e9ad3c2ca7310eca4.shtml，访问日期：2022年10月6日。

文化需求不相适应。这也呼唤档案记忆的高质量生产，深化供给侧结构性改革，将更多资源投向新生或扩张中的供给，加大优质档案记忆成果输出。这对城乡记忆、红色记忆、非遗记忆等其他记忆实践也具有启示意义。

由此，本选题之意义，莫过于拨开新媒体空间的数字迷雾，管窥文化与社会运行的深层意蕴，追索"记忆何以可能"这一恒久命题。从档案记忆再生产这一社会"自觉"行为的新视角出发，期望在一定程度上更新档案记忆实践认识，助推档案记忆实践迈入新意境。

二、主要概念与理论基础

（一）主要概念

1. 社会记忆

"记忆"首先以重要的身体机能为人类所认知，相关探讨溯及久远，发端并集中于个体生理、心理层面。"记忆"在《辞海》中释义为"人脑对经历过的事物的识记、保持、再现或再认"[①]。记忆何以产生，早期有古希腊柏拉图（Plato）的"蜡板说"、亚里士多德（Aristotle）的"记忆说"、古罗马圣奥古斯丁（Augustinus）关于时间与记忆的论述，以及英国洛克（Locke）的"白板说"，等等。19世纪80年代，德国心理学家赫尔曼·艾宾浩斯（Hermann Ebbinghaus）基于记忆科学实验结果，发现记忆呈现出"遗忘曲线"的轨迹，即以其名字命名的"艾宾浩斯遗忘曲线"。19世纪末20世纪初，英国心理学家弗雷德里克·C.巴特莱特（Frederic Charles Bartlett）将记忆属性从生理、心理层面拓展到社会层面，在其所提出的"心理图式"中，记忆的形成是一个主动建构的社会

[①] 夏征农、陈至立：《辞海（第2卷　第六版）》，上海辞书出版社，2009，第1031页。

化过程，记忆的社会化属性受到关注①。

20世纪20年代，法国社会学家莫里斯·哈布瓦赫（Maurice Halbwachs）发表《论集体记忆》《论记忆的社会框架》等著述，开创性地提出集体记忆（collective memory）理论。他敏锐探察到记忆现象并非个体独属，而是作为一种社会现象广泛存在于家庭、社会阶级、宗教等各类社会群体中，由此将研究视点从个体记忆迁移并聚焦到作为社会群体而存在的集体记忆。事实上，哈布瓦赫这一极具"社会学想象力"的思想，既受到其老师——法国社会学家埃米尔·迪尔凯姆（Émile Durkheim）有关"集体欢腾"理念的影响，又开辟了全新的学术视野，关注到历史短时段的"集体欢腾"之外，在长时段历史"沉默"中集体何以凝聚。集体记忆是"立足现在而对过去的一种重构"②，是特定社会群体成员在既有社会框架内共享经验、往事的过程与结果，是有别于个人自传式记忆、历史记忆的独特记忆现象。与哈布瓦赫同时代的德国艺术史学家阿比·瓦尔堡（Aby Warburg）在研究图像史时，亦论及社会记忆，并关注到记忆能量的存在。

由集体记忆迈向社会记忆的研究进路则由美国学者保罗·康纳顿（Paul Connerton）所推进和深化，集体记忆理论延展为社会记忆（social memory）理论。康纳顿在《社会如何记忆》这本著作中，着眼于"社会记忆何以传递与保持"这一枢纽性议题，将社会记忆划分为身体感官体验的体化记忆和依托客体中介的刻写记忆两大类，并重点探讨了纪念仪式、体化实践两类传授行为，尤其是体化实践在记忆操演中的作用与方式。他认为，社会记忆有别于历史重构，后者具有"相对于社会记忆

① 弗雷德里克·C.巴特莱特：《记忆：一个实验的与社会的心理学研究》，黎炜译，浙江教育出版社，1998，第259—280页。
② 莫里斯·哈布瓦赫：《论集体记忆》，毕然、郭金华译，上海人民出版社，2002，第59页。

的独立性"①。

德国学者阿斯曼夫妇提出了文化记忆理论。扬·阿斯曼（Jan Assmann）从外部维度将记忆划分为摹仿性记忆、对物的记忆、交往记忆（语言和交流）、文化记忆（对意义的传承）四部分②。集体回忆分为交往记忆与文化记忆。这一理论的提出在于，"社会交往出现了过度膨胀的局面，随之要求产生可以起中转作用的外部储存器"③。文化记忆的媒介表现为各种外化物及"以文字、图像、舞蹈等进行的传统的、象征性的编码及展演"④。阿莱达·阿斯曼（Aleida Assmann）从记忆功能状态出发，将记忆分为存储性记忆和功能性记忆两大类别，并视其为历史、记忆的不同回忆模式。

法国史学家皮埃尔·诺拉（Pierre Nora）提出"记忆之场"这一富有时空感的记忆概念。"记忆之场"融实在性、象征性、功能性于一体，是"一切在物质或精神层面具有重大意义的统一体，经由人的意志或岁月的力量，这些统一体已经转变为任意共同体的记忆遗产的一个象征性元素"⑤。这一界定将社会记忆从具有共时性特征的群体范围，延伸至具有符号意义的集体（如民族、国家）。诺拉强调了记忆与历史的对立状态。历史在加速，记忆在后退。历史具有相对普遍性，关注事物演变及

---

① 保罗·康纳顿：《社会如何记忆》，纳日碧力戈译，上海人民出版社，2000，第10页。

② 扬·阿斯曼：《文化记忆：早期高级文化中的文字、回忆和政治身份》，金寿福、黄晓晨译，北京大学出版社，2015，第11—12页。

③ 扬·阿斯曼：《文化记忆：早期高级文化中的文字、回忆和政治身份》，金寿福、黄晓晨译，北京大学出版社，2015，第13页。

④ 扬·阿斯曼：《文化记忆：早期高级文化中的文字、回忆和政治身份》，金寿福、黄晓晨译，北京大学出版社，2015，第51页。

⑤ 皮埃尔·诺拉：《记忆与历史之间：场所问题》，黄红艳译，载皮埃尔·诺拉《记忆之场：法国国民意识的文化社会史》，黄红艳等译，南京大学出版社，2015，第76页。

相互关系；记忆则与特定群体相关联，植根于各类具象①。记忆由此与当下联系。德国社会心理学家哈拉尔德·韦尔策（Harald Welzer）从英国历史学家彼得·伯克（Peter Burke）的分析出发，将"社会记忆"概念扩充为"一个大我群体的全体成员的社会经验的总和"，包括经验、历史、神话、传说等②。美国学者沃尔夫·坎斯特纳（Wulf Kansteiner）从记忆的接受这一传播的另一端出发，把集体记忆定义为一种集体现象，是文化传统、记忆制造者和记忆消费者三种因素相互作用的结果③。

我国学者李伯聪在《论记忆》一文中论及"社会的记忆"，认为社会一旦丧失记忆就无法进步与发展④。人类学家王明珂将社会记忆理解为所有在社会中借各种媒介保存、流传的记忆⑤。孙德忠从哲学的实践立场，将社会记忆定义为"人们将在生产实践和社会生活中所创造的一切物质财富和精神成果以信息的方式加以编码、储存和重新提取的过程的总称"⑥。张庆园从传播学角度认为集体记忆是"群体成员不断获得并广泛共享的那些有关群体共同元素的结构化信息"⑦。

围绕"记忆"的多维度探讨，也体现出它日益成为人文社会科学的元概念之一。以此发散出的"社会记忆"这一术语呈现出宛若学术"灌

---

① 皮埃尔·诺拉：《记忆与历史之间：场所问题》，黄红艳译，载皮埃尔·诺拉《记忆之场：法国国民意识的文化社会史》，黄红艳等译，南京大学出版社，2015，第5—6页。

② 哈拉尔德·韦尔策：《社会记忆：历史、回忆、传承》，季斌、王立君、白锡堃译，北京大学出版社，2012，第16页。

③ 沃尔夫·坎斯特纳：《寻找记忆中的意义：对集体记忆研究一种方法论上的批评》，载李宏图《表象的叙述：新社会文化史》，上海三联书店，2003，第141页。

④ 李伯聪：《论记忆》，《自然辩证法通讯》1991年第1期，第1—9页、第36页。

⑤ 王明珂：《历史事实、历史记忆与历史心性》，《历史研究》2001年第5期，第136—147页、第191页。

⑥ 孙德忠：《社会记忆论》，湖北人民出版社，2006，第12页。

⑦ 张庆园：《传播视野下的集体记忆建构：从传统社会到新媒体时代》，中国社会科学出版社，2016，第54页。

木丛"的多元景象，各领域学者基于不同视角对其予以界定、取舍与剪裁。记忆作为一种行为，是信息编码、解码的过程；作为一种结果，是信息、知识、关系及建构意义等的复合体。本书所指的"社会记忆"即一定的社会群体通过各种媒介形式保存、传递、共享的社会框架、历史事实、价值理念与生活经验，将有关社会记忆、文化记忆、历史记忆的表述与思想均纳入考察范围，以便从更广的范围汲取智慧与经验。

2. 档案记忆

20世纪90年代，社会记忆理论开始影响并被引入档案学界。研究者们从早期的零星阐述，发展至当下基于繁荣记忆实践的广泛探讨，不仅形成了"档案记忆"这一专门术语，档案记忆理论也已成为档案学新兴研究范式之一。尽管针对"档案记忆"存在不同视点，但其本身作为一种分析性、启发性概念，值得作为逻辑起点，深化对广阔社会视域下档案、记忆与社会内在运作机理的理解与认知。"档案记忆"并非"档案"和"记忆"两词的简单叠加，而是指涉现实存在的社会事实和过去存在的历史事实，基于人、事、物、社会关系而产生。

"档案记忆"作为"档案"这一档案学元概念的衍生概念之一，其概念界定和内涵分析首要须纳入"档案"的概念史分析，进而厘清其概念特质。词源反映出人们对事物原初意义的认知和理解，其变迁始终与历史贯通。档案英文词名为"archives"，源于由古希腊文演化而来的拉丁文"archivum"，另有法语、德语、意大利语、西班牙语等文字词根"archi"，由最早指代"官署所在地"衍生到"专指档案机构及其保存的档案文件"[①]。依照学界通行的认识，中国正式出现"档案"这一专门名词始自清代，但作为物质客体的档案则古已有之。随着人们对档案原始记录性本质属性的深入认识，"档案"在学理和法律规范上均基本达成

---

① 黄霄羽：《外国档案管理学》，中国人民大学出版社，2008，第7页。

共识。

　　"20世纪社会学方法帮助人们从人类记忆角度认识了档案的功能。"①
基于档案的原始记录性和记忆功能，档案学界既有从传统思维出发的记
忆载体说、记忆工具说、记忆属性说，也有从新兴的记忆理论视角出发
的社会记忆形态说。前者反映对档案所具记忆属性与功能的不同角度的
理解；后者则源于对档案本体论和实践论的认识，将档案视为一种独立
的记忆客体形态——档案记忆，归属于社会记忆中的刻写记忆、文本记
忆、储存记忆②。本书采用社会记忆形态说，认为档案不仅是一种记忆载
体或记忆工具，档案记忆本质上是以档案作为刻写记忆中介的社会记忆
形态。结合社会记忆的内涵分析，档案记忆即档案化的特定社会群体传
递、共享的社会框架、历史事实、价值理念与生活经验。如美国学者兰
德尔·吉姆森（Randall C. Jimerson）视档案记忆为记忆的一大类型，以
档案记录与文件为表现形式，与个体记忆、集体（社会）记忆、历史记
忆共同构成记忆整体，为人类提供对过去的理解与反思③。

　　档案记忆基于档案，但并不等同于档案，而是类似档案与档案信息
的概念衍生关系。这体现出档案学在不同研究范式下的展开逻辑和范畴
边界。"档案记忆"概念凸显档案之记忆意义和档案记忆观视点，由此
可与其他中介切入的社会记忆形态，如媒体记忆、空间记忆、影像记
忆、数字记忆等形成对照。这一概念的提出有利于面向社会记忆全域，
深入探究档案记忆自身的内在生成规律和社会运行机理。档案记忆研究
要对记忆研究有所贡献，既不能泛化、无所不包，也不能狭隘、固守边

---

① 冯惠玲、安小米：《第十四届国际档案大会的学术特点及主要议题》，《档案学通讯》2000
　　年第6期。
② 丁华东：《档案与社会记忆研究》，人民出版社，2016，第88页。
③ JIMERSON R C: "Archives and memory", *International Digital Library Perspectives*，2003年
　　第3期。

界。需指出的是，要基于"档案"与"档案记忆"的本质关联牢固树立档案记忆的立足点，否则可能滑向纯理念边缘，失去现实根基。从马克思主义唯物辩证法的物质第一性出发，从物质对象中介角度切入，研究档案记忆与社会记忆，合乎理论与实践。

3. 档案记忆再生产

20世纪80年代吴宝康先生就敏锐指出档案与精神生产的关联。"从档案本身来说它又是智力产品，属于精神生产的范畴。""贮存和传播知识的档案财富，无愧为人类社会进行精神再生产和物质再生产的一种智力资源。"[①]由于社会再生产包含精神再生产和物质再生产，档案为社会再生产提供资源的作用得到认可。这些表述也揭示了档案对于精神再生产的作用及其精神再生产特征。1995年，苏万生研究馆员发表《档案再生产论纲》一文，指出档案生产作为精神产品的生产，同样具有再生产过程，进而注意到档案与资本、社会再生产的关联，认为作为资本的档案，可在社会再生产过程中实现价值的增殖[②]。当时记忆仅被视为档案的作用之一，尚未上升至档案基本属性、功能意义的层面，更遑论档案记忆的学科范式层面，也就难以论及档案记忆的再生产，但相关论述实际隐含了档案记忆再生产的部分内涵。

档案记忆再生产涉及记忆客观化物质呈现和主观接受的双重统一。除了档案工作的业务环节，再生产理论在档案学领域其他方面亦有所论及。任汉中注意到与精神生产对应的消费问题，档案具有联结人类社会实践与理性思维活动的功能，"它本身甚至也是一种消费对象，满足着人们的精神需要"[③]。蔡福田提出人们在关注物质资料生产的同时，还要

---

① 吴宝康：《档案学概论》，中国人民大学出版社，1988，第45页。
② 苏万生：《档案再生产论纲》，《黑龙江档案》1995年第3期。
③ 任汉中：《档案起源：人类记忆的一次嬗变》，《湖北大学学报》（哲学社会科学版）2013年第6期。

重视档案教育培训对劳动者本身的再生产①，这体现出对人的全面生产的关注。

　　档案记忆再生产问题随档案记忆研究的深入而逐步显现，并进一步凝结缩聚为档案记忆再生产理论。这一概念的核心在于如何理解"再生产"。从丰富中国特色档案学话语体系角度而言，有必要深化马克思主义理论对档案记忆研究的引领性作用。"再生产"概念主要从马克思社会再生产理论角度加以理解。社会再生产是包括物质再生产、精神再生产、社会关系再生产和人的再生产四大方面的全面再生产，再生产过程由生产、分配、交换、消费四大环节有机组成。"生产为消费创造作为外在对象的材料；消费为生产创造作为内在对象，作为目的的需要。没有生产就没有消费；没有消费就没有生产。"②在整个生产活动中，"生产"与"消费"互为因果、相对成立，消费被视为重要的内在要素、生产环节和生产动力。社会记忆作为人类精神的一种具体形式，可归属于社会再生产中的精神再生产、文化再生产。与社会再生产总过程是从生产到消费的统一原理相对应，社会记忆再生产同样体现为从生产到消费的总过程。虽然社会记忆的"生产""再生产"常同时提出，以区别于原初记忆生产与加工性记忆生产；但从社会再生产、精神再生产理论视角，社会记忆再生产包括生产环节。从"档案记忆"的上位概念"社会记忆"来看，其意义在于强调社会再生产的整体性、动态性、功能性。社会记忆再生产是人类社会历史发展中一种普遍的社会现象。"在当代的条件下，文化生产就是整个社会再生产的一个部分。"③早期学者虽未直接提出这一概念，但研究主题的记忆生成、传递、共享等本质上均可纳入社会记忆再生产范畴来理解。

---

① 蔡福田：《用再生产理论指导档案教育工作》，《山西档案》1985年第2期。
② 马克思、恩格斯：《马克思恩格斯选集：第2卷》，人民出版社，1995，第11页。
③ 汪晖：《当代中国的思想状况与现代性问题》，《文艺争鸣》1998年第6期。

近些年，社会学、人类学、政治学等多学科学者结合记忆生产对象、记忆生产流程等，对社会记忆再生产作出多维度的解读，但尚未达成确定性的定义共识。缺乏普遍、清晰的上位概念界定，固然对档案记忆再生产研究产生一定理论方面的困扰，但也有利于施展"学术想象力"。既有的多元化、阐释性分析为此提供了可贵的思想源泉与理论前提。"社会记忆再生产是对社会记忆进行一系列施加影响的行为、过程和结果"，具有反复性和加工性[①]。因此，档案记忆再生产可理解为对档案记忆进行一系列施加影响的行为、过程和结果，具体表现为档案记忆经生成、加工、消费不断累积、扩大更新，实现积累、重构、活化、展演、传递、共享的过程。"档案记忆再生产"可视作一种启发性、分析性概念，起到理论聚合作用。

与"档案记忆再生产"相对的还有"档案记忆生产"这一概念。从表述与内涵上，两者密不可分。研究者对二者关系的认识存在一定分歧，记忆再生产常专指对记忆进行加工、再现、更新的生产。争议所在也是潜在的学术增长点。如前文所述，根据马克思社会再生产理论，再生产体现为从生产到消费的往复更新过程。档案记忆再生产作为精神再生产的重要内容，同样遵循这一生产规律与过程。"档案记忆再生产"概念反映的正是这一循环再生产过程，生产作为起始环节，与消费贯通联结。"生产"从社会学意义上属于相对抽象的概念，从广义角度来看，加工本质上也是一种生产。从生产过程角度，本书将档案记忆的"生产"以"生成"进行表述，以强调档案记忆的初始生产，从而区别于加工性档案记忆的生产。

"档案记忆再生产"这一概念蕴含三项层层递进的内容。

第一，从档案记忆再生产的要素与过程来看，它体现为档案记忆从

---

① 丁华东:《论社会记忆再生产的基本结构》,《思想战线》2019年第2期。

生成、加工到消费这一不断累积、扩大更新的往复循环过程。它不仅包括累积、加工形成的新记忆，还包括消费过程中通过理解、内化、阐释等形成的新记忆，从而将档案记忆的累积性、加工性再生产扩展至消费性再生产，体现出综合性的视点。它类似于人口再生产，包括人口的数量增长和素质提升两类再生产。

第二，从目标指向来看，档案记忆再生产通过社会化的档案实践活动进行档案记忆的累积、更新、传播共享，使特定的观念、知识、价值尤其是主流价值观念与意识形态以一定的媒体形式展现出来、传递下去，成为可感知与传播的精神产品，最终使社会依照既定的制度、规范等加以延续和维持。

第三，从档案记忆再生产的社会关联来看，其可达成与社会再生产、社会关系再生产、人的再生产等的对接。档案记忆再生产属于社会的"自觉行为"，关系、权力、认同等交织其中。它以独有的体系、资源与方式参与社会记忆再生产，并因社会关系的卷入推动社会关系再生产，进而以共享价值观念、聚合社会结构等作用于社会发展，促进整个社会的再生产，最终实现人与社会的全面发展。

4. 新媒体

有别于狭隘的媒体机构与从业人员角度，"媒体"本身充满意趣，对其定义的探讨取决于不同学科视角和研究维度，因此"新媒体"的概念界定呈现复杂化、多义化的景象。1967年美国学者戈尔德马克（P. Goldmark）提出"新媒体"（new media）一词，此后对于何为新媒体，学界可谓莫衷一是。这源于"新媒体"之"新"以相对概念出现，而新媒体始终处于动态演进中。随着互联网、大数据、人工智能等技术的运用，近年来新媒体形态趋向全媒体、融媒体乃至智慧媒体等"新新媒体"，智媒时代已然浮现。"媒体"与其近似概念"媒介"的英文译词相同，均为media，学界常交替采用。在通常的技术和传播意义上，美国学者阿瑟·伯格（Arthur Asa Berger）认为，媒介就是"一对一或一对多（如大众媒介）等方式，传递信息、资讯、文本等的通道"①。加拿大传播学家马歇尔·麦克卢汉（Marshall Mcluhan）则赋予"媒介"全新定义。"任何媒介（即人的任何延伸）对个人和社会的任何影响，都是由于新的尺度产生的；我们的任何一种延伸（或曰任何一种新的技术），都要在我们的事务中引进一种新的尺度。"②媒介即讯息，即人的延伸。这一思想自麦克卢汉在《理解媒介——论人的延伸》（1964年出版）中提出以来，影响广泛而深远。媒介在广义上包括语言、文字、图像、器物、身体、行为等多种形式，本书所指媒介侧重于狭义角度。下文一些引文中"媒介"与"媒体"意义相同，原文引用，不再一一单独指出。

　　新媒体相较于旧媒体，既与之一脉相承，内涵又不断更新。一般而言，"旧"媒体以传统纸质媒介为主，在新闻传播领域有时特指报纸、广播、电视等主要传媒类型。就其外延，"新媒体"属于动态性、发展性的概念。新媒体即"以数字技术、通信网技术、互联网技术和移动传播技术为基础，为用户提供资讯、内容和服务的新兴媒体，它们的共同特点是融合了多种传播技术，使传播可以在更多元的方式下实现"③。"新媒体"在应用层面有时特指社交媒体。机构性质的如政务微博、官方微信公众号等，个体性质的如个人微博、博客、自媒体号等。从媒体发展趋势，对新媒体的考察须立足于整体的互联网络和数字化媒体。

　　媒体不仅是一种物质形态，还因牵涉诸多社会要素、社会关系，具有对社会形态的深刻影响力甚至塑造力。对新媒体内涵的理解，有必要

① 阿瑟·伯格：《理解媒介：媒介与文化研究的关键文本》，秦洁译，清华大学出版社，2013，第3页。
② 马歇尔·麦克卢汉：《理解媒介——论人的延伸》，何道宽译，商务印书馆，2003，第33页。
③ 罗青、马为公：《新媒体传播》，中国传媒大学出版社，2011，第10页。

超越媒介技术与工具的"物"的层面，深入至注重传播形态、社会环境和人类自身体验的文化意义层面，关注其与社会结构、制度等的内在社会逻辑关系。"新媒体实际上是将信息数字化并具有交互性的传播形态。"①这一复合性概念蕴含三重要素，即"技术硬件和设备；活动、实践和使用；围绕着硬件和应用所形成的社会和组织安排"②。作为数字社会沟通实践的新形式，新媒体背后隐含着思想的交互、意义的流动、权力的运作、社会结构的变迁，具有丰富的社会内涵。某种意义上，新媒体和档案记忆均具有指向社会深层运作机制的意蕴。

（二）理论基础

1. 档案记忆理论

自20世纪90年代社会记忆理论被引入档案学界以来，档案记忆理论聚焦档案与社会记忆的深度关联，从社会学视角重新审视置于广阔社会场域中的档案和档案工作，致力于探求档案现象背后的记忆、认同、社会文化结构等深层社会意义解读。历经学界多年耕耘，档案记忆研究成果丰硕，研究边界日益清晰，已从一种档案记忆观演化为又一种档案学研究理论范式。

回溯档案记忆理论的学术脉络，其孕育、萌发和发展离不开记忆实践和理论认识两方面的牵引作用。20世纪世界遗产保护、世界记忆工程的兴起对档案记忆理论的影响无须赘言。一系列记忆实践的诉求不仅与西方工业社会发展、战争破坏等带来的文化冲击和记忆危机有着千丝万缕的联系，同时离不开记忆理论认识的拓展与深化。档案记忆理论是多学科导入并汇集的跨学科论域，深受社会记忆理论、新史学理论等的影响，某种程度上可归属于档案社会学的研究范畴。社会记忆理论对人文

---

① 廖祥忠：《何为新媒体？》，《现代传播》2008年第5期。
② 丹尼斯·麦奎尔：《麦奎尔大众传播理论》，崔保国、李琨译，清华大学出版社，2010，第31页。

社科领域的影响有目共睹，它从学理层面导入档案学视域，时日非长，但所显示的理论解释力与穿透力令人印象深刻。社会记忆理论从社会的宏阔视角解析记忆这一纷繁社会表象下所蕴含的深层复杂社会密码，聚焦记忆如何生成、保持、传播和共享。鉴于档案具有独特的记忆属性和功能，这一社会理论对档案学者具有天然吸引力，自然而然地在档案学领域扎根、生发不息，档案记忆理论也成为社会记忆理论在档案学这一具体学科语境的直观呈现。

此外，档案学界以外的领域也不乏诸多关于档案与记忆认知的真知灼见。随着治理、认同、权力等研究的升温，政治哲学、文化理论、传播理论等多重外部学科元素持续导入，在档案学理论自身不断积累与反思的共同作用下，最终达成档案记忆理论这一新视界的融合。档案记忆理论的学术意义在于从本学科视角进行研究，能够接续档案学传统理论的创新与发展，契合档案实践活动的自身规律与本质特征，凸显理论解释的针对性和适用性。

档案记忆理论的研究取向总体显现出学术深入融合的特征。早期局限于一般性的学术引介和功能阐释，发展到当下研究主题愈益聚焦、机理剖析日益深入。作为一种方法论和新兴研究范式，档案记忆理论已延伸至档案学各个传统领域，包括档案学基础理论、档案管理学、档案文献编纂学、档案保护技术学、电子文件管理等领域。国内外学者就此展开多方面的深入探讨，档案记忆研究成果丰硕，对档案记忆理论展开了富有增长点、令人兴致盎然的学术空间：档案记忆何以可能？档案记忆如何参与社会运作？新时代档案机构有何记忆责任？

本书对档案记忆再生产的探讨，意在综合几种理论取向，突出以下立论观点。首先，作为精神生产的成果，档案记忆是从中介切入的一种特殊的社会记忆形态，遵循从生产到消费的社会再生产机制；其次，作为人类的一种本源性社会记忆，档案记忆映射了社会的整体图像；最后，档案记忆参与形塑社会结构，推动社会和人的全面发展，体现为一种记忆权力和话语权力。

2. 社会记忆理论

自20世纪20年代莫里斯·哈布瓦赫开创集体记忆理论以来，首先进入了一段理论沉寂期，20世纪80年代经由保罗·康纳顿得以发扬光大，并演化为社会记忆理论。20世纪90年代，社会记忆理论迎来兴盛时期，从扬·阿斯曼夫妇的文化记忆理论、皮埃尔·诺拉的"记忆之场"理论，再到阿斯特莉特·埃尔（Astrid Erll）的"跨文化记忆"研究等，理论疆域持续得到拓展，理论解释力也逐渐辐射到多个学科领域。成果迭出、热度不减的社会记忆研究俨然成为当代令人瞩目的学术风景线。也正由于社会记忆理论引入与运用的"遍地开花"现象，整体性研究体系显得相对分散，以致有学者认为"依旧属于缺乏固定范式、无中心、跨学科的领域"①，而这恰也是社会记忆理论的一大富有吸引力之处。概括起来，其主旨主要有以下几方面内容：社会记忆是群体和社会得以凝聚、持续的重要机制与力量；社会记忆受社会历史情境与结构框架的制约和影响，联结过去、当下和未来，是立足于当下对过去的一种集体重构，兼具稳定性与动态性；社会记忆具有鲜明的主体特征，有多少种社会群体就有多少种记忆，彼此关联又有区分，汇聚并从属于更高层级群体组织的社会记忆；社会记忆具有时空相关性，依赖于特定媒体中介活化、传递共享，同遗忘的冲突与对抗贯穿始终。从学科归属来看，社会记忆理论本身从属于社会学，可纳入知识社会学的范畴，同时兼及现象学、诠释学等。知识社会学聚焦知识的社会发生学，探究知识与社会的关系。这一研究理念值得借鉴。

---

① OLICK J K, ROBBINS J: "Social memory studies:from 'collective memory' to the historical sociology of mnemonic practices", *Annual Review of Sociology*，1998年第24期。

3. 社会再生产理论

社会再生产理论以社会再生产的过程及其规律为主要研究对象。早期研究思想萌发于经济领域，集中于物质层面，法国经济学家弗朗斯瓦·魁奈（Francois Quesnay）、英国经济学家亚当·斯密（Adam Smith）等都对社会再生产作出经济学意义上的分析。具有重大标志性意义的是马克思社会再生产理论的孕育形成。马克思在《资本论》中探讨和拓展了社会再生产理论，并建立起社会再生产的总体分析性框架。社会再生产是一个过程性的概念，是生产、分配、交换、消费四个环节的有机统一，生产是起点，消费既是终点又是新一轮生产过程的起点，分配与交换将生产与消费连接起来。社会再生产的形式有两大类，包括简单再生产和扩大再生产，扩大再生产又具有外延上的再生产、内涵上的再生产两层意义[1]。"每一个社会生产过程，从经常的联系和它不断更新来看，同时也就是再生产过程。"[2]社会再生产包括直接生产和流通两大过程。更富意义的是，马克思社会再生产理论不仅强调了生产过程的连续性，更重要的是突出了社会再生产的流通过程。研究流通过程的根本在于"社会再生产过程中的消费问题"[3]。这一社会再生产理论能够解释社会记忆作为一种精神生产现象与实践活动的规律与机制。就与社会记忆、档案记忆的密切程度而言，首推精神再生产。

精神再生产是与物质再生产相对应的一个概念，是人类社会有史以来就客观存在的普遍社会现象，但作为一种学科研究对象则为时不久。精神再生产研究肇始于德国古典哲学对人的精神作用的思辨，以及早期资产阶级经济学家对物质财富源泉的探讨。前者如德国学者黑格尔（Hegel）提出了"精神生产"的概念，后者如德国经济学家弗里德

---

① 张薰华：《〈资本论〉中的再生产理论》，复旦大学出版社，1981，第1页。
② 马克思、恩格斯：《马克思恩格斯全集：第23卷》，人民出版社，1972，第621页。
③ 罗季荣：《马克思社会再生产理论》，人民出版社，1982，第96页。

里希·李斯特（Friedrich List）强调了精神生产对物质生产的推动作用。研究者们对精神再生产内涵与实质的认识也不断深化。

马克思精神再生产理论主要反映在其对于法律、道德、艺术等的论述，其内涵和外延丰富而宽泛。"宗教、家庭、国家、法、道德、科学、艺术等等，都不过是生产的一些特殊的方式，并且受生产的普遍规律的支配。"①马克思在《德意志意识形态》中指出："人们的想象、思维、精神交往在这里还是人们物质行动的直接产物。表现在某一民族的政治、法律、道德、宗教、形而上学等的语言中的精神生产也是这样。"②基于对既往学者精神生产理论养分的汲取与扬弃，马克思对精神再生产形成新的理解与认识，突破了早期资产阶级经济学家"物"和德国古典哲学"人本"的单向度视角③，构建起"哲学意义上的、广义的生产理论，即关于整个人类社会生产和再生产的'全面生产'理论"④。由此，社会再生产由物质再生产出发，拓展至精神、人和社会关系的再生产。四方面再生产内容有机联系、相互作用，共同实现整个人类社会的再生产。各类再生产过程具有从生产到消费往复更新的特点。类似于物质再生产划分为第一、第二部类生产、消费资料的生产，精神再生产亦可具化为第一、第二部类的知识、智力的再生产⑤。随着经济社会的发展，人的精神文化需求日益提升，精神再生产的地位与作用日益突出。景中强在《马克思精神生产理论研究》中全面论述马克思精神生产理论的基础、进程与逻辑发展，强调其当代价值⑥。当代中国精神生产同样令人瞩目，中国式现代化五大特征之一就是物质文明和精神文明相协调的现代化，这一

---

① 马克思：《1844年经济学哲学手稿》，人民出版社，2000，第82页。
② 马克思、恩格斯：《马克思恩格斯选集：第1卷》，人民出版社，1995，第72页。
③ 吴朝邦：《论精神生产概念的历史生成》，《湖北社会科学》2015年第2期。
④ 俞吾金：《作为全面生产理论的马克思哲学》，《哲学研究》2003年第8期。
⑤ 高红贵：《绿色经济发展模式论》，中国环境出版社，2015，第53页。
⑥ 景中强：《马克思精神生产理论研究》，中国社会科学出版社，2004。

现代化模式离不开精神生产的发展与繁荣。

　　社会发展或社会再生产的核心和落脚点是人这一根本主体，反映人的本质，最终指向人的全面发展。社会再生产"对于人来说，它始终是文化的再生产，也就是知识的再生产"①。马克思之后，社会再生产理论逐渐由政治经济学延伸至广阔的社会生活领域，哲学、社会学、人类学、政治学、教育学、信息资源管理学科等诸多学科都有阐述，所涉议题有精神、文化、传统、知识、制度、权利、信息等再生产，它们互相联系，整体又指向文化、制度、秩序、结构等深层社会运行机理。

　　精神再生产研究中最令人瞩目的当属文化再生产理论。这也是马克思再生产理论在文化问题上的引申。法兰克福学派开拓了文化再生产研究的新思路，学术影响力广泛。从既往研究来看，文化再生产一般包括广义的社会文化再生产和狭义的文化产品再生产两个层面。法国的皮埃尔·布迪厄（Pierre Bourdieu）、英国的巴兹尔·伯恩斯坦（Basil Bernstein）、美国的塞缪尔·鲍尔斯（Samuel Bowles）、赫尔伯特·金蒂斯（Herbert Gintis）等社会学家对此深有建树，以布迪厄的文化再生产理论为代表。在与J.-C.帕斯隆（Jean-Claude Passeron）合著的《再生产——一种教育系统理论的要点》一书中，布迪厄通过"文化资本"这一视角，透视权力、阶级、等级等的勾连与运作，揭示被教育系统公正表象掩藏的社会不平等结构，以及这一结构如何得以再生产与合法化。20世纪70年代以来，文化再生产研究"从再生产模式向注重过程、行动和教育情境的产生和演化"②转变，以往相对被忽略的互动受到关注。

　　文化再生产也被德国学者尤尔根·哈贝马斯（Jürgen Habermas）所重视，成为其生活世界理论的有机组成。"生活世界的再生产包含文化

① 尼科·斯特尔：《知识社会》，殷晓蓉译，上海译文出版社，1998，第13页。
② 章敏：《简论塞缪尔鲍尔斯经济再生产观对美国资本主义教育系统的影响》，《文教资料》2016年第18期。

的再生产、社会的整合及个体的社会化"，生活世界理性化的最高形式即文化再生产[1]。德国学者瓦尔特·本雅明（Walter Benjamin）分析了机械复制和艺术品再生产的关系，强调"原作的此时此地性构成了它的原真性"[2]。美国人类学家马歇尔·萨林斯（Marshall Sahlins）在《文化与实践理性》一书中提出了区别于实践理性的意义理性（文化），文化系统与物质系统不可分裂，"整个生产系统就是一个充满了文化意图的领域"，"生产实际上是对象系统中的文化的再生产"[3]。

20世纪80年代英国学者安东尼·吉登斯（Anthony Giddens）提出结构化理论，视社会再生产为理解社会变迁与转型的关键，认为"宏观的社会结构框架中的循环往复再生产就是系统再生产，即跨越一定时空范围的行动者或集合体之间的交互关系"[4]。权力经由实践、运用资源对结构施加影响。与文化再生产有类通性的还有传统、权力、制度、关系等的再生产。英国学者埃里克·霍布斯鲍姆（Eric Hobsbawm）认为传统并非一成不变的，一些所谓的传统不过是近代的"发明"和"生产"[5]。自20世纪中期起，研究者们逐渐关注文化再生产相关的各类社会文化问题，包括科技、网络、教育、都市文化、文学艺术等，文化再生产理论得到进一步丰富和发展。

国外文化再生产研究动向引起国内学者关注。近年来教育学、社会学、人类学、民俗学、传播学等多学科的研究者运用文化再生产理论探讨文化再生产与教育、传统、民族文化、文化遗产保护、媒体、权力、

---

① 彭国华：《重构合理的生活世界：哈贝马斯的现代性理论研究》，北京师范大学出版社，2005，第95页。
② 瓦尔特·本雅明：《艺术社会学三论》，王涌译，南京大学出版社，2017，第4页。
③ 马歇尔·萨林斯：《文化与实践理性》，赵丙祥译，上海人民出版社，2002，第172页，第230页。
④ 安东尼·吉登斯：《社会的构成》，李康、李猛译，上海三联书店，1998，第93页。
⑤ E.霍布斯鲍姆、T.兰格：《传统的发明》，顾杭、庞冠群译，译林出版社，2002。

认同等的内在关联，剖析文化再生产的方式、过程、特征等。档案记忆再生产作为一种精神再生产、文化再生产，其本质指向社会关系再生产、作为"社会人"的人的再生产。这为引入社会再生产理论深化档案记忆研究提供了条件，确立了其在社会再生产体系中的定位与关系。

　　4. 媒介传播理论

　　记忆依赖于媒体（介），从媒体（介）角度认知社会记忆可谓传统。哈拉尔德·韦尔策认为，社会记忆研究须"更加重视媒体对构建和塑造历史记忆的作用"，"开辟一些方法论上的认识途径，这些认识途径应既能把握这类媒体的生产方面也能把握它们的接受方面"[①]。沃尔夫·坎斯特纳在探讨集体记忆研究方法论时，反思既有研究"集中于对特殊年代里、地理上和媒介环境中的特定事件的表象"，忽视媒体接受问题，提出为捕捉记忆生产者、消费者与文化传统间的互动，有必要更多采用传播研究、媒体研究的方法[②]。言归一旨，以上理论同样适用于档案记忆再生产研究。"记忆如何传递"这一命题自保罗·康纳顿开始就备受关注。记忆的生产、传递与消费和媒介（体）须臾不可分离。媒介（体）不仅作为一种物质力量直接参与其中，同时还体现为一种社会规范和运行秩序，其运行传播也是意义生产的过程。这与档案记忆理论重视记忆的累积、传递、分享不谋而合；也显现出一种外向视角——不仅要关注档案记忆的生成、加工，还要关注面向社会领域的媒体传播，着眼于档案记忆如何从生产者流向受众，以及被消费的过程与效果。新媒体时代社会转型与数字转型交织演进，有必要引入传播学和媒体分析的方法，深入考察档案记忆如何加工、提取，如何在代际和群体间传播、再现。劳

---

① 哈拉尔德·韦尔策：《社会记忆（代序）》，载哈拉尔德·韦尔策《社会记忆：历史、回忆、传承》，季斌、王立君、白锡堃译，北京大学出版社，2012，第9页。

② 沃尔夫·坎斯特纳：《寻找记忆中的意义：对集体记忆研究一种方法论上的批评》，载李宏图《表象的叙述：新社会文化史》，上海三联书店，2003，第139—140页。

拉·米勒（Laura Millar）指出记录本身并非记忆，只有当其被访问、阅读和使用时，才会成为触发记忆和回忆历史事件的"试金石"①。媒介传播理论成为解析档案记忆再生产运行机理的又一理论基础。

本书所述的媒介传播理论，重在从媒介接受的角度来审视档案记忆从生成到消费的档案记忆再生产过程，不仅包括媒介传播的要素、过程、模式分析，还包含传播学视角下信息、知识生产传播与权力的作用关系。相关媒介传播理论有：加拿大学者麦克卢汉的媒介传播理论、美国学者尼尔·波兹曼（Neil Postman）的媒介环境理论、英国学者斯图亚特·霍尔（Stuart Hall）的文化传播理论、英国学者保罗·莱文森（Paul Levinson）的媒介进化理论、英国学者丹尼斯·麦奎尔（Denis McQuail）的大众传播理论等。这些传播学大师的理论和思想为分析档案记忆的传递与共享提供了富有解释力的基础。新媒体传播研究领域的新进展，则为媒体分析展现了最新理论视角和媒介业态。媒介传播理论和社会记忆理论还交叉衍生了新兴的媒介（体）记忆理论，为本书提供了新理论来源。

二、研究思路与研究方法

作为一种日趋成熟的学术范式，档案记忆理论范式具有鲜明的聚焦档案、记忆与社会的问题意识，更注重档案作为社会存在的现象解释与理论阐释。本书从记忆的意义再生产本质出发，全面阐析档案记忆再生产的理论结构与新媒体时代的风险挑战与转型变化，以探求档案记忆参与整体社会记忆和社会发展的运行机理，回应新媒体时代谁的记忆、何以记忆、以何记忆这些档案记忆再生产的核心议题。

---

① MILLAR L: "Touchstones: Considering the relationship between memory and archives", *Archivaria*, 2006年第61卷。

（一）研究思路

（1）在概念界定上从社会再生产理论、社会记忆理论出发，以"档案记忆再生产"概念统摄档案资源建设与开发利用等，强调社会记忆的主体建构性，并对相关概念"信息再生产""知识再生产"加以比较。

（2）在研究路线上，对档案记忆再生产实践进行理论抽象与中外历史考察，从档案记忆再生产的对象与过程着手，分析新媒体时代档案记忆再生产从生成、加工到消费环节的转变，探讨转型的总体特征、影响及相应推进机制。在研究框架上，遵循生产过程与生产对象交织的主线，以新媒体时代作为研究背景框架。

（3）在研究内容的逻辑思路上，遵循问题提出、理论阐释、实践启示的研究路线。首先，明晰概念，确立逻辑起点和理论基础，在此基础上，解析档案记忆再生产的逻辑意蕴、内在结构及运行机理。其次，分析新媒体时代带来的社会情境框架变化与记忆挑战。再次，由过程环节切入，深入分析新媒体时代档案记忆再生产的生成、加工、消费转型，对应档案记忆的刻写、再现到共享的记忆活化这一循环再生产过程。在分析过程中始终突出人的主体性，将档案记忆再生产过程视为档案记忆生产者与档案记忆消费者基于社会关系进行档案记忆文本形式累积、内容重组和意义更新的社会化过程。最后，分析档案记忆再生产转型的总体特征，面向智媒时代探讨转型影响与提升转型能级的实践路径。全书结合相关实证分析，选取典型案例进行探讨，从抽象层面到具化档案记忆再生产实践活动，从而更具说明和解释意义。

本书总体研究框架见下图。

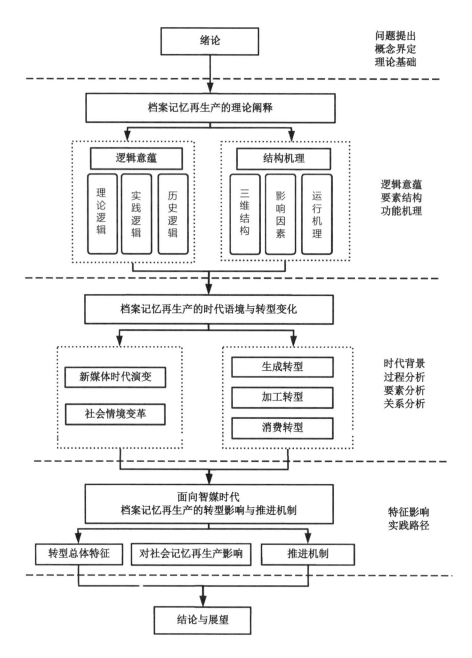

总体研究框架图

（二）研究方法

（1）文献调查法。本研究在文献调研中，结合档案学、图书馆学、马克思主义理论、社会学、历史学、传播学等多学科研究成果，借鉴精神、文化、信息、知识、制度、权力等再生产研究，生成研究工具框架。

（2）比较研究法。记忆属于多学科论域。档案记忆再生产兼具学理性、实践性、历史性与现实性。本书拓展了档案记忆与其他形态记忆、信息、知识等再生产的理论比较，中外档案记忆再生产的历史比较，以厘清其内涵实质、差异特点，深化纵深感。

（3）案例研究法。档案记忆形态多元，本书撷选了城市、乡村、非遗、红色记忆等内容层面，以及空间、影像、数字记忆等方式层面案例，从丰富记忆实践中分析档案记忆再生产转型现实表现。

（4）内容分析法。内容分析法在传播学中主要用于媒介内容分析，量化分析是其中的重要内容。本研究通过"清博大数据-清博指数"（http://www.gsdata.cn）网络分析平台进行数据采集，对以微信为代表的新媒体档案记忆文本进行内容量化分析，以求呈现档案记忆内容生产的趋势和热点。

四、研究创新

档案记忆再生产是近几年档案学界出现的新议题，以探索其内在机制、参与社会再生产发展规律为问题导向，并逐步显现出档案记忆再生产理论的整体轮廓。

（一）视角创新

从档案、人与社会的本质关系出发，引入马克思社会再生产、精神生产、社会记忆视角，以面向共享记忆的共同体记忆为要旨，以"档案记忆再生产"新理论统摄多方面档案实践，分析视角拓展至档案记忆与社会记忆、社会系统再生产的整体交互层面，实现档案记忆生产要素、条件、过程、结果、功能的有机统一和循环运行。这突破了以往档案记忆研究侧重实践解读的常规路径，从档案记忆本体论出发，探索档案记忆"黑箱"中的内在机理，加以学理抽象与分析，探索构建档案记忆再生产的整体理论框架。

（二）理念创新

本书聚焦"记忆何以传递共享"这一社会记忆核心议题，突破将记忆再生产局限于加工的传统观点，将档案记忆的生产与再生产统一于"再生产"活动这一记忆流动过程，并将消费纳入其中作整体生产-消费过程考察。笔者创造性地构建"太极图"式运行机理模型，深入考察媒体传播这一相对被忽视的深层运行机理。档案记忆的生产与消费体现为记忆协商的过程，本书引入记忆消费、文化资本等新理念，强调档案记忆消费的导向作用和消费者的主体性，探析档案记忆资源转化为记忆资本，促进社会再生产、人的再生产的转化机理。这个视角一反既往的记忆生产者立场，符合新媒体时代生产者与消费者相互转化的趋势。

（三）内容创新

（1）本书将档案记忆视作中介切入的社会本源性记忆之一，认为档案记忆再生产是行为、过程与结果的统一，经由档案记忆从生成、加工到消费的往复更新活动，实现档案记忆的累积、更新、展演、传播与共享。这一界定从社会再生产理论出发，区别于将记忆再生产局限于加工的传统观点，不仅将档案记忆的生产与再生产统一于作为循环往复过程的"再生产"活动，更将档案记忆消费纳入档案记忆再生产环节，进行整体性的生产、消费过程考察。

（2）对于档案记忆再生产如何参与社会再生产，本书创造性地构建了包容开放、互构互动、生生不息的"太极图"式运行机理模型，将以往相对被忽视的媒体要素纳入其中，从档案记忆社会化和社会记忆档案化两个维度突出加工性和往复更新性。档案记忆再生产不局限于环节论和过程论，不再将传播视作独立的一个环节，而是视作贯穿始终的生产活化机制，从源头上凸显档案记忆的流动性。

（3）从档案记忆消费出发，探析档案记忆资源到记忆资本的转化机理。尽管传统上档案较少与"消费"挂钩，但作为文化消费的记忆消费属于一种客观存在的社会实践活动，作为档案记忆再生产结果之一的文化产品即使是公共性文化产品，消费理念对其仍有积极启发意义。档案记忆的生产与消费体现为一个记忆协商的过程，本书强调档案记忆消费的导向作用和档案记忆消费者的主体性，具有研究视角的转换意义。

第一章

档案记忆再生产的逻辑意蕴

> 社会记忆有其社会赋予的结构，并与某种社会情境相呼应，且相互滋长，所言都是同一现象。
>
> ——王明珂[①]

就社会结构的维系和变迁而言，社会记忆和人类社会有着内在的映射关系，成为透视档案与社会关联的"记忆之镜"。古希腊神话中记忆女神谟涅摩叙涅（Mnemosyne）为九缪斯（艺术、道德、科学等）之母，这喻示着记忆在精神生产中的独特地位。档案记忆再生产是社会记忆再生产在档案领域的具体实践，具有鲜明的记忆实践性质。任何事物都有其逻辑起点，由历史入口方探得现实出口。"如果一个人不掌握历史事实，不具备适当的历史感或者所谓历史经验，他就不可能指望理解任何时代（包括当前）的经济现象。"[②]最重要的经济现象如此，植根历史的档案现象亦如此。

---

① 王明珂:《反思史学与史学反思：文本与表征分析》，上海人民出版社，2016，第150页。

② 约瑟夫·熊彼特:《经济分析史》，朱泱、李宏译，商务印书馆，1991，第29页。

第一节 理论逻辑：记忆研究新范式

社会记忆再生产与精神再生产、文化再生产相比实指范围较小，档案记忆再生产从属并作用于整体社会记忆的再生产，作为社会记忆再生产的典型场域和基本形式之一，既具有社会记忆再生产的普遍特征，也有其自身特点。

一、作为普遍社会现象的社会记忆再生产

社会记忆再生产揭示了社会这一有机生命体的深层记忆机理，为其贡献了社会运行的必要记忆要素和资源，构成和推动了社会再生产，后者反过来又提供了记忆生成框架与条件。"社会记忆"作为研究对象，真正进入学术界视野不足百年。而作为一种社会现象，社会记忆再生产普遍存在于人类社会的时空场域，"凡涉及社会记忆延续、传承、建构、重塑、复活、再现、控制、利用等行为都可以视为社会记忆再生产活动"。[1]尽管社会记忆再生产因社会文明程度不一、社会环境有别而发展不均衡，但整体已融为社会日常，虽未冠其名，却无碍于其再生产社会记忆的客观事实。作为普遍社会现象，社会记忆再生产兼具共时性和多元性。

---

[1] 丁华东：《档案与社会记忆研究》，人民出版社，2016，第321页。

　　一是共时性。社会记忆再生产活动广泛存在于不同时空。一方面，社会记忆再生产贯穿人类早期社会到现代文明发展的各个阶段，包括古代、近代、现代和当代记忆。在文字未出现前，社会记忆再生产以口传记忆为基本形式。随着文字的出现和技术的进步，各种载体的文传、物传记忆成为主流，当代社会数字记忆异军突起。另一方面，社会记忆再生产在不同空间里有程度不一的体现，包括国家、地方、城市、乡村、社会组织机构、社区等。空间既有存在物理边界的地理空间，更有精神空间、社会空间等"想象的空间"。空间记忆以地方记忆为代表，从自然地理环境和社会生活生产方式角度来看，带有浓厚的地域特色；从现代社会城市化进程来看，体现出工业文明、农耕文化等深层、交互影响。随着人类社会交往程度的加深，社会记忆再生产不再是孤立的、囿于一时一地的精神生产活动，而是呈现出相互影响、相互交织的状态，媒体变革与发展更推动了社会记忆跨越时空的流动与共享。

　　二是多元性。社会记忆再生产内容涵盖广阔而复杂的社会领域，由不同社会构成衍生出社会记忆的多元分布。在活动领域上，可分为政治、经济、文化、科技等记忆；在社会群体上，对应社会记忆的主体性，可以说有多少种群体就有多少类别社会记忆；在社会层面上，不仅包括家庭、家族、社区、组织等微中观层面的记忆，更包括民族、国家、人类命运共同体等宏观层面的记忆；在主题分布上，包括人物、事件、事物、空间、节庆民俗等记忆；社会记忆的传承媒介包括文献、口述、行为仪式、形象化物体等[1]，据此又可细分为口头记忆、文本记忆、数字记忆、仪式记忆等；从加工再生产的角度，涵盖各类历史、文学、艺术、文化传播等领域的文化成果。可以说，每一特定社会记忆实际是包含多重要素的复合记忆。

---

① 王明珂：《华夏边缘、历史记忆与族群认同》，浙江人民出版社，2013，第314页。

二、档案记忆再生产的时空维度

依据社会记忆生产形态的变化，社会记忆的再生产从外延、内涵上分别体现为记忆的传承与重构。档案记忆再生产亦包括累积性和加工性两种形式的再生产，其区别主要在于内容结构上是否有实质性的变化，分别以结构的重复与更新为主要特征。前者重在形式或数量的累积扩大，后者重在内容或意义的加工重构，二者交织推动档案记忆的代际传承与集体共享。以数字档案记忆为例，如电子文件是新生成的，属于纵向"再"生产；传统档案数字化是对档案记忆文本形式的加工行为，属于横向"再"生产。两者融会于作为整体的档案记忆再生产过程。与社会记忆再生产的共时性和多元性相呼应，档案记忆再生产的时空维度相互交织。

档案记忆再生产首先表现为绵延不绝的档案记忆生成。档案记忆作为历史累积的结果，每一阶段的档案记忆再生产都为下一阶段提供了对象和资源。施瓦茨认为，"集体记忆既可以看作对过去的一种累积性的建构，也可以看作对过去的穿插式（episodic）的建构"[1]。古往今来，从甲骨档案、纸莎草档案到当代急速发展的数字档案，虽饱经风雨，但这一线性生产进程持续向前，最终筑就堪称壮丽的人类"记忆宫殿"。对"过去、当下与未来"的哲思，历来为学者所侧重，而"当下"正是联结、理解"过去与未来之间"之肯綮。"档案记忆再生产"概念虽新，但指向的依然是人类社会普遍存在的档案生产实践活动。在人类历史发展长河中，档案记忆再生产活动具有相对独立性和自身特殊性，间或出现断裂、偏离乃至倒退现象，整体上仍具有相通性和互鉴性。这也是记忆赖

---

① 莫里斯·哈布瓦赫：《论集体记忆》，毕然、郭金华译，上海人民出版社，2002，第53页。

以传递共享的前提与基础。

档案记忆再生产还体现出历时性与共时性的统一。档案记忆从场域上可分为官方、民间档案记忆；从地域上包括国家、地方、区域、社区、村落等档案记忆；从领域上包括政治、经济、文化、科技等各个领域的档案记忆。作为历史和社会的"刻写记忆"，档案记忆正是在历史的发展、社会的变迁中，在持续历史性累积的同时，不断吸纳新的要素、形成新的框架，从而绵延不断地再生产，显现出丰富多元、动态更新的特性。档案记忆本身不能简单化为某一种观念、某一类事物。这也可解释新兴档案领域何以不断涌现。如近年来引人关注的红色家书档案，不仅代表个体家风家训，更是"大我"的赤诚家国情怀、舍生取义等中华优秀传统文化和中国共产党人精神风范的生动体现。清代学者章学诚有言："夫家有谱、州有志、国有史，其义一也。"档案记忆再生产所构建的恰是贯穿不同时空的记忆传统和关联不同档案领域的记忆图谱。

三、档案记忆新范式的比较分析

随着档案学研究的深入，有一定递进关系的档案史料整理、档案文件管理、档案信息资源管理、档案知识管理和档案社会记忆五大理论范式逐渐形成[①]。不同理论范式下，档案信息再生产、档案知识再生产、档案记忆再生产的命题导出。三者体现出不同理论研究范式下的差别，在具体档案实践中有不同程度的重合。事实上，档案记忆再生产同样存在对信息、知识的编码、解码、提取与再现等一系列建构记忆的再生产行为。三者的差别与联系主要体现在以下几个方面：

---

① 丁华东：《档案学理论范式研究》，上海世界图书出版公司，2011，第337页。

（一）档案理论与实践的差异

第一，理论基础方面。档案信息资源管理理论范式下，主要运用信息资源管理理论与技术收集、管理和利用档案信息，推动档案信息传播、共享与增殖。档案知识管理理论范式下，主要运用知识管理的概念框架与技术工具，推动知识创新与共享。档案社会记忆研究范式下，则将档案视为一种记忆资源和社会记忆形态，综合运用社会记忆理论与方法，进行档案记忆的积累、诠释、展演、再现，推动记忆传播与共享。档案信息资源管理作为主流范式，已深入人心并内化为档案专业思维方式。档案知识管理是对档案信息管理的超越，管理情境和理念要求新一轮的变革。档案社会记忆范式突出社会和人文取向，对档案理念与实践产生深层次影响，甚至关系档案职业定位和走向。

第二，档案管理模式方面。档案信息再生产视角下，档案管理基于信息流实施，突出信息资源整合和流程一体化设计，其集大成者即数字档案馆、智慧档案馆。面对电子文件管理挑战，档案管理模式发生"知识转向"。特里·库克在第13届国际档案大会上提出"后保管模式"，认为应"把着眼点从信息转移到知识（探寻、传播、理解）上，从建立数据库转移到建立知识库上"[①]。冯惠玲将其总结为"以来源为中心、以知识为中心的管理"[②]。在档案知识再生产视角下，档案管理基于知识流实施，在档案信息组织基础上，通过文本挖掘和分析提取档案信息中的知识，建立围绕知识库进行管理的知识管理系统。在档案记忆再生产视角下，档案管理聚焦记忆的挖掘、再现、传递与共享，重视价值认同、伦理等记忆需求，开展档案记忆资源的数字化建设、数字人文建设等。结

[①] 特里·库克：《电子文件与纸质文件观念：后保管及后现代主义社会里信息与档案管理中面临的一场革命》，刘越男译，《山西档案》1997年第2期。

[②] 冯惠玲：《电子文件时代新思维——〈拥有新记忆——电子文件管理研究〉摘要之六》，《档案学通讯》1998年第6期。

合知识管理对隐性知识的重视，档案信息、知识背后的记忆有望得到记录、呈现与解读。

第三，档案利用服务方面。档案信息再生产体现为以利用者信息需求为中心的档案信息服务，具体要求：通过科学的信息分类和关键词、元数据等相关元素，保证利用者开展多角度检索；通过对档案信息特点的分析研究，保证检索过程高质高效完成，并关注二、三次档案信息编研开发；通过统一的信息著录采集标准和信息网络平台，实现远程联机检索和实时交互服务，推进档案信息共享和信息服务社会化进程。档案知识再生产要求拓展和深化知识服务，"引导利用者从泛滥的具体信息过渡到知识甚至智慧"①，推动知识共享与创新，具体要求：为利用者提供更加快捷、细化的知识搜索；挖掘档案的知识价值，创建和维护良好的知识共享平台。随着大数据、人工智能等技术的运用，个性化档案信息服务将升级为智能型知识服务。档案记忆再生产则将以人为本的理念发挥至极致，致力于公众对记忆、认同需求的深层次满足，具体要求：立足于社会记忆再生产开展档案记忆资源建设；为公众提供记忆产品实现社会记忆的更新和价值意义的增加；通过档案记忆资源的整合融入社会记忆体系，推动记忆共享。

第四，档案职业素养方面。在档案信息再生产视角下，档案人员须具备以下素质：对信息理论的认识，这是做好档案信息管理的思想源头；对档案专业本身的认识，这由档案信息的独特性所决定；对信息理论和技术的掌握，其掌握程度关系到档案在整个信息系统中发挥的作用。档案知识再生产视角下，档案人员须应对以下新要求：把握组织活动，对档案内容进行分析、组合并系统化成知识，成为知识的挖掘者；

---

① 特里·库克：《电子文件与纸质文件观念：后保管及后现代主义社会里信息与档案管理中面临的一场革命》，刘越男译，《山西档案》1997年第2期。

对档案中具有知识属性的部分，按照知识管理的原则、要求和方法加以管理，开展知识服务，成为知识的提供者；档案人员的职责延伸至对组织知识库的补充和管理的辅助作用。档案记忆再生产视角下，档案人员首先要具有档案信息、知识管理能力，能据此开展档案记忆的提取、组织、加工、再现和传递；其次要具备一定的人文素养，保持在开放、动态社会背景下的文化洞察力和创造力；最后要掌握一定的记忆理论与方法，以推进档案记忆与其他社会记忆的交融促进。

（二）档案管理活动的重合

一是档案管理对象方面。档案知识管理建立在档案信息管理的基础上，档案中知识的发掘、组织与共享依托于信息组织理论指导和方法工具。否则即便可零星挖掘部分档案知识，也难以对其进行知识表示以供知识库吸取。若无信息网络技术、信息分析、检索技术的支持，也难以实现知识共享，更遑论进一步的知识创新。而如缺乏档案知识管理，档案信息管理所要求的信息系统化也不易达成。"保存人类数字记忆，构建知识仓库"，也是数字档案馆建设的基础性目标[①]。信息、知识为根，记忆为魂。档案信息再生产、档案知识再生产也将为档案记忆再生产提供支撑，促使档案记忆有效积淀、诠释和展演。

二是档案开发利用方面。无论采用何种视角，档案管理都以利用为宗旨，以人本思想为基点，注重维护公众信息、知识、记忆等。档案人员不仅是信息的保存利用者、知识的发现导航者，更是记忆的生产传播者、人类公平正义的守护者。当今时代，无论是信息，还是知识、记忆，均面临传播源众多、传播渠道广泛、受众需求多元的问题，有必要明确特色和定位，针对性开展档案开发利用。例如：优先开发集信息、

---

① 姚乐野、蔡娜：《走向知识管理与知识服务：数字档案馆建设研究》，四川人民出版社，2010，第290页。

知识、记忆属性为一体的档案；重点开发信息、知识、记忆价值高的档案；整合开发不同来源、载体形式、形态的档案；借助信息管理平台、知识推送服务、记忆建构路径等，最大限度地释放档案蕴含的信息、知识或记忆能量。

总之，档案记忆之所以能成为一种新的理论范式和实践导引，在于从社会记忆的传承、构建角度重新确立了档案机构作为社会记忆守望者的职责与使命，突出了档案对于人类记忆的价值，体现了人本主义的坚守。尽管理论范式不同，但均指向同一客体化物质对象——档案。"档案信息"术语在20世纪随信息论的引入刚提出时存有争议，时至今日，曾经的前沿概念已成常规科学。参照库恩的范式理论，档案学正向新的研究范式过渡。档案记忆再生产这一新视点侧重于记忆社会框架和意义，将物质与意识相统一，将主体与对象化客体连接起来，反映了作为人类社会存在本质的社会关系，有利于将档案记忆作为一种社会再生产的要素、资源，参与和作用于社会再生产。

第二节 实践逻辑：实践性质、功能与表现

　　档案工作"存史、资政、育人"三重功能耳熟能详，档案记忆实践凸显出档案记忆再生产与社会再生产的耦合关系和能动作用。档案记忆再生产的实践逻辑主要体现在实践性质、社会功能和具体实践三个方面。

一、档案记忆再生产的实践性质

　　"人类的全部社会生活在本质上是实践的，实践构成了社会关系的发源地以及社会生活的基本领域。"[①]档案记忆再生产作为一种精神生产活动，是人们依托物质基础、实践活动和制度文化而实施的"自觉"生产行为，具有鲜明的实践性质。

（一）物质性与精神性的统一

　　"集体记忆具有双重性质"，是物质客体与象征符号或精神内涵的统一体[②]。社会记忆作为文本、器物到空间等各种物质形态和意义、情感、认同等精神内涵的统一体，不同于价值观念等意识领域的精神再生产，档案记忆再生产不能脱离物质层面的档案记忆文本而存在，其生产要

---

① 郝立新、路向峰:《文化实践初探》,《哲学研究》2012年第6期。
② 莫里斯·哈布瓦赫:《论集体记忆》,毕然、郭金华译,上海人民出版社,2002,第303页。

素、方式等更离不开物质基础。作为精神产品，档案记忆的灵魂在于历史文化积淀，可提供本源性的社会记忆内核。档案记忆再生产同时实现社会关系、制度、权力等再生产，将各类以档案记忆文本为代表的物质形态与历史、记忆等精神文化融为一体。

记忆因与主观世界的观念、意识等紧密相连，常受到对其客观性的质疑。由于"本体论意义上的历史早已消失"，"所谓的'客观性'与其说指向历史本身，不如说更多地强调对'主观性'的约束"①。档案记忆再生产具有一定的主观能动性，表现为不同生产目的、内容、模式、方式等的选择。这种"主观性"约束反映在多个层面的同时，又受制于特定的规则与规范，如政治、法律、经济、档案等制度以及伦理规范等。档案记忆在主体建构性之外，仍不失客观性。

一是文本形式层面，诸多文件转化为档案的条件，如对原件的要求、对背景信息的注重、对系统迁移的强调等，确保了档案记忆文本拥有原始记录性这一区别于其他文献的独特优势。二是内容层面，须对档案进行考订、选择、加工，并将其纳入特定的历史叙事框架。历史想象、阐释的过程不能游离于历史本真，其实质为尽力客观化的过程。三是意义层面，档案记忆的客观性与主观性的抵牾常缘于此。这并不意味脱离了客观性的约束，实际上带有终极性质的意义阐释往往更具客观性。这一终极性质来源于过去，面向未来，面向人类的发展主旨。"时间在流逝，记忆的框架既置身其中，也置身其外。"②"置身其外"即指这类具有普遍性和共通性的观念、理念等抽象意义。

（二）绵延性与断裂性的统一

档案记忆再生产作为人类实践活动之一，自其源起即表现出绵延不

---

① 王学典：《史学引论》，北京大学出版社，2008，第94页。
② 莫里斯·哈布瓦赫：《论集体记忆》，毕然、郭金华译，上海人民出版社，2002，第303页。

绝、不断累积扩大的过程。这种绵延在时空中延展，累积或更新的档案记忆一再地卷入其中，周而复始地通向未来。"重复性必然意味着延续过去"①，其间虽不乏人为或自然因素的干扰，但整体进程绵延无休。在此过程中，占据主流或主干的档案记忆进一步扩充延展，部分非档案记忆得以重新吸纳，部分边缘档案记忆重回中心或从记忆中消除。这种世代的绵延性和内容的吐故纳新确保了记忆传统的延续与流传。

档案记忆再生产是结构重复与内容重构相结合的过程，并以内容和意义的更新为重点。在一定社会情境下，特定的档案记忆可能会因各种因素消失或隐去，呈现一种断裂表象。档案记忆作为社会实践活动的伴生物，在发生的源头即与社会发展密切交织，并随着社会变迁而演进。其中因社会变革或动荡如战争、政权更迭、自然灾害等，或发生大的断裂（如西夏文明的摧毁、清代官方语言的满文隐入幕后）；或重新接续（如徽州档案、清代巴县档案等历史档案的再"发现"）；或发生大的转移，如从特权阶级的国王、贵族、教会等转移至国家、民众。对照中西方文明史和流传下来的档案，尽管有档案机构和管理体系，却并不能保证档案记忆完整、不间断再生产。历史事实无法重复，但时代的记忆可如生命体的DNA基因一样传递下去。档案记忆再生产就是从时间之流回溯传统，通过对档案记忆的提取、加工，使之"复活"并返回当下的视野。

（三）原生性与再生性的统一

生产对象的性质决定整个再生产活动的性质。档案记忆基于档案而产生。国际档案理事会庄严宣告："档案是行政管理、文化与思维活动的唯一可靠证据，是社会演变的特有反映。"②这无疑彰显了档案记忆在社

---

① 保罗·康纳顿：《社会如何记忆》，纳日碧力戈译，上海人民出版社，2002，第50页。
② 《国际档案大会通过〈档案共同宣言〉》，《中国档案报》2010年11月18日，第3版。

会记忆中的特殊地位。与其他形态社会记忆相比，档案记忆是在社会实践活动中形成的"第一手"固化记忆，其本质特点即本源性记忆，是整个社会记忆和人类精神再生产的主要源头之一。档案记忆再生产因此具有典型原生性特征，成为社会记忆多元化再生产的重要基石。

也因档案记忆的本源性特点，档案记忆再生产还具有再生性的一面，提供了加工、重构、演化的空间。档案形成有其自身的规律和特点，相关档案制度与管理活动直接影响档案记忆的再生产。档案记忆再生产背后隐含着权力、技术控制下的主动选择与遗忘。其生产要素包括作为对象的档案记忆资源，作为主体的组织与个人，作为生产组织运行支持的政策、制度、智力与技术，等等。再生性近似于"传统的发明"，而非对社会记忆的完全再造。档案记忆再生产有必要更新、重建与当代价值观念的关联，将其重新吸纳入再生产进程。"我们面对的是一汪原液，从中可以塑造身份认同，创造历史和建立共同体。"[1]面向宏大的社会场域，档案记忆的提取、重组、复活、固化、再现等加工、消费行为，不仅可以实现档案记忆再生产，还可以将与之相关的价值、认同、意义等再生产出来，使档案记忆真正成为取之不尽、用之不竭的精神源泉。

二、档案记忆再生产的社会功能

档案记忆再生产的过程和对象，都离不开人类实践活动，其自身作为实践产物的同时也对实践发挥着作用。通过档案记忆再生产这一记忆实践活动，档案和档案工作得以超越个体、局部层面，成为一项集体性活动和国家、民族事业，最终因其对人类记忆的整体传承成为人类的共同事业。

---

[1] 阿莱达·阿斯曼：《回忆空间：文化记忆的形式和变迁》，潘璐译，北京大学出版社，2016，第86页。

（一）记忆传承功能

档案记忆再生产从属于社会记忆再生产，其首要功能即保护与传承人类社会记忆，以档案的积累、保管抢救为主要表现方式。社会记忆本身就是一个建构性概念，档案记忆再生产对社会记忆的更新体现为档案记忆的社会建构与社会的档案记忆建构。通过档案记忆来表征社会，通过社会赖以形成档案记忆。除了累积性档案记忆再生产，更具当下意义的在于加工性档案记忆再生产。档案记忆的效果取决于其与当下情境、观念结合的密切程度。从这一角度，档案部门围绕重大热点、时势结合进行工作，如反法西斯战争胜利、抗美援朝胜利、改革开放40周年纪念、中华人民共和国成立70周年纪念、中国共产党成立百年等，即是将挖掘档案记忆与历史记忆的仪式性操演等结合起来。

社会记忆之所以需要传承，出于其有流失、断裂、阻隔、变形的遗忘风险。遗忘意味"失忆"，对应记忆的反面，记忆的历史亦遗忘的历史。结构性遗忘主要指构成社会结构的某些领域社会记忆的遗忘，从共时性角度来看，会导致系列阻隔。这两类遗忘属于较大面积、较深层次的社会记忆遗忘，由于记忆群体与社会领域关联密切，两者常会交织发生。档案记忆再生产作为一种主动性生产，可避免遗忘，包括群体性遗忘和结构性遗忘。

一方面，避免群体性遗忘。它主要指有关特定群体社会记忆的遗忘，从历时性角度来看，会导致代际阻隔。一些群体如抗战老兵、慰安妇、"三线"建设者、知青、非遗传承人、老科学家、老劳模等的记忆等正加速消失。根据扬·阿斯曼的四十年记忆代际传递周期，如无档案保存，这些记忆都有遭遇群体性遗忘的风险。另外，值得关注的是鲜为人知的群体记忆，反映在历史和媒体视野就是低曝光群体的缺席。档案记忆再生产中已开始注重挖掘以往被埋没、忽视的记忆。如2016年第18届国际档案大会上中国学者聚焦农民工档案、水书档案等特殊群体形成的记忆。另如在抗战记忆中，一些群体如东北抗联等具有高认知度，杨靖宇、赵一曼等抗日英雄事迹广为人知；有些人群平凡而伟大，却鲜为人知，值得挖掘与铭记。

另一方面，避免结构性遗忘。在整体社会记忆图景中，一种结构性的遗忘正在加速进行。长久以来，记忆长河缓慢流动，遭遇的支叉断流危机此起彼伏，尽管有一系列文化记忆工程，但作为生长性的记忆不复昨日。在现代化进程中，城乡旧有记忆空间大量流失。面对"回不去的故乡"，如何"留住乡愁"，首要的即是档案的固化保存。留存城市记忆的迫切要求催生了城市记忆工程，乡土社会的"失根"隐患助推了乡村记忆工程，乡村振兴对此赋予了时代内涵。现代化工业转型中，对工业遗产的关注也反映出既往行业群体记忆和空间记忆的大量流失。以衣食住行之首的纺织行业为例，中华人民共和国成立前纺织工人运动风起云涌，中华人民共和国成立后纺织工业从"一穷二白"到衣被天下，蕴含了丰富的红色基因。一批曾是"红色堡垒"的纺织工业遗址入选当代工业遗产或被改造更新为创意园区等城市文化景观。档案记忆再生产行为即属于对抗结构性遗忘的举措之一。

（二）社会治理功能

档案记忆再生产记录了社会变迁历程。由社会结构所定义的包括社会关系、权力、制度、文化等的再生产，集合为一种社会凝聚性结构，推动社会演进发展。通过档案记忆再生产，与之相关的文化、制度、社会关系、权力等得以记录和延续，社会结构和功能得以维系和更新，在维护国家与社会治理运行的同时，推进了社会再生产。档案记忆再生产的这一社会治理功能主要体现在以下三方面：

首先，承载映射社会的内在结构。档案记忆作为社会发展的产物，其生成结构映射了社会结构。在社会记忆语境下，档案的传统"证据"意义得以更新。档案所维护的历史真实面貌可谓社会、历史的表象结构，深层蕴含的则是影响乃至特定情境下左右社会发展方向的底层结构，即文化社会结构和社会意识形态。档案记忆作为社会建制与结构运行的产物，同样遵循这一关系逻辑。档案记忆作为国家、社会发展的记忆系统，官方档案记忆与国家、社会组织结构具有一一对应性，不同类型、内容的档案记忆通常与社会不同领域相呼应。新群体、新领域、新类型档案记忆的不断生成则覆盖了社会框架的各节点。档案记忆的分布、规模、层次，与组成社会结构单元的机构职能分布和等级秩序相呼应。正如人事档案管理不仅体现为专门的档案管理制度，更体现为广义的人事制度，即与之相关联的"行为规则、组织体制和政治法律制度以及相关政策的总和"[①]，具有明显的社会控制和规范功能。类似电子文件管理的"宏观鉴定法"，也体现了社会记忆与社会结构的对应关系。

其次，维系社会结构的运行。这一功能主要以记忆权力为表征。档案生于权力，权力依赖于档案。"档案"词源本身就蕴含有权力、控制之义，档案记忆亦是权力控制和较量的产物。"在社会科学上权力是基本的概念，犹如在物理学上能是基本概念一样。"[②]权力包括政治、经济、军事、文化等多种权力形态，它们相互交织，并以一种支配性力量施加了作为社会实践活动历史记录的档案记忆之上。英国档案学家希拉里·詹金逊（Hilary Tenkinson）、美国档案学家西奥多·谢伦伯格（Theodore R.Scheuenberg）等现代档案学家强调恪守"客观、中立、公正"的传统档案定位。法国哲学家雅克·德里达（Jacques Derrida）、米歇尔·福柯、英国吉登斯等学者均将档案与书写、权力联系起来。琼·施瓦茨（Joan M.Schwartz）、特里·库克认为，档案与社会"关系的核心在于权力"，而集体记忆、国家认同的权力在传统档案视角下是

---

① 金波：《人事档案制度的社会功能》，上海大学出版社，2010，第26页。
② 伯特兰·罗素：《权力论》，吴友三译，商务印书馆，2016，第4页。

缺位的①。美国兰德尔·吉默森（Randall C. Jimerson）所著的《档案馆权力：记忆、责任和社会公平》（2009年出版）书名开宗明义指出了档案、记忆与权力的重要关联。档案不仅体现权力，"档案也为我们所有人的身份提供基础"②。记忆所营造的时空归属感成为身份认同的基石，研究焦点由对档案记忆本身的认识向记忆生成与认同形成过程转移。

社会再生产本身包含权力的再生产，生产与保存何种档案记忆代表着一种书写历史、建构记忆的话语权力（常对应政治经济文化权力）。档案记忆再生产既是权力建构的过程，也是权力建构的结果，是社会结构和社会关系的反映，与权力、文化、制度、社会关系等的再生产交织联系。提出文件连续体理论的弗兰克·厄普沃德认为，文件并非自然性和中立性的，它们是某种社会权力结构造成的结果，而这些文件整体所再现的这类现实常会合理化既存的权力结构，进而巩固原有的社会结构③。档案记忆的这种权力性建构，使社会现状有了存在并延续的历史和社会基础，实现了社会秩序和社会结构的合法化。这也可以说明历史上关乎政权合法性的档案都被视若珍宝，甚至被纳入金室石匮。

最后，推动社会结构的更新。社会再生产意味社会结构的延续与更新，否则社会将停滞、僵化，从而不复为生命有机体。作为社会记忆的生成框架，社会结构直接决定了档案记忆再生产的性质、方向和内容。档案记忆是社会结构中的基础性资源，档案制度成为一种社会结构的规则，与社会结构交织的文化政治权力很大程度上塑造了档案记忆的结构，包括宏观的档案记忆类型和微观的档案记忆文本。档案记忆再生产可以引导行动，将精神成果转化为个人或组织、群体的社会行动，从而

---

① SCHWARTZ J M，COOK T："Archives,records,and power:the making of modern memory"，*Archival Science*，2002年第1期。

② 欧文斯：《档案馆：记忆的中心和传承者》，李音译，《中国档案》2011年第4期。

③ 连志英：《一种新范式：文件连续体理论的发展及应用》，《档案学研究》2018年第1期。

直接参与社会发展。作为社会"神经网络"的有机组成,档案记忆的再生产对社会再生产发挥着内在的引导与控制作用,这点恰如本书绪论中霍布斯以"利维坦"所喻示的记忆之于国家社会的意义。

（三）文化认同功能

深层次的认同不外乎文化认同,包含情感、价值等多重维度。档案记忆是人类文明的结晶,档案记忆的再生产指向主体的身份、地方、国家民族等认同,具有突出的文化认同功能。认同也是确认差异性的过程,透过他者来确立自我。社会转型期时,各种矛盾多元化叠加,意识形态斗争始终暗流涌动,不断对主流价值观和社会认同造成冲击乃至刻意消解。档案记忆再生产着眼于共同体意义层面进行文化整合。减少文化认同差距的关键还在于消除有碍达成共通共识的认知障碍。如费孝通先生所言,"靠种地谋生的人才明白泥土的可贵"[①]。总而言之,农业文明与工业文明、不同国家文明之间,既相互影响、渗透与融合,同时也无法回避彼此的差异。文明、文化的差异易导致彼此难以理解,产生认知分歧以至鸿沟,即使试图理解,也难以感同身受。从凝聚整合和弥合断裂的角度,档案记忆再生产文化认同功能主要反映在强化身份认同、对抗记忆冲突两方面。

美国学者本尼迪克特·安德森（Benedict Anderson）认为,"依据其自身的性质,所有意识内部的深刻变化都会为之带来其特有的健忘症。在特定的历史情况下,叙述就从这样的遗忘中产生。""从这种疏隔之中产生了一种关于人格的概念,也就是因为不能被'记忆'而必须被叙述地认同这个概念。"[②]档案记忆能够为公众提供身份感、归属感、根源感,为共同体记忆发挥作用。随着社会文明程度的提升和对人自身发展的关

---

① 费孝通:《乡土中国》,上海人民出版社,2006,第5页。
② 本尼迪克特·安德森:《想象的共同体:民族主义的起源与散布》,吴叡人译,上海人民出版社,2016,第199页。

注，对物的生产更多地向社会关系和人自身关系倾斜。档案记忆作为社会结构的反映，同样记录、映射出社会关系的变革。这既涉及宏观层面整体性社会关系，也涉及微观层面个体间互动关系。身份确立于社会关系的互动中。我是谁？我从哪里来？我要做什么？话语简单如斯，哲思深刻亦如斯。问题的答案关乎人安身立命之本。这些均需从过去中寻求答案。

　　"记忆是核心，即便不是核心，也是建构身份的中介。"①记忆与身份认同两者的冲突与危机相伴相生。身份认同的错位、坍塌、失落甚至无所归依，往往与记忆的变形、断裂、空白如影随形。在网络舆论场，历史虚无主义等错误社会思潮时隐时现，如对重要党史人物、事件进行蓄意歪曲、抹黑、丑化，对真实历史记忆有意识地进行选择性忽略或屏蔽，其实质就是要消解、解构公众的深层次文化认同，包括政治认同、价值认同、情感认同等。撇清历史浮沫、溯本清源是从认知到认同的重要一步，档案记忆再生产凝聚文化认同、强化身份认同的功能缘自历史证据。

　　出于不同的主体需要或特定情势，人对记忆常进行美化、回避、遮掩或选择性删除。与之类似，社会记忆传递中也存在变形现象。这在社会转型变迁之际尤为明显。与变迁相伴的是新旧的冲突，冲突解决后又酝酿着下一次冲突。社会变迁不仅表现为政治、经济、文化等变迁的过程，也蕴含着社会记忆交锋、融合、演进的过程。"所谓社会，实包括许多各具势力及利益企图的内部次群体，彼此对抗或联合；社会记忆的形成、强化与修正，乃各方势力交锋与妥协的结果。"②档案记忆作为社会记忆的基石性记忆，以潜在的形式影响当下与未来。如社会冲突一

① OLICK J K, ROBBINS J: "Social memory studies:from 'collective memory' to the historical sociology of mnemonic practices, *Annual Review of Sociology*, 1998年第24卷.
② 王明珂：《史学反思与反思史学：文本与表征分析》，上海人民出版社，2016，第150页。

般，社会记忆同样存在冲突，尤其是官方记忆与反记忆之间的斗争。所谓反记忆即与官方或主流记忆相悖的记忆。某些社会记忆之所以被主流所排斥，正在于其有可能对社会肌体造成冲击、侵蚀或损害。

档案记忆冲突包括不同系统、内外的记忆冲突，实质反映了政治、经济、文化等社会问题。档案的解密与开放打开了一扇记忆之门。档案记忆再生产直接与权力相关，与控制相连。近些年由网上舆论发酵引发的现实变革，充分体现出媒体的记忆扩散效果。记忆扩张的同时面临一系列范围和力度超乎以往的冲突，这要求通过导向性的档案记忆再生产予以回应。

总体而言，档案记忆再生产作为一种精神再生产，与法律、制度、习俗、传统等共同规范和推动社会的发展，虽不及法律等的规制作用明显，但从隐性角度起到维护社会的规范与黏合作用。档案记忆文化产品可以影响并塑造当代传统或文化，推动社会自身的再生产。社会主体间之所以能克服冲突与分歧、谋得共识，正是因为存在大量的背景性共享信念、情感等，构成集体的价值规范和整个世界。这些信念蕴含于刻写记忆和体化记忆的交往实践。社会从诞生之日起就并非一成不变，而是处于不断更新的再生产过程，文化传统成为社会在这一过程中凝聚整合的关键。记忆的传承离不开传统的延续，档案记忆再生产与传统的再生产不可分割。即便近代以来形成的红色档案记忆，同样离不开中华优秀传统文化的滋养，它们一脉相承汇入中国特色社会主义文化。中华文明绵延五千年，文化传统薪火相传。档案记忆再生产维系了作为传统核心的精神文化特质，以文化价值规范和认同凝聚作用推动社会再生产。

三、档案记忆再生产的具体实践

就狭义档案工作实践而言，传统环节包括档案收集到开发利用的业务流程。这既是社会记忆再生产在档案领域的具体表现，也是档案记忆再生产的重要实践方式。

环节一：档案收集。"应收尽收"的档案收集政策与归档范围必不可少，这是对国家和社会有保存价值的档案记忆累积性生产的前提和基础，同时也会随时势发展对收集范围、方式等加以调整。如，既往不起眼的历史小物件可能因所烙的时代印迹"华丽转身"为可登大雅之堂的记忆遗产。同一物品重新被赋予"档案"这一符号，原因在于情境不同而具有新的意义。当下档案的社会化征集着眼于总体构筑全面、立体、丰富的社会记忆。某种意义上，档案工作中奉为圭臬的来源原则也体现出对档案记忆形成框架的关注。只有将档案记忆置于一定情境中，才能更好地理解其内容及承载的意义。

环节二：档案整理。档案整理使档案所承载的内容与意义剥离了物质层面，档案文本著录与整理使内容得以系统化生产、有序化组织。档案著录尤其是对档案生成背景信息及元数据的著录，不仅明晰了档案记忆的存储和提取路径，更关键的是构建了档案记忆生成的背景框架，建立了所涉生成环境主客体的相互关联，能够为后续档案记忆的再现、展演、共享提供必要的"程序性"记忆。

环节三：档案鉴定。鉴定是档案工作实践中最具决定性也是最复杂的一环。它决定了档案记忆在多大程度、范围、时间上得以留存或增删；是凸显档案记忆的中心区域，还是隐匿并淡出档案记忆。鉴定贯穿档案记忆再生产的全过程，并直接影响其参与要素、进程与发展取向。其中：归档鉴定决定能否以档案化记忆留存，以档案记忆的源头筛选机制而运作；密级鉴定决定档案记忆传递、共享范围的管控程度；价值鉴定决定档案记忆在现有记忆框架中的层次与重要程度；开放鉴定决定特定范围和内容的档案记忆能否解除限制进入公共记忆；销毁鉴定决定档案记忆是否从社会记忆中连根清除，属于终极性删除。

环节四：档案保管与保护。这是档案记忆再生产过程得以延续的基本保证。当下，档案记忆的传承与保护已提升到更为突出的位置，档案的实体保护状况直接决定档案记忆再生产过程持续与否。譬如诸多档案历时久远，老化现象不容忽视，这都影响后续的档案记忆展演。也因档案保管保护水平的提升，如数字化加工、保护性迁移、系统性转录等，档案记忆再生产有了扩大和深化的可能。近些年历史学家已将档案馆视为研究的对象而不只是研究的场所，赋予其更为独立的空间记忆意义。

环节五：档案检索。检索不仅是对存储档案信息或知识的检索，更是对档案记忆的提取与激活。档案记忆再生产尤其是"再"生产，首要的就是将潜在的档案记忆从既有记忆体系中挖掘提取出来。当档案检索与利用者特定的检索需求和行为相关联时，档案记忆的触发场景与再现情境就此构建，进而推动其由存储性记忆向功能性记忆转化。

环节六：档案统计。统计涉及档案工作收集、整理、著录、鉴定、保管、开发利用等各个环节。因属管理性内容，档案统计和档案记忆再生产的关联常被忽视，实际上其表征意义突出。如通过馆藏总量以及各细化指标的分项统计，可以判断档案记忆资源的分布、档案记忆再生产的规模与范围；通过档案检索工具、档案编研等情况统计，可分析档案记忆加工的层次和形式；通过档案开发利用统计，可评估档案记忆消费的范围和效果。此外，通过一些更为细致的专项统计，可以有更多的发现。如对档案利用主题的统计、对档案记忆成果新媒体传播指数的分析等，可捕捉到有关档案记忆消费行为与态度的信息。

环节七：档案开放。档案开放有着标志性的节点意义。未开放档案常以封存于档案机构的形式与普通公众相隔于"记忆宫殿"大门内外。档案开放打开了档案记忆汇入公共记忆的闸门，通过将已超保密期、封闭期的档案向社会公开发布，档案记忆得以社会化传播，为后续社会化加工、公众记忆消费奠定了基础，扩大了社会记忆流动更新的范围和层次。

环节八：档案开发利用。开发中的加工环节最能体现档案记忆再生产的"再"字特征，档案记忆由此得以提取、重组、活化，其内容、意义实质性再生产出来，成为富有生命力的社会记忆。档案资源开发的记忆取向在实践领域已蔚然成风，以"记忆"为名的档案记忆工程、展览、专题纪录片等层出不穷。与开发相对应的是档案利用，它包括两层意义：一是档案机构主动提供利用输出档案记忆的过程；二是档案记忆消费者主动获取并参与再生产档案记忆的过程。经利用，档案记忆才能真正转化为个体或组织的共享记忆。

以上各环节界限并非泾渭分明，而是相互交融。据此，档案记忆再生产有其整体的社会功能意义。从微观层面，既有馆藏资源的开发利用，又有面向社会的资源采集等；从宏观层面，则体现出对国家、民族记忆的建构与对外话语传播。

第三节 历史逻辑：从古代到现代

　　档案"使人类记忆由个体记忆转换为社会记忆，使人类的认识过程变成一种社会行为，同时，也构成了社会信息的统一的、现实的存在形式"①。档案记忆再生产源远流长，从生产关系和生产方式两方面，既具有作为社会记忆实践活动的普遍性，又体现出植根于各国国情、时空变迁的特殊性与不平衡性。从宏观时段上，由古代、近代到现代，具体到每个阶段主要从社会框架和生产要素两方面加以考察，政治文化、媒介技术、史学等领域进展成为推动变革的先导力量。

一、古代档案记忆再生产

　　档案是档案记忆再生产的逻辑起点，其本源体现出对学科本体的追寻，有着典型的发生学意义。囿于社会环境与物质生产条件，古代档案记忆再生产在内容、形式、规模上较为单一、有限，但从整个人类社会来看开创了先河，具有重大里程碑和奠基性意义。其中，国家的诞生和文字、造纸术的发明可谓厥功至伟。

（一）国家的诞生

　　国家的诞生吹响了人类文明进程加速推进的号角。不同于原始社会

---

① 任汉中：《档案起源：人类记忆的一次嬗变》，《湖北大学学报》（哲学社会科学版）2013年第6期。

的部落组织，国家的产生实现了真正意义上的社会组织化管理，档案作为管理活动的记事与运行工具应运而生。清代思想家龚自珍云，"欲灭其国，必灭其史"，国家意志、权力对档案记忆再生产的庞大主宰力可见一斑。

与古代国家管理活动相对应，早期档案记忆集中于祭祀占卜、政务管理、经济往来等重要领域，为巩固国家政权、维护经济运行等提供支持，档案记忆的组织化生产、制度化存续由此产生。这已被一系列重大考古发现佐证，如中国殷墟甲骨档案库、古代两河流域泥板档案库的重见天日。随着社会的进步和生产条件的发展，档案记忆再生产日趋体系化、严密化，逐步形成专门的档案记忆生成体系，如西周"左史治言，右史记事"的史官制度、唐代甲库制度、宋代架阁库制度、明代黄册制度等。随档案累积也形成了现代意义上的史学——编纂档案文献，深度加工档案记忆。中国的《史记》、古希腊的《历史》之所以能成为中西方史学的扛鼎之作，既有太史公司马迁、古希腊史学家希罗多德（Herodotus）的开创性贡献，也离不开这两部经典巨著对档案史料充分而有机的运用。

（二）文字的产生

"记忆总是与书写紧密相连"[1]，作为书写工具，文字对人类文明的发展功不可没。《淮南子·本经训》曰："昔者苍颉作书，而天雨粟、鬼夜哭。"早期人类结绳记事，中外有之。古印加帝国也存在名为"奇谱"的安第斯文化结绳语。古文字作为现代文字的源头，见证了人类社会的起源与发展，属于全人类共有的文化遗产，如中国甲骨文（注：2017年入选世界记忆名录）、古巴比伦楔形文字、古埃及圣书文字、中美洲玛雅文字等。文字将口头语言转化为书（刻）写语言，口头符号进化为表

---

① 杜威·德拉埃斯马：《记忆的隐喻》，乔修峰译，花城出版社，2009，第21页。

意、表形符号，并演化成为相对独立、各具特色的不同语言符号系统。文字帮助人类交流摆脱了语言局限，让交流内容从时空上"脱域"，扩大了记忆的群体交流范围，实现了个体记忆向社会记忆的扩散。文字成为人类凝结固化记忆、对抗遗忘的第一工具和最主要方式。世界上某些有语言无文字民族的社会记忆囿于口传，传世内容与形式就很单一。

学者们不仅关注到文字与记忆的有机联系，甚至以此作为划分记忆阶段的标志。扬·阿斯曼在其所著的《文化记忆：早期高级文化中的文字、回忆和政治身份》中，以埃及文字为例对文字与记忆作了深入阐述。文字的产生成为档案记忆生成的前提，档案以文字"刻写"的形式，成为人类记忆外化存储的理想媒介。正因有了文字这一记忆工具，人类才大胆地舍弃与遗忘。记忆因文字固化后，书写取得了意义。缘于记忆的"刻写"特性，档案记忆具有不断"翻印再版"的可能，即不同文字、异介质载体间的转录，档案记忆再生产便从源头上得以发生、发展。

（三）造纸术的发明

"社会刻写体系的传播和周密化，有可能让它的记忆能力得到有说明意义的发展。"①早期档案记忆主要刻写在石头、龟甲、竹简、泥板等材料上，即便进入信息时代，仍习惯性称呼"刻与"光盘。"刻写"档案记忆的媒介工具是文字，文字又需要特定的载体。传播学界有时间媒介和空间媒介两种指称，分别注重传播的恒久性与迁移性，分水岭始于造纸术的发明。在此之前，人类因地制宜，主要采用天然物质材料作为书写载体，形成多种档案记忆文本形式，包括中国古代的甲骨档案、金石档案、缣帛档案等。《墨子·兼爱篇》记载，"以其所书于竹帛，镂于金石，琢之盘盂，传递后世子孙者知之。"两河流域则形成大量的泥板档案、纸莎草档案等。这些已成为各自文明的早期发端。中国两汉时期

---

① 保罗·康纳顿：《社会如何记忆》，纳日碧力戈译，上海人民出版社，2002，第125页。

蔡伦纸的发明和演化，让纸质档案的产生成为可能。与厚重的竹简和昂贵的缣帛相比，纸张易于书写、传递、保存，更具大范围流传的可能，至魏晋南北朝时期全面普及。遵循传统工艺、选材特殊的宣纸更是中华文化瑰宝，享有"纸寿千年"的美誉。文字及书写材料的发展与传播，将档案记忆再生产的规模与范围推动至前所未有的水平。

二、近代档案记忆再生产

随着古代王权国家的衰落，近代民族国家逐渐崛起，国家的政治体制、行政体系和文化理念都发生了历史性变革，并对作为社会建制的档案工作造成深刻影响。与此同时，近代科技迅速发展，以印刷术和摄影术的发明为代表，档案记忆再生产有了飞跃式发展，近代史学的兴起则使其内涵发生深层次变化。

（一）民族国家的崛起与档案记忆再生产

近代西方随着教会与王权的交锋，宗教的威信逐渐受到世俗的挑战，民族国家逐渐替代封建邦国成为西方的政治单元。霍布斯的《利维坦》塑造了国家权力无所不及、全面渗透扩张的强权形象。17世纪英国资产阶级革命开启了近代史，技术、制度、思想等方面发生了风云激荡的变革。时代思想变革对社会变迁的推动作用不可忽视。文艺复兴时期，人从被神权、王权奴役的状态不断解放，主体地位重新显露出来，经过对宗教神学的祛魅，从人的目光来看世界成为新的视野，人文主义观念逐步深入人心。西方近代哲学关注人的主体性和理性，强调个性弘扬。一批思想家如卢梭等人提出"天赋民权"等理念，重视公民权利。

在近代档案记忆再生产进程中，法国大革命引发了深远影响。随着政体从君主专制走向民主共和，民族国家取代君主成为共同体的来源，对历史、档案的专属和特权开始松动。文艺复兴时期封建贵族世家、城市显贵形成家族档案馆、行业档案馆、私人档案等，从寻求身份来源、群体认同的角度，档案记忆的生成来源日趋多元化。档案从"君主鞘中的剑"转向公众理念。在法国大革命后的1794年，法国颁布世界上第一部专门的档案法《稽月七日档案法令》，拉开了档案利用由封闭向开放、由少数人的特权向公众权利转变的序幕①。法国提出的开放原则被誉为档案的"人权宣言"，标志着档案记忆再生产从封闭走向开放。

伴随社会的发展、科技的进步和公民权利的解放，档案记忆再生产迈进新阶段。这直接催生了档案学理论在西方的萌芽与发展，反过来又推进了档案记忆再生产的深度与广度。中国古代虽有王朝更迭，但并未形成近代意义的民族国家概念。西方殖民主义、资本帝国主义以枪炮改变了世界政治生态格局，近代中国被迫打开国门，遭受了侵略所带来的深重苦难，面对的是持续百年的屈辱史。在争取民族独立和人民解放的过程中，近代中国民族国家的概念逐步得到确立，档案记忆再生产从内容到意义均折射出其赖以依存的政治社会环境的深刻变革。

（二）近代印刷术、摄影术的发明与档案记忆再生产

近代印刷术的发明对档案记忆再生产的"刻写"和再现方式影响重大，如在西方印刷术"打破了教会和宫廷对回忆的独占，使得对于历史和记忆的新型使用方式成为可能"②。一般认为，中国最早的雕版印刷技术在隋唐之间已经出现（另一说为汉代），最初被用来出版佛教典籍，大约在公元9世纪才用于印皇历、年历等，19世纪后机器印刷技术随传教士与洋商的入境传至国内③。自蔡伦发明活字印刷术以来，近代戈登堡印刷术的发明和发展将媒介信息的生产推动到一个新时期。记忆、

---

① 肖秋会、杨青：《欧洲档案利用限制的历史与现状》，《中国档案》2010年第1期。
② 阿莱达·阿斯曼：《回忆空间：文化记忆的形式和变迁》，北京大学出版社，2016，第47页。
③ 梅尔清、刘宗灵、鞠北平：《印刷的世界：书籍、出版文化和中华帝国晚期的社会》，《史林》2008年第4期。

文字、纸张与印刷术的结合，不仅实现了高效生产，还促进近代报纸等新闻媒体的出现，使记忆与社会领域的结合程度深化。这一影响持续深入，使档案记忆再生产随媒体技术的演变更为多元，也为其飞跃式发展提供了基础。

摄影术的发明宣告了档案记忆影像化生产时代的来临。19世纪法国人达盖尔（Daguerre）、英国雕刻家弗·斯·阿彻（Archer）先后发明银版、湿版摄影，摄影感光耗时短且照片耐久，摄影术得以普及。英国的约翰·本杰明·丹赛（Dancer）则在摄影术发明不久，即将其应用于缩微摄影。缩微摄影技术经不断发展，广泛运用于图书、档案、工程等领域，某种程度上成为衔接传统文本与数字化文本的过渡技术，并发展为数字缩微技术。档案记忆文本由此固化到胶片载体上，其缩微性和安全性特点大幅节省了文本空间，在保障记忆保存和再提取的同时，也促进了文本复制、流通和记忆传递分享这一再生产过程。1877年爱迪生发明留声机，实现记忆的声音"刻写"。19世纪末电影摄影术发明，影像记忆进入动态时代。摄影术的发明带来革命性变革，开辟了全新记忆领域，其一次成版、多次翻印（录）的复制、再生产功能，不啻于现实生活世界的"印刷术"。

（三）近代史学的兴起和档案记忆再生产

历史研究与档案记忆的加工性再生产渊源深厚。中国古代素来拥有编史修志的传统，档案编修的绵延不绝确保了档案记忆再生产。历经从脱胎于神话史诗记事的古典史学、中世纪神本主义的教会史学到文艺复兴运动后近代史学的发展，西方历史学在近代成为独立学科，各大历史学派中首推兰克史学。德国历史学家利奥波德·冯·兰克（Leopold Von Ranke）高度重视档案材料的运用，强调对原始史料的考证，其创立的近代客观主义史学对史学发展影响绵延至当下。如诺拉所言，历史学家"将档案提升至真理之保障、科学性之标准的地位，最后又赋予其证据般的明确权威性"①。另外，德国史学家施密特（Schmidt）著有《德意志史》，曾任维也纳档案馆馆长；法国史学家米涅（Mignet）著有《法国革命史》，曾任法国外交部档案局局长；法国史学家儒勒·米什莱（Michelet）著有《法国史》，曾任法国国家档案局历史部主任。史学家和档案工作者的双重身份，再次证实了"职业历史学家是档案的读者"②。随着史学研究迈向专业化，档案记忆再生产的深度也大幅跨越。

三、现代档案记忆再生产

现代社会转型加速，科技迅猛发展，民主政治、现代档案事业、现代媒介的发展对档案记忆再生产的变革影响是全方位的，直接影响其再生产方式、手段、内容和成效，这一进程延伸至当代社会。

（一）民主政治的发展与档案记忆再生产

现代化进程起始于西方社会，并伴随资本的力量和全球化的浪潮向外扩张。德国学者马克斯·韦伯（Max Weber）认为现代性就是祛魅、去神秘化、回归理性的过程。现代档案记忆再生产也有祛魅的意味。民主政治的发展使原先笼罩着神秘面纱的档案和档案机构，以更加开放、亲民的新形象示人，突出表现在国家档案馆向公共档案馆转变，官方档案记忆向公共档案记忆转变。公共档案馆是"民主政府为了保障公众的权利而设立的一种制度安排"③。这带动了各类档案记忆的产生，使普通公民亦可介入档案记忆再生产进程。

---

① 皮埃尔·诺拉：《拉维斯的〈法国史〉对祖国的敬爱》，胡蝶、鹜龙、施雪莹译，载诺拉《记忆之场：法国国民意识的文化社会史》，黄红艳等译，南京大学出版社，2015，第412页。

② 保罗·利科：《记忆，历史，遗忘》，李彦岑、陈颖译，华东师范大学出版社，2018，第217页。

③ 周林兴：《公共档案馆与制度公正——关于公共档案馆的制度视角研究》，《北京档案》2005年第8期。

　　吉登斯认为，现代社会从诞生起就是信息社会。"国家行政权力的扩张，尤其是信息资源的利用是现代社会的主要特征之一。现代国家以及整个世界体系都是一个生产和组织信息的巨大加速器。"①随着现代社会的发展，不同于以血缘、传统维系的民族、国家等共同体，作为群体形式的"社会"逐渐崛起，并以契约精神相联结。档案记忆再生产开始走向社会，与民主进程、公民权利等紧密交织在一起，构成广阔复杂的社会记忆图景，当代可用"记忆繁荣"（memory boom）一词来形容。第二次世界大战以来，历史学的记忆转向引人瞩目，公民记述历史、表达自我的意识增强，口述历史档案、家庭档案等兴起。随着档案开放进程的加速与深化，公共档案馆加大了向社会公众的开放力度，公众不仅有机会一探究竟，得窥记忆之妙，更可参与其中。

　　现代民主进程的深入推动着国际、地区间档案工作的合作与交流。1950年，国际档案理事会（ICA）成立，致力于推动各国档案事业的发展，加强档案机构和工作者间的合作与交流。为践行这一宗旨，国际档案理事会出台了一系列档案与文件管理标准，促进档案文件的规范管理、公布与利用，保护人类档案文化遗产。特别是当世界记忆工程和非物质文化遗产保护兴起后，档案记忆再生产不再孤立进行，而是进入国际范围和全球视野，面向人类共同档案记忆，实现跨国家、跨地区、跨社群的流动与共享。

（二）现代档案事业发展与档案记忆再生产

　　我国现代档案事业发展史反映了档案记忆再生产的变迁轨迹与重点所在。国家档案馆作为档案记忆再生产的重要主体，其定位变化具有重大象征意义。中华人民共和国成立后，通过历史档案的接收、旧政权档

---

① 安东尼·吉登斯:《社会理论与现代社会学》，文军、赵勇译，社会科学文献出版社，2003，第29页。

案和革命历史档案的收集，以1954年国家档案局的成立为标志，我国确立了集中统一领导的档案事业管理体制，掀开了档案事业全新篇章。1980年中共中央、国务院作出重要批示："做好档案工作，不仅是当前工作需要，而且是维护党和国家历史真实面貌的重大事业。"[①]这一论断科学确定了档案事业的历史性坐标定位和发展方向。历经调整、充实、巩固和提高，我国逐步建立起由不同系列和层级档案机构组成、纵横交织的档案馆网体系，档案记忆再生产凸显了集中统一、层次分明的特征和优势。档案法治逐步推进与完善，《中华人民共和国档案法》及其实施办法、《全国档案馆设置原则和布局方案》等法律规章相继颁布实施，一系列国家档案行业标准、规范出台执行。2011年，国家档案局第9号令公布《各级各类国家档案馆收集档案范围的规定》，对国家档案资源的生成与流向进行重新规范和界定。2022年《国家档案馆档案开放办法》成为档案开放制度的重要法律保障。目前，全国共有各级各类档案馆4 000余个。数字档案馆（室）建设、新门类档案资源建设为档案记忆再生产的数字化、社会化转型提供了基础。在档案资源开发方面，互联网思维和新媒体内容生产都丰富了档案记忆再生产的内涵。

（二）现代媒介与档案记忆再生产

现代媒介涵盖甚广，经济技术的发展催生了多元化的媒介渠道。档案记忆再生产也因媒介技术的快速发展而取得长足进步。美国未来学家阿尔文·托夫勒（Alvin Toffler）从媒介技术发展角度指出人类记忆的三个阶段，即从口头传递到文字符号到信息技术。从计算机的发明到体现为"摩尔定律"的裂变式、爆发式增长，以计算机和网络技术为代表的信息革命或第三次工业革命引发了颠覆式的数字记忆变革，档案记忆亦列于其中。电子文件的产生不亚于档案的"革命"。现代媒介开始全

---

① 王景高、冯伯群、李向罡：《当代中国档案事业实录》，中国档案出版社，1993，第8页。

面融入档案记忆再生产，撇开其中的技术决定论倾向，正如"媒介即讯息""媒介即隐喻"这两个著名论断所表明的，它改变了社会记忆的再生产机制，参与社会记忆框架与结构的重塑。由于电子媒介和网络日趋发达，现代记忆中的档案记忆同样面临快速增长的现状。借助便捷的现代媒介，档案记忆再生产的内容和范围大幅扩充，档案记忆不再局限于特定群体与领域，趋向多样化、立体化的历史。人们可加深对历史活动、社会存在和现实生活的认知，推进档案记忆再生产向纵深发展。

四、历史演变的轨迹

档案记忆再生产本身作为社会结构的内在组成和制度安排，与社会转型有着密切关联。"转型"强调内在结构的变迁和外在形态的变化，其内涵特征主要涉及制度变迁、文化变迁、生产变迁所带来的档案记忆再生产记忆体系、文化意义和生产方式变化。古代档案记忆再生产相对封闭、分散而各具特点，近代以降，逐渐走向有序化发展。从印刷时代到信息时代、新媒体时代，"文化生产和再生产的速度、广度、强度、深度令人震撼"[1]，这一感受同样适用于档案记忆再生产。

（一）从缓慢走向加速

档案记忆再生产从早期主要局限于行政机关向各个社会领域拓展，无论规模还是类别上再生产速度显著加快。雅克·勒高夫（Jacques Le Goff）指出，当今，"历史进程的加速让工业社会的民众越发地怀旧，由此也产生了'复古'的时尚"[2]。怀旧与重视历史遗留物渐成趋势，对遗忘的恐慌、对遗迹的怀旧催生了档案记忆再生产的热情，"整个社会都

---

[1] FEATHERSTONE M: "Archiving cultures", *British Journal of Sociology*，2000年第1期。
[2] 雅克·勒高夫：《历史与记忆》，方仁杰、倪复生译，中国人民大学出版社，2010，第18页。

沉浸在保存的执着和档案的生产热之中"①。国家采取各种措施加强档案资源体系建设，包括档案馆、博物馆、图书馆等文化机构及研究机构建设，广泛开展记忆资源建设与开发，各类档案记忆工程蓬勃兴起，红色记忆工程渐显雏形。公众以更多热情参与档案记忆再生产，如家谱、家史。截至"十三五"末期，全国档案馆共有开放档案17 659万卷（件），较"十二五"末期增长38.9%②。从累积形式上看，数字档案记忆从生成源头上迎来大幅增长。这也与我国数字档案馆（室）建设密切相关。档案记忆再生产迎来一个前所未有的记忆大生产时代。

（二）从封闭走向开放

档案记忆再生产早期处于封闭状态，档案作为"君主的剑"秘不示人。我国古代有档案保管"石室金匮"之举，载有铭文的青铜器档案被视为"国之重器"。古人甚至还因"先贤创造，不可亵慢"而敬惜纸张，专门建造焚字炉。档案成为知识、身份、权力的象征，代表着权威、严肃、庄重，笼罩着一层神秘色彩。我国古代即开始的档案编纂活动限定于官修。明清时期官府存在"刀笔吏"现象，其影响持续至民国，出现"卷阀"的把持，档案管理成为独家秘籍，职业因袭所导致的封闭、私密化使档案难以互通。民国时期开展文书档案改革运动，档案的科学化管理和档案专业教育开始起步。中华人民共和国成立后，我国档案管理理念、原则与方法深受苏联影响，从俄语词汇音译的"芬特"到意译的"全宗"，见证了苏联档案管理模式的深刻影响。

随着改革开放进程的深入，我国不断加大档案事业的对外开放力度，1980年中国加入国际档案理事会后，正式成为国际档案社会的一员，

---

① 皮埃尔·诺拉：《记忆之场：法国国民意识的文化社会史》，黄红艳译，载皮埃尔·诺拉《记忆之场：法国国民意识的文化社会史》，黄红艳等译，南京大学出版社，2015，第13页。
② 国家档案局：《中办国办印发〈"十四五"全国档案事业发展规划〉》，https://www.saac.gov.cn/daj/yaow/202106/899650c1b1ec4c0e9ad3c2ca7310eca4.shtml，访问日期：2022年10月6日。

积极参与国际事务与国际项目合作，目前已与世界上几十个国家建立了档案双边合作关系。近年来，我国加大推进与国境外的官方档案交流合作项目。如与俄罗斯档案部门先后多次召开中俄人文合作委员会档案合作分委会会议，通过合作举办档案展览、出版档案文献汇编、交换档案复制件等形式开展了深入务实的合作。国家档案局还与越南、蒙古等国家档案馆联合举办有关展览等。近些年国内有条件的档案机构开始重视海外流失档案采集工作，如青岛、大连、天津、江苏、上海等地档案馆纷纷前往境外征集有关城市记忆档案。海外红色档案的寻访工作也在紧锣密鼓地进行，如上海音像资料馆采集了一系列海外红色珍档，在丰富红色档案记忆的同时，也为后续红色档案叙事提供了经典文本。一些地方机构也组团到境外举办各类专题档案展览，用档案讲述中国故事。在治理多元、开放、协作的总体趋势下，立足于公共服务理念，档案部门有望通过加强与相关政府部门、行业协会、民间公益组织等的互通合作，实现档案记忆再生产的深度融合和有序发展。

这一趋势从国际档案理事会（ICA）会徽（见图1-1）的演变可见一斑。原ICA会徽采用古罗马双面护门神雅努斯（Janus）的形象，面向过去与未来、行政与科学。在新会徽（1994年采用）中，未闭合的圆形地球代表开放与面向社会；早期文字符号到数字化集成电路块代表人类文化遗产记录形式的发展；作呼唤状的双人头像代表作为文化、信息资源的档案在国际的流通、交换和共享[①]。新媒体时代的档案记忆再生产同样秉持开放、共享、合作的发展理念。

---

① 覃兆刿：《话说"司档之神"雅努斯——兼析国际档案理事会会徽改变》，《浙江档案》1995年第7期。

图 1-1　国际档案理事会会徽

（三）由分散走向系统

受制于生产条件与方式，档案记忆再生产由个别、分散式生产发展到系统、规模化生产。古代档案记忆再生产规模较小，类型单一，限定在特定人群。受教育的权利、书写的能力集中于王公贵族、僧侣、祭司等统治阶层和少数精英，识文断字既成为一种教养，更显示出一种特权。我国西周时期"学在官府""礼不下庶人"。至春秋时期，孔子兴办私学，提倡"有教无类"，教育仍局限在少数人，女性等人群更是排除在外。早期档案记忆主要形成于政治、宗教、商业等活动中，因天灾人祸等，断裂、分散现象屡有发生。随着档案记忆规模的扩张和社会分工的专门化，档案工作开始作为维持社会机体运行的建制性活动而存在。近现代各国档案事业体系逐步建立与完善，档案馆成为专业机构，档案人员成为专业技术人员，档案管理日益科学化、规范化、标准化。档案记忆再生产的系统化生产特点突出，通过实施相关档案法规、标准体系、业务规范、组织设置、资源配置等，逐步打破了以往"各自为政"的再生产方式，形成系统化、层次化、网络化的档案记忆再生产体系。

档案记忆再生产除既有的体制内生产外，开始面向更为广阔的社会文化领域。因数字档案记忆的加入，档案记忆再生产规模呈现爆发式增长。

（四）从单一走向多元

实践的多元丰富性决定了档案记忆再生产的多元性，并体现在生产主体、对象、类别、层次等多方面。档案记忆再生产包括文本形式、内容、意义的再生产，更多地体现为人与人之间的关系，尤其将档案记忆的意义再生产突显出来。早期档案作为历史学家"不掺假的史料"而备受推崇，当今档案机构更多地主动挖掘与生产档案记忆，重藏轻用、注重累积性生产的传统理念与做法，已向藏用并重、重视记忆建构的加工性再生产转变。档案记忆再生产有更强的意义指向性，向纵深和价值提升发展，比如以服务国家、民族认同构建为目的等。档案文献编纂作为重要的档案记忆再生产方式，迄今仍在持续，但具有了更多时代意义。通过运用现代信息技术和传播渠道，档案记忆再生产的数字化转型也在加速，为多元化的数字记忆生成、加工、消费确立了前提。在档案记忆再生产加速、扩张的同时，各类记忆主体纷纷以多种方式参与档案记忆资源的深度加工，通过记忆文本、记忆影像、记忆空间、记忆仪式等多种形式加以展演和传播，深化了档案记忆内容与意义的再生产。

第二章 ‖‖‖

档案记忆再生产的
结构机理

> 在一切社会形式中都有一种一定的生产决定其他一切生产的地位和影响。……这是一种普照的光，它掩盖了一切其他色彩，改变着它们的特点。
>
> ——（德）马克思《〈政治经济学批判〉导言》①

马克思所言"普照的光"，即社会的物质生产方式。正如蒸汽机开启了工业时代，光与电引发了信息时代。自20世纪80年代以来，信息化生产方式已深入改变现实生活。通过探求物质生产方式，我们可以深刻理解档案记忆再生产历程。媒体作为物质生产方式的表现之一，反映出生产方式的变革。"一切迹象表明，现代大众传播媒介在回忆文化领域所做的工作，其影响力乃是最大的。"②这足以引发人们对媒体作用的思考。档案本身作为智力产品，属于精神生产的范畴。档案记忆再生产更具意义的在于以人为中心的社会记忆再生产，以及构成整个人类社会的社会关系的再生产。这一过程实质上是档案记忆以一种符号或表征形式进入人类生活空间，构建人类精神世界意义体系的过程。

---

① 马克思、恩格斯：《马克思恩格斯选集：第2卷》，人民出版社，1995，第24页。
② 摩西·齐默尔曼：《以色列人日常生活中的迫害神话》，载哈拉尔德·韦尔策《社会记忆：历史、回忆、传承》，季斌、王立君、白锡堃译，北京大学出版社，2007，第316页。

第一节 档案记忆再生产的三维结构

档案记忆再生产的整体结构包括对象、要素、过程三方面。

一、内容结构：文本形式、内容与意义

档案记忆再生产的整体结构包括宏观、中观和微观三个层面，群体性生成与个体性生成，制度性生成与体制外生成，等等。这些主要针对档案记忆再生产的范围、规模和方式等，但尚未触及根本性的结构。档案记忆再生产的结构不仅关乎记忆如何生成的问题，更关乎生成什么的问题，与档案记忆本身的结构息息相关。

档案记忆的结构可从多角度解析，以往学者们对记忆的真知灼见多有启示。亨利·柏格森指出存在"进行重复"和"进行想象"两种记忆①。扬·阿斯曼从意义生产层面提出"文化记忆"的概念，并据此构建文化记忆理论。皮埃尔·诺拉强调"记忆之场"具有"实在的、象征的和功能性的"②三层含义，与法国哲学家拉康（Lacan）的"三个世界"（实在界、象征界和想象界）思想相呼应。与档案记忆紧密相联的历史，常

---

① 亨利·柏格森：《材料与记忆》，肖聿译，北京联合出版公司，2013，第65页。
② 皮埃尔·诺拉：《记忆之场：法国国民意识的文化社会史》，黄红艳译，载皮埃尔·诺拉《记忆之场：法国国民意识的文化社会史》，黄红艳等译，南京大学出版社，2015，第20页。

从历史文本、历史叙述与历史解释三个维度展开。丁华东从记忆事项角度，提出社会记忆再生产的基本结构包括记忆形式再生产、内容再生产和意义再生产①。综合上述观点，档案记忆再生产可从文本形式再生产、内容再生产和意义再生产三个维度深入理解。

（一）档案记忆的文本再生产

文本（text）有广义、狭义之分。不同学科对其有不同界定，有时常与"文献"交替使用。文本狭义上指以文字表述的文章、论著等，数字时代一份电子文件也可被视作一个文本；广义上指各种能够被观察阐述的社会现象，主要与情境（context）相关。本书取其狭义。珍妮特·巴斯蒂安（Jeannette Bastian）②和埃里克·凯特拉③采用"记忆文本"（memory text）一词，以期突破传统档案形式的限制。档案记忆文本与档案文本有所不同。作为记录载体和书写材料、书写内容等的有机结合，传统档案文本具有原始性，一旦磨灭就不可再生。档案记忆的文本形式包括一次生成的原始形式，也包括改变文本载体、文本组合的次生形式。档案数字化也具有典型的记忆文本形式再生产特征，档案记忆的内容与载体由此分离，并以一种新的文本形式源源不断地成为数字记忆的一部分。档案记忆文本形式的再生产分为常态和非常态两种方式。

常态的档案记忆文本形式生产，主要由官方档案机构通过档案收集等进行制度性、累积性生成。包括：从古代遗存的甲骨、金石、纸莎草等档案，到占据档案主体的纸质档案，再到当代的电子文件；从档案的零星生产到建制化生产。资源需要有一定的规模，正是档案记忆文本形

---

① 丁华东：《论社会记忆再生产的基本结构》，《思想战线》2019年第2期。

② BASTIAN J A："Reading colonial records through an archival lens:the provenance of place space and creation"，*Archival Science*，2006年第4期。

③ KETELAAR E："Sharing：collected memories in communities of records"，*Archives & Manuscripts*，2005年第1期。

式的扩大再生产对档案记忆资源的形成起着基础性作用。随着经济社会的发展，新类型、新领域、新群体档案不断涌现。这既是社会变迁的记录，也反映了档案记忆规模的扩大和范围的扩张。

非常态的档案记忆文本形式再生产，主要包括档案的新发现和档案的有意识再组织两种类型。

一是档案的新发现。典型的如中国"四大档案史料新发现"（殷墟甲骨文、汉晋简牍、敦煌文书、明清内阁大库档案）；另如2002年出土的秦洞庭郡迁陵县档案，即继秦兵马俑之后又一重大考古发现的"里耶秦简"。这些档案的重见天日实现了档案记忆的文本形式再生产，其后续的整理研究有着深远的社会记忆影响。

二是档案的有意识再组织。典型的如入选世界记忆遗产名录的系列档案文本。像家书档案原本较为常见，但由16万封粤闽华人华侨"侨批"整理而成的"侨批档案"于2013年入选世界记忆遗产名录。所谓"侨批"即海外华侨银信合一的家书。小小侨批汇聚起深厚的家国情怀，牵连起对故土的悠悠思念，意味绵长。此外，一些当时看来普通甚至微不足道的档案记忆文本因系统累积而显现特色，代表性的就有账本。如反映山东"红嫂"支前的《军鞋账》档案，入选了第四批中国档案文献遗产名录。另如河北省临漳县杜村乡东营村的会计档案，记录了1948年以来从农村土地改革到改革开放等各个历史时期的村财务发展变化，"对我国农村政策沿革极具研究价值，对当前解决好'三农'问题，具有特殊重要意义"①。这套完整的村账档案除了引起国家税务总局、农业部和国家档案局的重视外，还吸引了市场的关注。与其说其中的文本形式或内容，毋宁说背后折射的经济社会变迁赋予其独特的社会记忆价值。

---

① 许海涛：《57年完整村账见证中国农村变迁》，《党的建设》2005年第9期。

（二）档案记忆的内容再生产

超越物质层面的文本形式，档案记忆再生产的核心在于基于内容层面的记忆再生产。扬·阿斯曼认为，"呈现为文字形式的作品本身就包含被遗忘、自动消失、过时和被尘封的危险，这些情况与其是连续，不如说是断裂"[①]。档案记忆的内容再生产通过加工整合不仅建立起内容逻辑体系，更是恢复以至于更新了档案记忆的意义结构，使其焕发出新意义。这一过程和结果受社会发展情境和社会框架制约，从内容文本加工和内容重构两个路径展开，并以后者为主。

作为一种累积性生产，档案记忆内容的文本加工与前文阐述的档案记忆文本形式再生产多有重合之处。档案记忆文本以特定形式承载着内容，对于在特定范围唯一性突出的档案而言，新形式的产生往往代表新内容的生成，如对不同语言文字档案记忆文本的转录。以少数民族档案的两朵"奇葩"水族水书档案和纳西族东巴档案为例，两者均被列入"中国档案文献遗产名录"。水书文字、东巴文字与甲骨文、金文等同源，可谓中国古文字、象形文字的"活化石"，对研究古华夏文化具有重要参考价值。若无水书先生、东巴（东巴语"智者"）的代代相传、识读诵记，水书档案、东巴档案不亚于"天书"，更不消说进一步的内容阐释和意义解读。

档案记忆内容的重构性再生产从内部加工和外部展演两个角度进行。前者面向档案文献编纂，包括选题、选材、考辨加工、编排成文，确保档案记忆真实、客观、合乎史实，并有序化为社会群体便于理解接受的内容。这一方面在档案学理论或档案工作实践上均非常成熟，体现和凝结了档案工作的优良历史传统。后者面向档案记忆传播，对档案记

[①] 扬·阿斯曼：《文化记忆：早期高级文化中的文字、回忆和政治身份》，金寿福、黄晓晨译，北京大学出版社，2015，第101页。

記忆的流动：
新媒体时代档案记忆再生产转型研究

忆既有内容进行重新提取、组织与再现，反映了档案记忆内容适应不同加工形式的变化，包括文章、出版物、展览、影音作品、创意产品等。通过这一重构式再生产，新的档案记忆内容"固化"为外在的、客观化的物质客体，为档案记忆消费提供对象。档案记忆内容的外部展演与内部加工相辅相成，受内部加工的约束，同时对其起到传播共享作用。

（三）档案记忆的意义再生产

"意义是人对自然或社会事务的认识，是人给对象事物赋予的含义，是人类以符号形式传递和交流的精神内容。"[①] "意义生产"不仅是史学、文学艺术等领域的重要关切点，更是档案记忆再生产的灵魂和主旨。在某种角度上，社会记忆理论之所以能够发展到枝繁叶茂，很重要的一点就在于它是意义出发、意义锚定的，因此在理论抽象中具有强大的适用性和穿透力。作为社会关系的凝结，档案记忆的意义体现了人们对档案记忆所含历史、社会事实及彼此关系的价值判断和情感体验，不仅可为国家和社会治理、国家民族认同凝聚提供价值根基，还能为民众个体"提供根源感、身份感、地方感和集体记忆"[②]。一旦意义被弱化或抽离，档案记忆的生命力必将萎缩甚至消亡。

档案记忆的意义再生产包含"两个相互交叉、无限伸展的过程：原有意义的不断被发现和新的意义持续生成"[③]。经主体阐释，档案记忆的意义在新的社会情境中得以再现、更新、传递，形成开放性、多元化的意义体系。可以说，"信息意义的阐释就是意义构建的选择过程"[④]。从档案记忆消费的角度，意义获得与意义阐释相生相长。对历史进行知识考古

---

① 赵建国：《传播学教程》，郑州大学出版社，2012，第20页。
② 特里·库克：《1898年荷兰手册出版以来档案理论与实践的相互影响》，载国家档案局、中央档案馆《第十三届国际档案大会报告集》，中国档案出版社，1997，第152页。
③ 潘德荣：《西方诠释学史》，北京大学出版社，2016，第264页。
④ 詹姆斯·罗尔：《媒介、传播、文化：一个全球性的途径》，董洪川译，商务印书馆，2012，第252页。

· 80 ·

式的分析，不仅关注"说什么"，更关注"为什么说"。档案记忆的意义再生产也不仅在于记忆什么，更在于为何如此记忆、遗忘何以产生。这涉及如何打通档案记忆与现实世界的关联，通过恢复和重建过去、当下与未来的关系，使从历史情境中"脱域"的档案记忆再次进入人类的生活世界。譬如，档案馆归档保存的档案会在一定条件下开放，这既是档案记忆社会功能延伸的过程，也是向档案记忆消费者再度开拓意义空间的过程。档案记忆在不断被解释、理解的过程中，其意义得以持续再生产。

　　档案记忆再生产对文本形式、内容、意义的重新生产、诠释与整合，实现了有形文本形式和无形内容、意义的统一，具有反思性意义。这也揭示出新记忆的生成路径，从那些被选取、舍弃、遗忘、变形的档案记忆中，可发现新的身份认同、关系意义如何得以生产、重构。作为一种对象性关系，档案记忆的意义尽管有一定的主观建构性，却并非虚无缥缈、捉摸不定的。原因在于：一方面，档案记忆赖以生存的历史或社会事实具有客观真实性；另一方面，档案记忆受主体自身与社会框架的双重约束，"作为主体的人的社会存在本质"①规定了其相对客观性。即便对于个体，社会人具有特定的社会角色和关系，因此仍然可在一定程度上预判其认知倾向与情感态度等。档案记忆再生产的意义预设由此得以可能，特别是当关乎公平、正义、伦理、道德等人类共通的终极意义时。从意义与关系出发，可从建构社会记忆的目标预见档案记忆再生产的方向与重点。档案工作者不仅是档案记忆守护者，更能成为档案记忆的主动建构者。

　　（四）三者之统一

　　档案记忆的文本形式、内容两者互为关联，从意义层面贯通了物质

---

① 李德顺:《价值论：一种主体性的研究》，中国人民大学出版社，2013，第2页。

与观念,达成物化记忆与观念记忆的统一。参照历史话语分析,档案记忆的文本再生产指向"它是怎么说的",即何类历史文本;内容再生产指向"它在说什么",即何样历史叙述;意义再生产指向"它为什么要这么说",即何种历史解释。"意义的生产过程,就是用符号来表达一个不在场的对象与意义。"①知识社会学开创者之一、德国学者马克斯·舍勒(Max Scheler)认为,事实分为自然事实、科学事实和现象学事实②。档案记忆文本形式反映自然形成保存归档的社会实践原始记录;档案记忆内容反映根据一定的信息、知识组织技术原则或档案文献编纂规范,加工形成的史实化、体系化档案信息或知识;档案记忆意义反映对社会事实及其本质关联的洞见和内化的记忆。档案记忆如与人的经验体验和价值判断脱离关联,也就失去了意义,不复为意义充满的"记忆之场",而仅是干巴的事实、数据。档案记忆再生产的对象结构关系如图2-1所示。

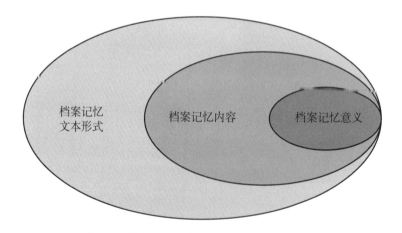

图2-1 档案记忆再生产的对象结构关系示意图

---

① 赵毅衡:《符号学原理与推演》,南京大学出版社,2016,第35页。
② 马克斯·舍勒:《知识社会学问题》,艾彦译,北京联合出版社,2014,第11页。

文本形式、内容、意义三者相互融合，并有机统一于档案记忆整体。档案记忆的文本形式具有客观的物质对象，是档案记忆内容、意义的承载与表征。档案记忆文本形式再生产是表层形式的生产，为内容、意义再生产提供了记忆前提。档案记忆内容涉及的历史事实或社会事实，定位于一定时空，但其蕴含的情感、伦理、价值（如家国情怀等），明确而恒久，汇聚为一种传统的力量，且不随时空转换而衰亡，相反会在绵延不息的重复和演绎中持续再生产。档案记忆的内容再生产是核心的再生产，为从文本形式到意义的再生产打通了记忆渠道。意义再生产体现为引领性、导向性的再生产，为文本形式、内容的再生产确立了目标和框架。三者共同真实保存与再现既往的历史，将档案记忆再生产不断引向广阔的社会记忆领域。

透过档案记忆再生产，可感知档案记忆参与社会再生产的机理。悠久如我国由唐代沿袭至明清的皇家谱牒档案——玉牒，其文本形式制作的考究与严格，反映出皇权政治的神圣化；其内容反映出世代传承的宗室谱系，关系到皇权政治；其意义在于提供了合法化的证据和所谓"万世一系"的象征符号。另一生动实例如红色档案记忆中的一份真正档案记忆——曾有中国共产党"一号机密"之称的"中央文库"形成的宝贵档案记忆。有别于其他原始档案，这批档案经过精心裁剪和压缩誊写，多达两万余件档案内容几乎涵盖了中国共产党早期重要会议和文件，不仅成为红色记忆的根基性内容，也是属于国家和民族的宝贵记忆遗产。同时，围绕"中央文库"护卫传承形成的感人至深的历史记忆也让这一档案记忆库意义更为隽永。

正是通过文本形式、内容和意义三个层面的结合，档案记忆再生产达成抽象与具体、逻辑与历史、理念与事实的统一。事实上，广义的"文本"概念内涵正是从思想内容的物质形式，延伸到具有"互文性"的文本意义网络的。

二、关系结构：主体、客体与关系

社会记忆的本质在于"实践基础上的人类主体能力和本质力量对象化地凝结、积淀和破译、复活的双向过程"[1]。档案记忆再生产体现为一种主客体间的对象关系，主体、客体、关系三个要素通过不同生产方式、途径、范围的结合，实现以档案工作实践为具体表现的档案记忆生产与消费，并以关系为重点。

（一）档案记忆主体

自哈布瓦赫开创性地从"集体"角度审视记忆以来，从主体角度研究社会记忆成为一种新的方向。档案记忆再生产本质上属于以人为中心的生产，每一环节与过程都离不开主体人的参与及其主观能动性的发挥。人的历史就是人的需要得到满足又不断产生新的需要的过程。马克思指出："全部历史是为了使'人'成为感性意识的对象和使'人作为人'的需要成为需要而准备的历史（发展的历史）。"[2]主体既可以是作为个体的人，也可以是作为群体或组织的家庭、家族、阶层、社群、民族、国家乃至作为整体的人类。档案记忆再生产始于作为主体实践活动记录的文本形式，深化于主体对档案记忆文本内容、意义的认知、理解与阐释。

档案记忆再生产主体包括：作为生产者的主体，即档案记忆文本的形成者、档案记忆内容的加工诠释者（主要体现为档案机构或档案工作者）；作为消费者的主体，即融文本认知、内容理解、意义阐发于一体的受众（如档案用户）。由于主体认知、情感、立场等的不同，加上文本内容阐释时存在的背景隔阂、代际疏离、语言异质等干扰因素，档案

---

① 孙德忠:《社会记忆论》，湖北人民出版社，2006，第128页。
② 马克思、恩格斯:《马克思恩格斯选集：第1卷》，人民出版社，2012，第194页。

记忆再生产中存在两种意义，一是档案记忆生产者希冀生成、表达、传递的意义，二是为档案记忆的受众事实理解、接受、内化的意义。两者往往存在一定的偏差或意义间距，同一档案记忆可具有多重意义，甚至可能引申出迥异的意义内涵。当相互接近一致时，档案记忆的意义达成效果与档案记忆生产者的期望就能达到较高的契合度，推动意义的传递与更新；反之，有可能在冲突或对抗性认知反应的情况下，导致意义的曲解或泛化。当前，值得关注的一大动向是档案记忆生产者、消费者有界限转化、消融的趋势。"受众是主动的意义生产者，按照自己的生活与文化来阐释、容纳媒介文本的意义。"①档案记忆受众成为具有主观能动性的行动者、意义生产者。在受众的主动、互动式参与下，档案记忆再生产过程得以更新往复。

（二）档案记忆客体

不同于一般意义的精神、观念，作为客体的档案记忆是物质形式（通常体现为各式各样的文本形式）、记忆内容（体现为档案记忆中的历史与社会事实）和价值观念（体现为不同的意义指向）的复合体，并共同体现所赖以生存的社会框架。根据档案形成规律，随着档案记忆文本形式以档案化的形式脱离原有生成背景和生成关系，文本拥有了相对独立于档案记忆生产者的属性，其记忆内容和原初意义由此获得不断被重新定义、阐释的多种可能。"当记忆无法恢复与产生它们的现实之间的联系，从而无法获得更新时，记忆也就变得贫乏而凝滞了，这就是记忆具有的性质。"②档案记忆再生产也将因记忆封闭僵化而难以为继，甚至丧失根本。只有开放并面向广阔的社会生活领域和未来，档案记忆才能保持恒久生命力，持续再生产。

---

① 凡·祖伦：《女性主义媒介研究》，曹晋译，广西师范大学出版社，2007，第149—150页。
② 莫里斯·哈布瓦赫：《论集体记忆》，毕然、郭金华译，上海人民出版社，2002，第178页。

　　档案记忆的内容和意义再生产因较强的主观建构性而直面客观性。"客观性试图，并且有时能够将事实与其意义区分开来。在记忆中，意义被赋予了高于事实的重要性，因为这些事实是在其意义的基础上被建构出来的。"[1]某种程度上，主观性的思想观念一旦诉诸档案记忆的文本和内容，就会成为一种客观存在的事实，表达主体的思想观念。档案记忆再生产归根结底为传达特定意义而存在。对不同意义的探究，方可解释档案记忆因何生产、如何生产等命题。档案记忆的意义从社会领域角度，有政治、文化、经济、历史等意义；从时间角度，有历史、当下（或现实）、未来等意义；从空间角度，有世界、国家、区域、社区等意义。社会由内部各类群体及个人组成，因而还有不同家庭、家族、族群、国家等各类共同体意义。何者为重点，取决于档案记忆生产者的动机和意图，并受文本自身及内容阐释后可能具有的意义的制约。

（三）档案记忆的生产关系

　　对于一种生产实践活动的考察，离不开生产关系。档案记忆再生产的主体包括生成、加工和消费主体，其多元主体性强调一种主体间性，表现为作为生产主体的"自我"主体与作为生产指向的消费者的"对象"主体间的共在关系和交互关系，体现为自我与他人、人与社会的关系。档案记忆再生产体现了以人为中心的整体关系交互过程，整体面向社会关系再生产。档案记忆再生产主要涉及主客体间关系、主体间关系和主体自身关系三重关系。

　　第一，主客体间关系。无论是档案还是档案记忆，均属于人类精神凝结的对象化产物。档案记忆的生成、加工、消费，最基本的就在于将人类的意图、思想等对象化、客体化。从档案记忆生成来看，是将人类关系对象化于档案记忆这一客体；从档案记忆加工来看，是将档案记忆

---

[1]　弗朗西斯科·德利奇、陈源：《记忆与遗忘的社会建构》，《第欧根尼》2006年第2期。

通过一定的生产方式加以再生产；从档案记忆消费来看，是将档案记忆作为消费客体，实现相应的对象化过程。贯穿档案记忆再生产全过程的意义，代表着一种对象性关系和关系范畴，其性质及程度主要取决于意义涉及主客体间的关系，关系的错综复杂决定了意义的多种关联。就某一特定的档案记忆再生产活动而言，这与学界对档案文件尤其是电子文件蕴含的"关系"和背景信息的强调不谋而合。

第二，主体间关系。档案记忆再生产并非局限于档案记忆本身，集体记忆关注的起始点在于社会关系框架，因社会关系而产生、确定，又反过来表现、影响社会关系的发展。后现代主义学者不再仅将档案视作文本，更视之为权力的表征、社会控制的体现。德里达认为，"档案既是档案拥有者的反映，也是其所代表的权力结构的反映"[1]。他对档案这一符号背后的意义评析，表达了对人类社会权力关系的批判。这也是档案记忆理论得以兴起的又一社会缘由。档案的封闭与开放对应档案记忆的筛选与过滤、权力的控制与社会监视，体现为权力与沟通理解、表达与接受的关系。这一关系置于社会关系的复杂场域，各种社会资本此消彼长，对社会发展的扩张或拉断能量不容忽视。

第三，主体自身关系。处理与自我的关系是人的一大难题，记忆的心理学、精神学分析也侧重于个体的大脑生理和心理记忆分析。主体自身的关系涉及自我意图的表达认同，体现为记忆与自我的"合和"关系。从个体和群体两个角度，档案记忆再生产分别指向人自身和群体共同体的认同与身份归属，不仅是对象化的客体、社会关系的再生产，而且是认同的再生产、情感归属的再生产，从而使个体心灵得到安置，群体和社会得以凝聚、维系和发展。

档案记忆再生产的上述生产关系最终都指向记忆共同体的生成。"记

---

① DERRIDA J："Archive fever：a Freudian impression"，*Diacritics*，1995年第25期。

忆共同体以相似的文化记忆为基础，通过记忆共享，形成相似的价值取向并获取身份认同，从而与其他群体相区别。"①这种记忆共同体以记忆再生产中的关系生成和联结为核心，形成复杂的记忆个体聚合形态。

三、过程结构：生成、加工与消费

社会再生产包括生产、分配、交换、消费四个环节，档案记忆再生产具有一定的特殊性，其分配与交换更多体现在档案记忆的保存、流向与传播共享上，并集中反映于对档案记忆加工与消费方式、途径、范围的选择与限定。从社会再生产和精神再生产角度，结合档案工作实际，档案记忆的加工环节具有贯通生成与消费的意义，档案记忆再生产主要指生成、加工、消费这一周而复始、往复更新的过程。

马克思的社会再生产离不开交换这一流程。从记忆视角，对应于档案记忆的传播。交换的意义在于流通环节，通过档案记忆传播，档案记忆得以不仅在社会记忆系统内部流动，也向社会记忆流动；档案记忆也得以从生产者向消费者流动，形成一个开放式、循环往复的流动系统。这对于考察新媒体时代具有特殊意义。从这一角度，不再将传播视作一个单独环节。整个档案记忆再生产的过程实质上就是档案记忆的传递、传播、流动共享的过程。

（一）档案记忆生成

档案记忆生成体现为人工选择的社会行为，其生成过程即档案记忆生成主体将社会记忆凝结、刻写、存储于档案记忆文本的"档案化"过程，反映了广泛的社会实践活动。档案记忆生成作为档案记忆再生产的

---

① 李昕：《从文化记忆到人类记忆共同体——论意义生产中的道德固守》，《学术研究》2019年第10期。

起点，有着初始化的意义。考虑到档案记忆再生产过程的往复更新性，对档案记忆生成主体主要考察其原初的记忆生产，具体包括档案记忆文本的作者和收集、存储档案记忆的机构或个人。前者实现档案记忆的一次生成，后者使档案记忆转化为存储记忆，完成了档案化的过程，实践中常以收集归档为分水岭。从既往海量的档案记忆来看，档案记忆生产中作为个体的作者往往缺位或退隐，更多地作为集体的一部分。如一份公务文件，其作者往往以机构的形象展示，文件的起草、撰写、修改、审批者等往往作为生成背景环境的一部分。档案记忆的文本集中由档案机构保管，不仅表现为存储地点的变化，更反映了"作者"所处内外环境的变化。对于诠释文本，"作者"的形式赋予其重生的意义。而后者对于档案记忆从存储记忆转化为功能记忆至关重要。

（二）档案记忆加工

档案记忆加工指特定的加工主体依据不同的记忆框架，通过一定的加工方式，对档案记忆资源进行主动性的整理、挖掘、再现，形成相应的档案记忆成果，体现为提取、重组、再现记忆的过程。之所以需要加工，是因为档案记忆自身特性和档案记忆的生成特点。如同人类记忆有失真、变形的可能，书写的历史与真实的历史并不等同，档案中托伪、造假、篡改情况屡见不鲜，作为"刻写"的档案记忆同样存在真伪混杂、虚实交错等特点，如不去伪存真、去芜取菁，则谬误难免。档案记忆再生产的一大特点就在于加工性，相对于自然生成的档案记忆，"其后的延续、传承、建构等则是对原初记忆的加工行为或复活过程，具有'再'生产特点"[1]。档案记忆加工有狭义与广义之分，狭义上指对某一特定类别、领域、主题、群体的档案记忆进行加工，广义上指对档案记忆的整体性、功能性进行加工，实践中体现为档案记忆资源的整理、开发

---

[1] 丁华东：《档案与社会记忆研究》，人民出版社，2016，第320页。

和提供利用。当然，对狭义层面档案记忆加工的探讨离不开广义层面的考察与分析。需要明确的是，本处所指的加工并非从个体记忆角度对记忆进行的加工、提取，而是从社会记忆传承、建构的角度对记忆进行的加工。

（三）档案记忆消费

从马克思社会再生产理论出发，类似物质资料的生产与消费，精神生产、文化生产同样对应于精神消费、文化消费。考虑到档案部门的公共文化事业属性，以往人们较为讳言档案的商品化、资本化。修订后的档案法对私人所有档案的出售作出限定性规定，反映出这部分档案类似一些文物有文化产品交易的一面。诚然，"档案记忆消费"理念较新，易引发争议。笔者将"消费"视为与"生产"对应的中性词，以此解读档案记忆消费及其与社会记忆再生产的关联。马克思认为，消费"除了它又会反过来作用于起点并重新引起整个过程之外，本来不属于经济学的范围"①。消费本身也是社会再生产总过程的内在环节。

消费不仅是一种经济行为，更是一种社会性的文化行为。本书结合精神再生产和消费的本质来进行相对中立的解释与分析，力图将其与长期受到质疑与批判、导致人"异化"的"消费"区分开。消费关系到精神再生产、人的再生产和社会关系的再生产，与社会再生产密切相联。坎斯特纳就将记忆视为复杂的文化生产与消费/接受的过程，包含"构成我们所有对过去的表象的思想和文化传统、有选择地采纳和操纵这些传统的记忆制造者以及按照自己的兴趣使用、忽略或改造这些人造物的记忆消费者"②。事实上，记忆消费与信息消费、文化消费互有区别和联系。档案记忆消费表现为消费者独立自主地选择适合自己的文化记忆

---

① 马克思、恩格斯：《马克思恩格斯全集：第46卷（上）》，人民出版社，1979，第26页。
② 沃尔夫·坎斯特纳：《寻找记忆中的意义：对集体记忆研究一种方法论上的批评》，载李宏图《表象的叙述：新社会文化史》，上海三联书店，2003，第141页。

产品，符合参与主体的兴趣和意向。这一"消费"主要针对档案记忆的内容与意义，仅有少量涉及档案本身。消费的过程也是用户认知、接受和内化档案记忆的过程，据此实现档案记忆生成、加工的目标与价值追求。

档案记忆再生产作为一个体系化的社会实践活动，其主体、对象、过程相互作用，共同统一于档案记忆再生产活动，其要素构成及过程可参考图2-2。

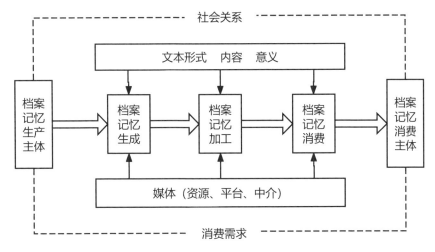

图2-2 档案记忆再生产要素构成及过程图

档案记忆再生产过程包括以下几方面内涵：

第一，档案记忆生成、加工、消费环环相扣，体现为往复更新的开放循环过程。三者具有逻辑上的先后关联，并统一于整个档案记忆再生产过程。首先，对分散化的社会记忆以档案的形式加以固化，实现档案记忆的生成；其次，对档案记忆的内容进行加工，注入或产生新的记忆内涵，进而重构档案记忆，并通过各种媒体和方式加以展演（即展现、演绎），使得沉睡的档案记忆得以活化、解释、再现和表征，且获得存在的意义；最后，通过个人、群体的档案记忆消费，将获取或吸收的档案记忆连同相应的观念、意义、价值等加以内化，传递下去，从而实现意义、认同等的建构。档案记忆生成本身不是目的，而在于对不同记忆消费需求的满足，更是为了再生产。档案记忆生成是档案记忆加工的基础，其内容与形式决定了后续加工、消费的广度、深度和方式。档案记忆的生成、加工在产生记忆成果的同时，也为档案记忆消费提供了前提。档案记忆消费反之又为档案记忆的生成、加工提供动力，引发新一轮档案记忆再生产。在这一记忆实践活动中，媒体作为资源、平台与中介，持续导入与融入档案记忆再生产全过程。

第二，通过生成、加工与消费，档案记忆文本形式、内容、意义得以不断再生产。档案记忆再生产不是封闭的，而是开放的；不是静止的，而是动态的。从生成到加工再到消费，文本形式、内容、意义在每一环节都有相应变化。档案记忆生成的是原始文本、内容与初始意义；档案记忆加工既有对文本形式、内容的加工，也有新意义的产生；档案记忆消费实现内容消费的同时，更实现意义的更新与流动，由此引发价值塑造、社会行动等，意义具体化为文本与行动。"人是悬挂在由他们自己编织的意义之网上的动物"，文化即这些网①。人的行动是传达意义的最直接表现，档案记忆再生产也可理解为编织意义之网，将社会关系囊括于其中，推进人自身与社会的再生产。

第三，消费需求作为档案记忆再生产的目的与动力贯穿始终。档案记忆消费需求是人们选择接受档案记忆的动机和出发点。档案记忆再生产的成果属于精神产品，其产品价值与档案记忆消费者的需求直接相关。马克思从人的社会性存在出发，将人的需求划分为精神需求与物质需求。此外还有大众熟知的马斯洛需求层次理论。从需求层次理论出

---

① 克利福德·格尔兹：《文化的解释》，纳日碧力戈等译，上海人民出版社，1999，第103页。

发，除了信息、知识的需求，档案记忆消费还关系到安全、社交、尊重以及自我实现等需求。档案记忆消费者需求体现消费者的动机，决定其消费行为。在整个档案记忆再生产过程中，消费需求具有主导作用。档案记忆消费需要消费者具有一定的档案意识，以及信息获取或文化认同的需求，对记忆意义的关注是其需求扩大的基础。由需求引发到需求满足，再衍生出新需求，消费需求贯穿全程，推动档案记忆再生产过程的更新循环。

第四，档案记忆再生产在一定社会关系中进行，并再生产出社会关系。档案记忆再生产作为精神再生产、社会再生产的重要内容，一方面为其他形式的再生产提供证据、制度、知识支持，提供物质再生产的保障；另一方面，为人提供智力、记忆、身份认同支持等。从社会关系再生产出发，档案记忆的内容与形式也反映了人类的交往形式。哈贝马斯认为，"人有三种旨趣：其一，技术的旨趣，即人类控制环境，进行现存事物再生产的旨趣；其二，实践的旨趣，即人对保持和发展自身生活条件中的相互了解和自我了解的旨趣；其三，解放的旨趣，即人为争取发展和进步而奋斗的旨趣"[①]。在档案记忆再生产过程中，作为主体的档案记忆生成者、加工者、消费者不仅与档案记忆本身存在关联，更与档案记忆指向的客观对象、人与人之间的关系、自我的主观世界存在关系。以哈贝马斯的交往行动理论来理解，档案记忆再生产在于达成理解和共识，体现出人与人之间、人自身相互关系的生产关系与消费关系。如前文所述的档案记忆消费需求在社会关系与权力相关的角度，包括求知欲、权力欲（对档案的获取与利用某种程度上意味着一种权力）等。档案记忆再生产改变了档案记忆的形态、组织形式、传播范围，这不仅

[①] 陈学明、吴松、远东：《通向理解之路：哈贝马斯论交往》，云南人民出版社，1998，第30页。

体现在技术、信息层面，更体现在关系层面，表现为对记忆的控制、占有和处置。社会生产出档案记忆，档案记忆也参与塑造社会，社会关系据此得以不断再生产。档案记忆再生产对社会关系的再生产突出表现为权力的再生产，背后隐含着主体（包括国家、民族、政党、群体等）的话语表达权力。从社会关系这一维度出发，才更能深入档案记忆再生产的根本与实质，这也体现出记忆范式的特点。国外学界对档案从证据到记忆到社区的范式探讨转移，实质上也反映出对关系的注重。

第二节 档案记忆再生产的影响因素

　　档案记忆再生产牵涉多个主体，跨越多个环节与过程，包括不同对象和主客体、中介因素。社会记忆的坐标定位于社会之中，档案记忆再生产作为一种社会现象和社会实践活动，对其影响因素的探求有必要重置到历史语境和社会框架中，从作为社会主体的人的主体实践活动中去寻找。"档案只有通过社会的制度选择、思想认识和情感认同，才成为社会记忆。"[1]鉴于作为社会子系统的档案记忆系统影响因素关系复杂，档案记忆系统因素包括主体、规则和资源等。

一、档案记忆系统外部环境因素

（一）政治因素

　　档案最初主要用作政治管理的工具，也因此成为政治符号与象征。政治体制、传统、运行体系等各类政治因素复合影响其内容与类型。政权的兴衰直接影响整体档案记忆再生产进程，稳定的政治环境可为之提供生产的沃土，动荡的政局常使之被迫中断甚至消亡。古今中外历史上每逢战乱档案被付之一炬的情形屡见不鲜，相关的社会记忆也随之烟消云散。而当发生剧烈的政治革命后，档案记忆常会出现一种断裂式的与

---

① 徐拥军：《档案记忆观的理论与实践》，中国人民大学出版社，2017，第91页。

过去的分割。一段记忆是否突出、抑制、淡忘甚至清除，有时取决于权力与当下情势的需要。现代政治发展使得社会文明程度提升，从维护政权统治和政治合法性、构建政治认同的角度，档案记忆再生产受到程度不一的约束。档案作为权力的产物，代表各类群体话语表达的权力，权力的更迭导致隐含权力的文化符号系统发生演变，甚至衰亡并湮没于历史。以清代档案为例，随着清王朝退出历史舞台，满文档案从充盈库房发展到乏人识读。

在外国档案事业发展史上，王国档案馆、贵族档案馆、教会档案馆等的设立与出现亦为政治活动的产物。如当代欧美档案学界关注的殖民地档案，当地人在殖民地档案记忆中属于失语、沉默的一群，而当殖民地政府统治终结后，以往被文化压制的当地人也可拥有自己的档案甚至部落档案馆。中国历代王朝档案的基本作用定位于维护皇权统治，巩固"家天下"的江山社稷。20世纪20年代由民国政府内政部次长甘乃光主导推行的文书档案连锁法，亦属政府行政效率改革运动的一部分。中华人民共和国成立后，我国借鉴苏联档案管理模式发展国家档案事业。其中，档案工作作为机关工作的一部分，具有浓厚的政治色彩。改革开放后，国家档案馆向公共档案馆转变。档案机构承担着"资政、存史、育人"的功能，负有"为党管档，为国守史，为民服务"的神圣职责。档案记忆再生产深受政治大局、发展战略影响，诸如文化强国战略、政务信息公开政策、政府开放数据运动等，对官方档案记忆再生产发挥导向性作用。随着国家治理体系和治理能力现代化的不断推进，档案治理的功用愈加彰显，政治因素对档案治理的影响更加显著。

近年来，国际档案界开始关注各国富有争议的"离散档案"，即"由于各种因素未保存在档案所有国或其形成地的档案"①，它事关一个国家、

---

① 詹姆斯·劳瑞：《离散档案的定义、研究与思考》，《中国档案报》2019年10月14日，第3版。

民族的整体档案记忆。联合国教科文组织、国际档案理事会也常用"档案索还"来指代这部分档案。在"离散档案"问题的形成与解决中，影响最大的就是政治因素，"或许就是国家博弈间所达成的政治和经济协议，通常情况下最为常见的是为推进两国关系而促进离散档案的解决"①。如2013年海湾战争后，伊拉克的档案文化遗产惨遭浩劫，引发国际社会的广泛关注，包括国际档案理事会在内的各国际性档案、文化组织纷纷予以声援。其中，有关伊拉克犹太社区的档案从秘藏于萨达姆·侯赛因的情报总部受淹地下室，被运回美国国家档案馆，形成了"发现与复苏：伊拉克犹太遗产保护"专题展览，并在互联网上提供开放利用渠道，有关该批档案归属和近代伊拉克犹太民族记忆的复现引人关注②。

诸如此类国际领域内档案纷争，以及我国对流失于海外档案的追索研究，各方争夺的背后隐藏着政治生态和政治权力的较量。其中，海外红色档案的采集与整理是近几年档案领域、史学研究领域的热点话题，通过官方和研究机构的多方努力，从俄罗斯国家档案馆等海外机构回流了诸多珍稀红色档案，如共产国际有关李大钊、陈独秀等人的独家影像档案等。红色档案记忆的海外寻访与累积得以有效推进，无疑与国际政治环境变化带来的档案开放利用力度与范围扩大有关。

（二）经济因素

经济因素决定了档案记忆再生产的要素分配与方式手段，直接影响其层次与规模。纸质档案的广泛采用即因为金石档案、简帛档案等文本形式过于昂贵或耗时，难以普及。即便如此，纸质载体也因老化、酸化等各种因素难以存放很久，耐久性强的手工宣纸因经济因素也不可能大

---

① 冯惠玲、加小双、李毅卓：《关于离散档案处理的历史发展与国际动向》，《档案学通讯》2018年第4期。
② 张文智：《本该湮没的集体记忆意外重现 伊拉克犹太人：灾难突降"伊甸园"》，《青年参考》2013年12月11日，第22版。

量应用于档案记忆文本的生产，而多应用于书画等艺术领域。目前我国保存最古老的纸质档案也只回溯到唐代，6件唐代开元年间档案原藏于甘肃敦煌石窟藏经洞，几经辗转，现作为"国宝档案"珍藏于辽宁省档案馆。电子文件的喷涌式增长缘于信息成本降低后办公自动化的全面推广。海量社交媒体档案的生成与网络基础设施完善、移动终端普及密不可分。相较于以往档案留存时出于存储技术和保管条件的慎重选择，在社会发展和技术进步的双重推动下，一个"记忆大生产"时代已然来临。

"盛世兴史"也可引申为"盛世兴档"，档案记忆再生产与以经济领域发展为代表的社会发展存在内在关联。经济繁荣意味着各个社会领域的发展，为档案记忆生成提供了广阔土壤。中华人民共和国成立后，国家档案以文书档案为主，后逐步延伸至包括科技档案在内的各类专门档案。档案记忆再生产的效益因素反映在投入与产出上，这也决定了档案记忆的生成重点。档案记忆的抢救、采集、加工、展演、保护等无一例外需要人力、资金、技术等的支持。从档案记忆再生产的规模、层次和发展水平上，不难发现经济发达地区的档案工作往往因投入有充足保障而实现了跨越式发展。档案事业发展关键在于人，经济发达地区的档案部门在人员充实选配和教育培训上具有明显优势。在数字时代，经济因素对于数字档案记忆的再生产发挥着更为关键的作用。数字档案馆动辄数百万元的系统研发费用，长期的数字化保障条件投入，对于经济欠发达地区、基层档案机构可能属于一种"奢望"。一些城市记忆工程动用的航拍、海外采集等方式，均需人、财、物的投入。"2022年国际档案新闻表明，资金紧缺依然是国外档案界持续存在的问题"，以至于2022年初，澳大利亚国家档案馆馆长大卫·弗里克表示，"尽管联邦政府最近数月为档案馆提供了紧急拨款，但档案馆很快又面临了资金困难，将危及'国家记忆'的留存"。①

---

① 黄霄羽：《专业跨界聚众力 数字人文展良机——2022年国际档案界回眸》，《中国档案》2023年第2期。

　　以近年来中国科学技术协会牵头国家多部委组织实施的"老科学家学术成长资料采集工程"为例，该工程面向老科学家群体开展抢救性资料采集与保护，形成的人物档案最终聚集到北京理工大学采集工程馆藏基地。对相关口述历史档案、实物档案等的采集，需要有关研究人员奔赴全国各地进行，必要时开展专业的访谈摄录，组织撰写学术研究导向的人物传记等。上述采集工作各环节无一例外需要必要的资金支持和人力、技术和组织保障。这也决定了这一模式只能落实到以高龄院士为代表的少部分科技精英，而不能扩展到广大科技工作者群体。面对亟待抢救保存的各类档案记忆，由于缺乏足够的经济支撑，只能望洋兴叹。

　　当下，各地档案部门落实"十四五"全国档案事业发展规划要求，大力组织开展各类红色档案的专项征集和红色档案记忆的挖掘传播，即红色档案记忆的再生产活动。可以预见的是，无论是前端的红色档案采集、数字红色档案资源建设整理，还是后续的红色档案研究、红色档案记忆传播共享（如红色空间、红色影像等的生产等），均离不开物质经济基础的支持，以实现传播效果的最优化。

（三）文化因素

　　档案记忆再生产作为一项精神文化生产活动，受文化因素影响至深。各具特色的中外文化、地域文化、群体文化造成档案记忆再生产的累积或更新程度不同。当下所存的文化遗产类档案都是特定文化类型的结晶，以世界记忆名录为代表的档案文化遗产具有广泛影响。埃及学家扬·阿斯曼认为，古埃及尽管留存了完整的法老谱系和编年纪录，却没有留下与之相匹配的史学成果，反而以一种"冷记忆""阻碍了历史的撰写"[1]。反观中国历来有编史修志的优良传统，强调以史为

---

[1] 扬·阿斯曼：《文化记忆：早期高级文化中的文字、回忆和政治身份》，金寿福、黄晓晨译，北京大学出版社，2015，第69页。

鉴、经世致用。20世纪60年代徽州历史档案的大量面世，成为20世纪中国历史文化的"第五大发现"。徽州档案的突出特点在于民间性、典型性和系统性，它的大量生成与留存，既因当时徽州民间社会生活所需，也缘于古徽州悠久文化传统的深厚底蕴。中国式现代化的五大特征之一就是物质文明和精神文明相协调的现代化，当前党和国家高度重视文化建设，为此大力发展社会主义先进文化，实施文化强国战略，对中华文明和文化传承创新工程的重视必将对档案记忆再生产持续产生影响。

文化因素在促进档案记忆生成的同时，也伴有档案记忆的结构性遗忘，如涉及少数社群、女性、边缘群体等，例如中外历史记忆中普遍存在的女性失语现象。就个体的文化因素而言，一些文化遗产性质档案记忆的再发现与再生产，往往与有关人士的文化素养密切相关。如现存中国古代最早的档案甲骨档案的重见天日，与作为金石学家的王懿荣（传统观点的发现者）个人深厚的文化素养有着莫大关系。"一片甲骨惊天下"，正是甲骨文的发现使甲骨档案由入药的"龙骨"复活为古老的殷商档案，进而通过整理、挖掘、研究，重现了征战、天象、医药等多领域的商王朝记忆。

再以记忆书写能力中最基本的文字识读能力为例。我国从古代文言文到现代白话文的普及，国外从拉丁文的优势地位到各国本土语言的变迁，复杂的语法规则和抽象的语义符号以更为通俗化的形式演变并固定下来，阅读与书写对于普通民众不再高不可攀，家书档案成为可能，并演化为民众日常。中外文化都重视家族世系及其所代表的身份认同。家书档案既是个体文化素养的延续，也体现了整体文化的影响。传统儒家文化讲求"修身、齐家、治国、平天下"，由此出发，家谱档案、家书档案累积不绝。其中尤具代表性的有中国共产党人红色家书，成为红色记忆中的独特家国记忆和共同情感的源泉。

（四）技术因素

"记忆的历史也被认为是媒介的历史"[①]，媒介与记忆的共生关系与生俱来。档案记忆再生产方式与技术尤其是媒介技术的发展紧密相关，随着人类社会的发展进步，技术嵌入与融合的深度持续加深。作为档案记忆记录、组织、加工、传播的重要依托，媒介直接参与档案记忆再生产进程。前文关于档案记忆再生产历史逻辑的阐述已揭示出媒介技术发展所带来的变革性影响。每一种新载体、新记录方式和手段均离不开媒介的运用。它直接决定档案记忆生成的客体，生成何种形式的档案记忆文本，采用何种方式来生成。其中影响至深的莫过于信息记录与存储技术的发展。

参照媒介史观，媒介可分为文字、印刷、视听三种类型。从造纸术、印刷术到数字媒介技术，均直接运用于档案记忆再生产。传统媒介如纸张等，有原件、非原件之别，数字媒介已化为0、1这两个数字脉冲符号，可"无痕"反复清除重写，与传统意义的书写大相径庭。各类媒介技术的发展使得档案载体不断迁移和转化，濒危档案得以留存，或通过抢救性修复再现生机，如老化档案的脱酸修裱、老旧胶片的涂层修复等。一系列的技术防范和复制手段使档案记忆的文本再生产有了凭证性、可靠性保障。媒介技术因素还包括相应的媒介书写与转录技术。近代以来，在西学东渐的影响下，甚至很多中国人视汉字为中国融入现代文明的阻碍因素之一。20世纪计算机发明后出现汉字输入难的问题，以致出现以拼音文字替代方块汉字的提议。20世纪80年代以来，则出现多种汉字输入方式。另如，满文识读人员及能力的稀缺，已极大制约了海量清代档案记忆的解读，满文识别系统的研发则为浩瀚的文本转换提

[①] 阿斯特莉特·埃尔、冯亚琳：《文化记忆理论读本》，余传玲等译，北京大学出版社，2012，第230页。

供了支持。虽然对于传统手写文字，还需辅助必要的人工识别，但已为档案记忆的规模化再生产提供了一定的技术支持。

媒介技术因素尤其以电子信息技术的发展为主。随着媒介的技术含量越来越高，技术的牵引作用带动档案记忆再生产的规模化、系统化生产，甚至实现档案记忆指数级增长。"互联网＋"和社交媒体等无不依托信息技术的发展。这使得档案记忆再生产的形态、内容与规模等发生显著变化。档案记忆加工对档案记忆的提取、重组、活化、展演有着不同的方式与途径，数字人文已成为档案学界的新兴议题和重要发展进路。这对于海量数据的档案记忆资源而言，效用未来可期。5G、大数据、云存储、区块链、元宇宙等技术的发展，有望全面提升数字中国的新基建，使档案记忆的生成、组织、再现与传播共享迈向新的空间和发展阶段。另外，媒介技术已然衍生出媒介记忆（如归档网页、社交媒体文件等），并融入档案记忆。

二、档案记忆系统内部构成因素

（一）档案记忆主体

档案记忆再生产主体包括组织和个人，组织中又以档案机构为代表。档案机构的性质与定位往往决定其生产主旨、内容与方向。随着档案开放进程的深化，档案"藏在深闺无人识"的现象得到很大扭转。公共档案馆的理念与内涵对公共功能的强调也产生一系列转变。1980年中共中央作出开放中华人民共和国成立前历史档案的决定，《档案法》规定一般档案自形成之日满30年可以向社会开放。1983年《档案馆工作通则》规定档案馆"是永久保管档案的基地，是科学研究和各方面工作利用档案史料的中心"。档案机构逐渐向公共文化机构转变。2000年又扩充为"两个基地、一个中心"的"三位一体"，即国家重要档案永久保管的基地，各方面利用档案的中心和爱国主义教育的基地。2004年延伸到"四位一体"，即档案安全保管基地、爱国主义教育基地、已公开现行文件集中向社会提供利用的中心和档案信息服务中心。2009年，提出建设"五位一体"，即档案安全保管基地、爱国主义教育基地、档案利用中心、政府信息查阅中心、电子文件中心的公共档案馆。这一系列档案机构性质与定位的变化，直接影响档案记忆再生产进程。近些年各地档案部门也加大了传承档案记忆的理念与实践探索的力度。

就社会个体而言，主体因素对档案记忆尤其是民间档案记忆或私人档案记忆再生产的决定意义自不待言。人作为社会人，总是处于社会网络中。档案记忆再生产首要的即是作为主体的组织与个人，直接受人主体能力、认知因素与意愿的影响，与个体的文化素养、人生经历、价值观念、认识水平、历史意识、行为能力等生成动机、生成条件密切相关。作为档案记忆再生产重要内容的认同、情感、归属感等，均离不开主体因素。

（二）档案记忆客体

作为档案记忆再生产的对象和结果，档案记忆的状况直接影响档案记忆再生产的方式与成效。档案记忆的累积性再生产以既有档案记忆资源为基础，正是一定规模的量的累积使其具有长久影响社会记忆和社会再生产的作用。档案记忆的加工性再生产更依赖于既有档案记忆资源的内容与形式。结合档案记忆再生产的结构分析，档案记忆资源因素在宏微观两个层面发挥作用。

一方面是宏观层面档案记忆资源的总体数量与结构配置。这以官方档案机构保存的档案记忆资源为主体。在我国集中统一的档案管理体制下，各类档案馆网设置指向的就是国家宏观档案资源生成流向与分布配置。从时间上包括各个发展时期，如历史档案记忆、明清档案记忆、民国档案记忆、新中国档案记忆等；从空间上，包括层级式的不同区域，如国家、区域、城市、乡村等档案记忆；从领域上，包括政治、经济、文化、科技等各方面档案记忆。这些档案记忆资源的数量、类型、结构等直接决定了档案记忆再生产的规模、范围。

　　另一方面是微观层面特定档案记忆资源的文本形式、内容组成和意义负载。尤其对于档案记忆加工，特定档案记忆资源具有基础性意义。不同文本形式对档案记忆资源的加工方式与途径有着不同的要求，并影响其最终成效。如对于以记忆场馆展现的档案记忆资源，影像、实物等视觉化再现形式更受青睐。作为社会实践活动的本源性记忆，档案记忆内容的特色性、稀缺性及与特定叙事主题的相关度，直接决定了档案记忆加工、消费的过程与结果。意义负载源自档案记忆再生产的意义出发点和意图归宿，有着相对主观的衡量尺度。对档案记忆消费者而言，不同意义内涵的档案记忆构筑起凸显个性化的意义体系，进而影响档案记忆再生产的循环更新。

　　结合宏微观两个层面，即可对档案记忆客体进行更为细致具体的划分。以红色档案记忆为例，鉴于其生成主体不限于中国共产党，而是包括各类社会组织和个人，从主体特征出发，红色档案记忆从宏观层面不仅包括中国共产党的政党记忆，更可延伸至中华民族的民族记忆、中国人民的国家记忆；从微观层面，包括个体、家庭（族）以及群体的红色档案记忆。具体到红色档案记忆内部，亦可从不同维度和层面加以划分。从红色档案记忆事项和内容角度，包括战争记忆、教育记忆、文学记忆、生活记忆等；从档案记忆形态角度，包括文字记忆、图像记忆、影像记忆、实物记忆等；从红色档案记忆空间范围角度，包括众多带有显著地域特点、空间特质的地方红色档案记忆。

（三）档案记忆制度

　　从记忆作为一种社会行为的角度，档案表现为一种记忆制度；从记忆作为一种社会存在的角度，档案记忆表现为制度化的结果。"档案记忆制度是在一定历史条件下形成的与档案事务相关的体制安排及特定成员在档案相关事务中所共同遵守的行为规则。"[①]这一制度并非狭义的档案管理制度，而是实质上融于档案记忆整体再生产环境中，离不开所处的大环境，即便是档案管理制度也往往体现为机构业务和流程的一部分。每一时代的社会形成了特有的记忆框架，档案记忆以有序积累的方式不断被填充进预留空间。这一无形的社会框架具化为现实的档案制度，如国家档案系统的档案馆设置分类办法、各类文件材料归档范围与保管期限表等。档案制度使档案记忆的生成与未来发展有路径可循，进而影响档案记忆再生产的范围、结构、开放程度。显性档案记忆多源于制度性生成，通常内嵌于制度设计之中，如科研管理制度中有关科研文件材料的归档与管理规定，档案信息管理系统中文件归档需求的内嵌与反映。伴随经济社会的发展，档案开放制度为档案记忆的社会化再生产提供了前提与可能，档案利用制度的变化扩展了档案记忆消费的范围，使民间档案记忆等得到补充。

国内外不同的档案管理模式形成不同的档案记忆制度。历经发展创新，中国已建成集中统一管理的档案管理体系以及与之相适应的档案制度体系。截至2022年底，全国共有4154家档案馆，其中国家综合档案馆3301个，占比近80%，其他则为专门档案馆、部门档案馆、企业集团和大型企业档案馆、省、部属事业单位档案馆[②]。源于制度的规范性、持久性和价值导向性，档案制度业已成为国家档案记忆资源建设的主要依赖路径。这一制度体系以《档案法》等档案相关法律法规为根本，以覆盖各方面的档案标准体系为支撑，以各门各类的具体管理办法为基础，

---

① 丁华东：《档案与社会记忆研究》，人民出版社，2016，第300页。

② 国家档案局：《2022年度全国档案主管部门和档案馆基本情况摘要（三）》，https://www.saac.gov.cn/daj/zhdt/202308/e135948610cf40139ed61c6d9a45c6f7.shtml，访问日期：2023年11月3日。

为档案记忆的再生产奠定了体制和制度基础。总体而言，档案记忆作为组织制度、价值观念等的一部分，其制度变迁对档案记忆再生产有着多重影响。具体表现在档案记忆制度规定的档案实践流程、方法与责任具有整体的框架性意义；其约束程度和落实成效直接影响档案记忆再生产的规模与层次；其有效实施范围与内容体现出对档案记忆予以引导和消解遗忘冲突的边界。

三、影响因素体系的综合作用

上述档案记忆系统内外影响因素包括管理、人文、技术三重维度，在动态演进的社会活动与结构中交织作用，对档案记忆再生产施加影响。社会作为复杂的系统，政治、经济、文化、技术因素互相渗透，作为外部环境为档案记忆再生产提供生产条件，并决定其再生产方式。档案记忆系统内部各因素合力导致档案记忆再生产行动，实施档案记忆再生产的具体行为。在档案记忆系统内部，系统因素包括主体、规则和资源等。在档案记忆再生产过程中，档案记忆生产主体发挥主体功能，档案记忆制度拟定了运行规则，档案记忆资源提供了生产条件。正是在档案记忆系统内外因素的共同作用下，档案记忆再生产得以生发演进，并表现为各种形式、层次和内容的多元生产景象。在悠久的历史长河中，诸多因素随经济社会发展而动态演变，以一种复杂机理作用于档案记忆再生产。这从档案记忆系统内外因素作用结果的档案记忆的历史演变中可见一斑。每一种因素均可视作一种影响变量，发挥着因果、条件或中介的不同影响作用，各影响因子的影响强弱、关联程度受具体社会发展环境与进程制约。纵然技术因素具有工具性、客观性，同样无法脱离政治、经济、文化等的影响。埃里克·凯特拉指出，"档案人员使用社会化嵌入技术，并受到这些技术的约束。这种二元性形塑档案，并建构技术存档"①。图2-3就档案记忆系统各影响因素的综合作用作出简明示意，实际的交互作用机理远复杂于此。

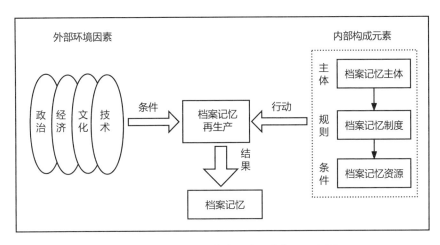

图2-3 档案记忆再生产影响因素作用示意图

　　档案记忆再生产不仅与政治、经济、技术等有关，还与文化、价值、观念等相关。档案不仅包含信息、知识，更与植根内心的记忆、价值、态度、情感有关，代表人类的文明和共享的共同体记忆。档案由"君主的剑"到人类记忆女神的形象转变，揭示出档案的内在生命力。档案不仅关系到国家和社会管理如何运作，更关系到档案记忆在人类文明中如何长存。档案界对非遗建档、口述历史档案的展开不再有越界之嫌，体现了基于人文价值导向的记忆实践路径调整。正是这一"记忆之光"使档案记忆再生产指向未来，并将以往未能触及之处再度照亮和吸纳。

---

① KETELAAR E：Archiving technologies，*Comma*，2016年第1期。

第三节 "太极图"式运行机理模型

档案记忆再生产的记忆实践性质与社会功能落脚点是社会记忆再生产，两者存在复合多种要素、多级层次、多项功能的作用机理。笔者在考察、分析国外文件连续体理论模型的基础上，汲取中华优秀传统文化智慧，从连续性过渡到绵延性，建构"太极图"式运行机理模型。这一模型基于档案记忆再生产的绵延式循环特征，破除区隔，强调其与整体社会记忆、社会再生产的共生关联。

一、从"连续"到"绵延"

围绕档案、记忆与社会的关系，国外档案学界展开了多方面探讨。在"记忆"尚未在档案学界显现其理论生命力时，对档案生成规律的认识以文件生命周期理论为代表，并成为西方档案学支柱理论[①]。文件生命周期理论侧重于从档案工作环节要素提炼文件到档案的演变过程，主要面向档案机构内部流程。20世纪80年代文件连续体理论（records continuum）在澳大利亚萌发，并由弗兰克·厄普沃德（Frank Upward）等在20世纪90年代基本定型。文件连续体理论以其对电子文件时代的

---

① 黄霄羽:《魂系历史主义——西方档案学支柱理论发展研究》，中国人民大学出版社，2006。

适应性发展为学界所熟知。文件连续体理论的出现背景在于后现代主义以及结构化理论的发展，以结构化的模型建构突破文件生命周期理论的线性环节链条，以圈层式的外部向度呈现档案业务流程由组织机构内部依次向社会辐射的轨迹变化。

从档案的逻辑起点来分析，文件连续体理论与档案记忆理论背后都隐含着后现代主义的影子，即文件、档案均是人们在社会实践活动中主动建构的产物。文件连续体理论以"连续体理论"为核心。历经发展，连续体理论已在多学科得到运用，譬如管理学领域的领导行为连续体理论，教育学领域的问题连续体理论，运动生理学的能量运动连续统一体理论，等等。值得注意的是，与国外学界的一种记忆研究转向相对应，文件连续体理论也吸收了记忆理论的理念与成果，这在文件连续体模式的要素和象限构成上有着直接反映。记忆和身份认同占据"半壁江山"。四轴依次为文件保存、身份、证据和互动轴，各轴又以环环相套的圈层分为四大坐标，由此形成由第一到第四维度，即形成、捕获、组织到聚合。按照最初的理论模型版本，文件连续体模式图被四个轴等分，后续修正时对轴线作了隐除处理，不仅图示更为简明，更重要的在于强调各维度之间并非分隔割裂。证据轴显示出从证据到个体记忆到集体记忆的延展，身份轴则由行动者扩展到组织机构、制度。具体见图2-4，原文为英文版，本文为对应中文版。

文件连续体模式的核心在于其"连续性"，立足文件（records）的生成与功能变化，充分吸纳结构性因素与功能性因素，将行动者、行动中介、行动和结果聚合为结构化关系。文件连续体模式显示："文件在时空中也具有多重生命，可同时作为证据、机构或个人记忆以及集体记忆而存在。"[1]由于研究对象均涉及文件、档案与社会关系，该模式与档案记忆

---

① 连志英:《档案与共同体记忆建构》,《中国人民大学学报》2023年第2期。

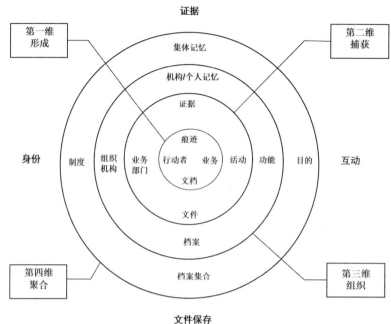

图 2-4　文件连续体模式图[①]

再生产所涉要素和功能有着高度相通性，但同时各有侧重。档案记忆再
生产的主体、客体、关系基本可在这一模型中寻找到对应轴上的坐标或
相应的维度显示。档案记忆的结构包括：主体层次结构（国家—组织—
个体记忆）；客体层级结构（文件—案卷记忆—全宗—档案馆记忆）；时
间绵延结构（古代记忆—近代记忆—现代记忆）[②]。这一层次或层级结
构与文件连续体模式所呈现的结构有着大略的对照关系。档案记忆再生
产的主体对应身份轴上的行动者、业务部门、组织机构；客体对应文件
保管轴上的文档、文件、档案和档案集合，其中作为档案记忆再生产对
象的意义同证据轴上的证据与意义交叉，又与文件连续体模式划分维度

---

① MCKEMMISH S："Recordkeeping in the continuum:an Australian tradition"，载 GILLILAND A，
MCKEMMISH S,LAU A J *Research in the archival multiverse*，Monash University Press，2016，
第 138 页。
② 丁华东：《档案与社会记忆研究》，人民出版社，2016，第 99—100 页。

的身份认同等相关；关系对应不同维度形成的体现时空延展性的区域空间；往复更新过程对应层级式的同心圆结构和区域联系，体现出档案记忆与社会的结构映射关系。从档案记忆的意义再生产与社会记忆系统的外在关系来看，凭证轴展现了从个体记忆、机构记忆至社会记忆的转化生成路径，并呼应个体到群体的认同扩散，这也折射出档案记忆社会意义的再生产机理。

总而言之，档案记忆再生产是社会的主动行为，据此反映社会关系，引导产生行动，触发生成意义，其最终目的在于促进共享记忆和共同体记忆，实现社会有机体的健康运行与发展。文件连续体模式不仅包括各种管理层次，还包括叠加的观念结构，从文件生成运行管理的角度，全面反映档案与社会结构、制度、身份等的关系，社会记忆传承、建构的目的包括证据、认同等均纳入其中，或可视为对档案记忆再生产社会功能所作的学理注解。文件连续体不仅关乎文件与档案本身，还关乎其在整个社会运行中的连续性生成和价值实现，与强调往复更新的档案记忆再生产有着异曲同工之处，为解析档案记忆再生产的运行机理提供了重要启示。从记忆流动性出发，笔者更倾向于从绵延不绝的角度，以时空的绵延来概括文件连续体模式所体现的"连续性"思想。中国文化博大精深，"和合"文化思想源远流长，具有深厚的文化基因。从"连续性"到"绵延性"的转变，也带来更多的延伸性思考，促使笔者将视野转向中国传统文化思想，从中获取更多的灵感与启迪。即便不甚成熟，也有利于促进档案学话语的中国话语思考。

二、"太极图"式运行机理模型构建

在文件连续体模式的层次结构中，档案记忆以轴向圈层外向延展的形式呈现了档案系统是如何与社会系统发生作用关联的，文件、档案、记忆

是如何生产和再生产出来的。档案记忆再生产的轨迹从中依稀可辨，并不
意味这一模型完全适用于档案记忆再生产活动。首先因为这一模型产生于
不同研究范式下。文件连续体模式尽管充分吸纳了记忆、认同等档案记忆
观的核心内容，也强调了文件、档案与社会之间结构与功能的结合，但其
主旨基于文件管理，甚或体现为"一种新范式"[①]。文件连续体并未体现出档
案记忆循环往复的再生产过程，也未能突出其往复更新性与加工性。档案
记忆再生产作为一个体系化的社会实践活动，其主体、对象、过程相互作
用，共同统一于档案记忆再生产活动。档案记忆再生产体现为在记忆场域
中各关系因素交互作用的过程，涉及生产对象、目的、动力、方式等一系
列内容。从前文关于档案记忆生成、加工、消费的具体阐述中，借鉴文件
连续体模式，从参与和推动社会记忆再生产的角度，本书勾画出"太极图"
式档案记忆再生产的运行机理模型，见图2-5。

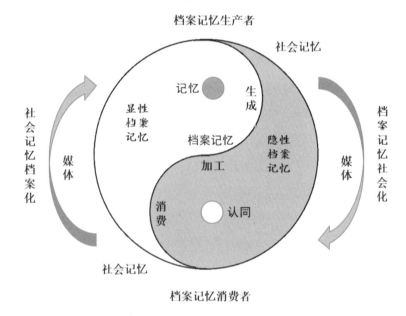

图2-5　档案记忆再生产的"太极图"式运行机理模型

---

① 连志英:《一种新范式：文件连续体理论的发展及应用》,《档案学研究》2018年第1期。

在这一图示中，档案记忆再生产被置于社会记忆的广阔背景中，包含主体、资源、过程和结果等各要素。档案记忆再生产在过程、对象、要素、结果等多方面对社会记忆再生产施加影响。这一模型与文件连续体模式有相近之处，均为圆形、非流程式的结构，同时又有自身特点，呈现为开放循环的有机体和生命体，其中以往被忽略的媒体要素也被包容进来。档案记忆再生产与社会记忆建构从社会记忆档案化、档案记忆社会化两个维度交互影响，新媒体与传统媒体综合成为作用于其中的媒体要素。它整体上反映了一种档案记忆制度，通过档案记忆反映社会结构、制度、关系，将个体的身份记忆、组织的规范认同和国家、社会的结构体系联通起来。文件连续体模式的一大优势在于由内至外，从行动者个体、组织等微观社会领域，到中间的共同体领域，再到宏观社会领域的差序化延展。相较而言，本"太极图"式从模型建构的角度，可能不够严密，比如未能将主体的层级性、资源的丰富性体现出来。这与"太极图"自身的特点有关。作为中华优秀传统文化的一大结晶，太极图可谓"大道至简"的典范，充满天人合一、道法自然等哲理智慧。这一运行机理模型内部无论过程还是要素，本身存在交互、层级关系。但考虑到模型的简明性和直观性，并未全部描画出来。重点是通过这一简化模型传达如下理念：档案记忆再生产与社会记忆、社会认同的建构，表现为互相交融、包容开放、往复更新、生生不息的体系，具体到机制内部运行机理，可从多角度加以阐释和丰富。

三、"太极图"式运行机理模型内涵

"太极图式"运行机理模型勾画了档案记忆再生产内部运行机理，以及外部参与社会记忆再生产的运行机理，主要内涵包括以下四个方面：

（一）循环体系：档案记忆再生产系统

档案记忆再生产的主体包括生成者、加工者和消费者。从生产与消费对应角度，档案记忆生产者与档案记忆消费者各据上下两端，档案记忆生成者、加工者、消费者之间具有相互转化的可能，不作为独立节点而作为贯通性的节点来表现。

从档案记忆再生产的生产环节来看，档案记忆的生成、加工和消费具有逻辑上的关联，相衔相进，总体呈现出交替进行、往复更新的开放性循环流动过程。三大环节对于档案记忆再生产各具意义，并统一于档案记忆再生产过程。消费成为一次档案记忆再生产的过程终点，以及旧需求满足后新需求引发的新一轮档案记忆再生产起点。融通传统媒体和新媒体的媒体以资源支持、中介要素和记忆形态作用贯穿始终。档案记忆再生产通过档案记忆生成累积记忆，从源头上进行甄别和筛选，确保真实可信；通过档案记忆加工活化记忆，从渠道上优选传播共享方式和途径，保持内容、意义的深度和形式的多元；通过档案记忆消费进入个体生活体验，基于消费者需求实现档案记忆的接受或主动获取，通过建构社会记忆介入现实的社会再生产。既有的社会结构实现档案记忆的再生产，并以符合规制的档案记忆再生产来保持社会再生产的进行。档案记忆再生产注重过去、当下与未来的联系，打破了线性的时空观，通过触发、提取、再现、传递、共享等，将过去引入当下，使当下指向未来，实现档案记忆的绵延式生产。所呈现出的不是结构化的体系，而是非结构化的、动态的场域。假设将档案记忆生产视为一个独立的生产过程，其如涟漪般的扩展形式即是再生产的过程。不同层次和范围的档案记忆再生产活动互相激荡，再生产出新的记忆。

首先，对分散化的社会记忆以档案的形式加以固化，实现档案记忆的生成；其次，对档案记忆的内容进行加工，或注入或产生新的记忆内涵，进而重构档案记忆，并通过各种媒体和方式加以展演，使沉睡的档案记忆得以活化、解释、再现和表征，且赋予其存在的意义；最后，通过个人、群体的档案记忆消费，将获取或吸收的档案记忆连同相应的观念、意义、价值等加以内化，传递下去，从而实现意义、认同等的建构。档案记忆生成本身不是目的，而在于满足不同记忆消费的需求，更是为了再生产。档案记忆生成是档案记忆加工的基础，其内容与形式决定了后续加工、消费的广度、深度和方式。档案记忆的生成、加工在生产出记忆成果的同时，也为档案记忆消费提供了前提。档案记忆消费反之又为档案记忆的生成、加工提供动力，引发新一轮档案记忆再生产。在这一记忆实践活动中，媒体作为资源、平台与中介，持续导入与融入档案记忆再生产全过程。

（二）双向流程：档案记忆社会化与社会记忆档案化

档案记忆再生产主体的记忆实践在受社会结构制约的同时，也对社会结构施加着影响。社会记忆本身体现了重新建构的再生产过程。档案记忆的循环再生产系统包括社会记忆档案化、档案记忆社会化两大相互独立又彼此作用的流程，某种程度上即社会记忆脱域化和档案记忆再情境化的双向转化过程，前者初始化生成档案记忆，后者更新档案记忆。档案化即"做成档案的行为"[1]。个体经验与实践的直接表层记忆，通过内部体验、意识的外化与档案化，转化为集体书证和历史的间接深层记忆，最终指向共同体记忆与认同构建，整体表现为人类从对社会事实的体验到以档案的形式客体化。"客体化是人的类本质力量的外化、对象化、占有与再生产的循环过程，在这一过程中创造性行为与社会化主体的自我形成过程是统一的。"[2]从档案与记忆的关联出发，这可视为一个

---

① 保罗·利科：《记忆，历史，遗忘》，李彦岑、陈颖译，华东师范大学出版社，2018，第219页。
② 彭国华：《重构合理的生活世界：哈贝马斯的现代性理论研究》，北京师范大学出版社，2005，第32页。

包含信任密钥的记忆存储机制。"这一系列（证实）活动的暂时终点是文献证据的建立。"① 尽管档案记忆再生产在实践层面的类型、程度、内容、形式等千差万别，且难以"放之四海而皆准"，但档案记忆的本源性特点足以建立起档案记忆信任机制。

（三）核心动力：记忆与认同

档案记忆再生产的原动力在于档案的价值，这是社会记忆传递至消费者进而实现有效传承的前提和基础。档案价值作为一个恒久命题，历来为研究者们所重视，关注视角从第一价值、第二价值发展到多元价值，从凭证价值发展到记忆价值。记忆和认同是档案记忆再生产的结果，它们同步生成、相互消长，并作为两大价值动力源融入和推动档案记忆再生产活动。"为了个人或群体利益，个人经常强调或调整自身的认同体系。这个过程与个人社会记忆的累积与调整互为因果。"② 认同、记忆具有不稳定性，需要不断地适应与调整。记忆塑造认同，认同激发记忆。个人如此，组织、社会亦如此。经档案记忆再生产这一循环往复的过程，通过贯穿始终、作用各要素的媒体运行机制，记忆与认同得以传承建构，彼此互相调动，有机统一于整个社会记忆体系，整体表现为动态运行的过程。人们借助档案记忆重建过去、建构认同，通过记忆再生产等形式进入整体社会再生产。这体现为一种波浪形运动，不似政治、经济变革那般直接和强烈，甚至有时以难以洞察的形式影响和推进社会再生产。从历史实践的角度，档案记忆再生产持续向前，随着社会发展而演进。

（四）重要机制：媒体运行

记忆重在传递。媒体"不仅对于集体记忆的个人和社会文化两个方

---

① 保罗·利科：《记忆，历史，遗忘》，李彦岑、陈颖译，华东师范大学出版社，2018，第219页。
② 王明珂：《华夏边缘——历史记忆与族群认同》，浙江人民出版社，2013，第316页。

面具有同等重要的意义，也控制着这两个领域之间的联系"①。档案记忆具有时间上的绵延性和空间上的延展性，需通过媒体来提取、活化、传递、再生，并延伸至广阔的社会记忆系统。档案记忆再生产从时空两个维度累积与更新，实现社会记忆群体、代际、系列间传承和建构。就媒体与社会结合的紧密程度及发展趋势而言，媒体显现出无孔不入的强大渗透力，不仅作为中介，更作为过程要素、资源要素，直接参与整个档案记忆再生产过程，成为作用其中的重要运行机制。

首先，塑造档案记忆主体角色。档案记忆再生产涉及生成、加工与消费这三类互相关联、转化的主体。媒体不仅对主体的档案记忆生成、加工、消费能力起到延伸和增强作用，还影响主体自身的记忆与认同建构。其次，导入档案记忆再生产资源。档案记忆再生产作为一种记忆实践，处于"个体记忆、群体记忆和媒介记忆共同构成的交互记忆系统"②中。媒体不仅是中介，更将媒体记忆、社会关系等引入档案记忆再生产过程。记忆依托媒体以进入日常生活，且只有回归生活世界，档案记忆再生产指向的社会记忆才能在时空中延展。再次，设定档案记忆再生产规则。媒体联结起广阔的社会记忆场，在一系列关于媒体与权力、话语的考察中，成为各项运作机制中的决定性力量之一。"现代主要的身份跳跃的焦虑是对耐久性的焦虑，这涉及当今的对责任义务的逃避。"③吉登斯认为，"印刷或电子媒介明显扮演着核心的角色。从最初的书写经验开始，由媒体所传递的经验，已长久地影响自我认同和社会关系的基本组织"④。国家、民族、社群认同、情感对档案记忆生成的社会文化心

---

① 阿斯特莉特·埃尔，冯亚琳：《文化记忆理论读本》，余传玲等译，北京大学出版社，2012，第229页。

② 邵鹏：《媒介记忆与个人记忆的建构和博弈》，《当代传播》2012年第4期。

③ 齐格蒙·鲍曼：《从朝圣者到观光客——身份简史》，载斯图亚特·霍尔、保罗·杜盖伊《文化身份问题研究》，庞璃译，河南大学出版社，2010，第23页。

④ 安东尼·吉登斯：《现代性与自我认同》，赵旭东、方文译，上海三联书店，1998，第5页。

理作用明显。最后，引入档案记忆再生产路径。媒体与档案记忆再生产方式的结合包括文本形式、内容与意义的再生产。在既往对档案记忆的挖掘、加工中，我们已可感知到媒体如何"'调用'或'启动'历史元素并将之转化为象征性的话语资源"[①]，进而勾勒出媒体参与档案记忆再生产和影响公共记忆的路径。

（五）能量流动：推动社会再生产

从动力学角度，档案记忆能量自始至终流动于档案记忆再生产这一动态过程。档案记忆能量可"概括性表达为档案在社会记忆中传承、建构和控制，在人们历史与社会意识形成中的意义、能力与效果"[②]，可为社会变迁、组织运行和个人发展源源不断输送精神再生产的动力与资源。档案记忆再生产推动社会记忆、整个社会再生产的同时，也促进以个体素质提升、情感满足、价值实现等为旨归的人的再生产。这可反映在档案记忆再生产的社会功能上，前文已详述，此处不再展开。

事实上，档案记忆再生产涉及的社会运行机制甚为复杂。以社会记忆再生产延展开来的社会再生产为例，档案记忆受社会结构制约，并通过与社会结构与行动的结合转化为各类社会制度，成为社会的一个重要精神动力系统。档案记忆再生产不仅作为社会结构生产的结果，还将自身深度嵌入社会结构中。档案记忆作为对社会事实与现象的一种物化解释、见证、说明，为社会秩序、社会制度等提供了一种合法性抑或正当性。"合法性的基础可以是法律程序，也可是一定的社会价值或共同体所沿袭的先例。"[③]档案记忆再生产在确立社会秩序

---

① 李红涛、黄顺铭：《新闻生产即记忆实践——媒体记忆领域的边界与批判性议题》，《新闻记者》2015年第7期。

② 丁华东：《档案与社会记忆研究》，人民出版社，2016，第266页。

③ 王海州：《合法性的争夺：政治记忆的多重刻写》，江苏人民出版社，2008，第25页。

合法性的同时，为代表官方的政府权力实施提供了基础运行条件。正是在此意义上，档案记忆被视为社会控制手段，成为社会再生产的重要约束力量。

第三章

记忆与遗忘之间：
新媒体时代的生产语境

> 历史的演变在加速。对于这个说法，除了其隐喻意味，还应评估其含义：对象转向最终死亡的过去的速度越来越大。
>
> ——（法）皮埃尔·诺拉《记忆之场》[1]

"历史的演变在加速"，法国历史学家皮埃尔·诺拉这一开篇名言既道出记忆的时代意义，也适用于描述记忆时代背景的变化。作为社会记忆再生产和社会再生产的内在组成，档案记忆再生产被置于特定社会框架下，社会情境的变化带来转型的契机与挑战。新媒体是包括技术、文化、制度等多重因素的复合体，新媒体时代不仅表现出媒体信息技术或传播方式的变革，更意味着媒体深度嵌入社会结构变迁。与之相应，档案记忆再生产面向的社会生产环境、要素和条件也发生了一系列重要变革，档案记忆再生产的转型不仅是时代使然，更因新媒体时代的快速演进而在转型速度、程度和范围上呈现加速和扩大化的趋势。

---

① 皮埃尔·诺拉:《记忆与历史之间：场所问题》，黄红艳译，载皮埃尔·诺拉《记忆之场：法国国民意识的文化社会史》，黄红艳等译，南京大学出版社，2015，第3页。

第一节 新媒体时代的演变

新媒体时代以"新媒体"为关键词和首要前提，超越媒体技术层面，具有宽广而富有纵深性的视野，体现为一个动态发展、演绎更新的时代场域。

一、社会形态的演进

社会记忆具有显著的时间性特征，与社会形态变迁紧密相联。从多重考察维度出发，人类社会发展形态或阶段有着既有区别又有联系的划分方式。其中代表性的划分类型包括：从生产力和生产关系角度，马克思将人类社会顺次发展的社会形态，划分为原始社会、奴隶社会、封建社会、资本主义社会、社会主义社会、共产主义社会；从生产方式角度，可划分为旧石器时代、新石器时代、青铜时代、铁器时代、蒸汽机时代、工业时代、信息时代（或数字时代）；从政治学角度，吉登斯提出传统国家、绝对主义国家和民族国家三个时代；从人类学角度，法国结构主义人类学创始人克洛德·列维-施特劳斯（Claude Levi-Strauss）从人类社会多元化发展的角度划分为"冷社会""热社会"，分别对应习惯平稳还是习惯变化；从社会学角度，在西方社会学传统中一般分为部落社会、传统社会、现代社会①，另有美国学者丹尼尔·贝尔（Daniel Bell）提出的"后工业社会"，法国学者让·鲍德里亚（Jean Baudrillard）提出的"消费社会"等；从信息学角度，马克·波斯特从信息方式（信息的交换或传播方式，即符号的交换方式或语言交流方式）角度将人类社会的历史形态划分为口头、媒介、电子三种媒介的交换。诸如此类的分类样态为理解档案记忆再生产的历史演进特点，提供了不同学科视角。

当下的新媒体历经多重变迁，总体性质上具有鲜明的全时性、交互性、数据化、个性化和智能化②。这有利于网络社群的凝聚与联结，形成与现实世界相联通的虚拟社区。传播学者麦克卢汉从媒介视角对人类社会发展图式作过大胆的预言和想象，他将媒介视为人类的延伸，经历口头、印刷到电子媒介的媒介变革，新媒体对人类社会的改变，即是人类破除物质边界，在互联网这一虚拟"地球村"，不断"重新部落化"。

二、新媒体时代的特征

新媒体时代顾名思义是新媒体全面融入以至影响塑造人类社会的时代。这顺应人类社会的媒介化演进趋势，当下和未来已是人类媒体化生存的时代。"新媒体"的概念前文已作过专门分析，从内涵与影响来看，新媒体时代主要呈现由表及里的多个显著特征。

新媒体时代首先表现为新媒体技术在社会各领域的广泛应用与发展，无论是新媒体的软硬件技术，还是支撑新媒体普遍应用的计算机网络基础设施与环境均取得长足进步，各类新兴技术包括大数据、人工智能等逐渐普及，人类生活在更加智能乃至更加智慧的信息环境中。其

① 彭国华：《重构合理的生活世界：哈贝马斯的现代性理论研究》，北京师范大学出版社，2005，第114页。
② 程栋：《智能时代新媒体概论》，清华大学出版社，2019，第15页。

次，新媒体与旧媒体的界限日渐模糊，呈现为深度融合发展的态势，媒介传播方式与媒体生态发生重大变革。在新媒体构成的网络节点中，网络去中心化态势明显，呈现多向的交互关系，既往"直线组合式的意义生产系统和循序渐进的认知逻辑被超链接跨媒体的传播符号所代替"①。社会公众的新媒体素养与思维日趋增长，公众导向、新媒体推送成为媒体重要运行规则。再次，新媒体全面结合人类生活世界，人类物质与精神劳动凝结于数字化成果，数字化生存、新媒体生活成为社会日常与生活样式。最后，新媒体直接参与营建社会空间，塑造社会关系，并深入影响社会治理结构和社会运行逻辑。

从内涵和外延上，新媒体时代与一系列关联概念密不可分，如信息时代、网络时代、数字时代、大数据时代等，不同时代标签均以数字化、网络化为关键特征。从以上关于新媒体时代的特征阐释分析，新媒体时代不仅强调新媒体本身的载体与工具特性，更指向广阔社会领域和深刻社会意义，其蕴含新媒体的内容表达、接收方式、社会环境以及所塑造的人类思维模式等，代表的是一种媒介文化和一个媒体时代。麦克卢汉指出，"媒介文化已经把传播和文化凝聚成一个动力学的过程，使每一个人都裹挟其中"②。新媒体营造出全新的人类生活景观，人类已整体进入一个媒体化生存的时代浪潮。新媒体时代体现出的是价值理性与工具理性的有机融合，贯穿技术层面与人类社会整体运行层面，尤以新媒体时代的社会文化情境转变为主。之所以在诸多时代名称表述中选取"新媒体时代"，主要是因为档案记忆的媒体中介性和传播依赖性。档案记忆自其生成之日起，后续的传递、共享莫不与媒体一体化结合，体现出在庞大而复杂的社会传播系统中的生息演化。结合媒体形态、媒体运

---

① 杨状振：《偏执的神话与迷离的景观：新媒体人文精神批评论纲》，《新闻与传播评论》2009年第1期。

② 马歇尔·麦克卢汉：《理解媒介——论人的延伸》，何道宽译，商务印书馆，2003，第426页。

行方式、媒体意义导向、社会情境变革等，从新媒体时代语境出发能深化对档案记忆再生产的考察与分析。

　　新媒体时代自开启以来，其生发演变令人眼花缭乱。仅从媒体视域观之，融媒时代、泛媒时代、混媒时代、众媒时代、智媒时代……不一而足，轮番登场。这些概念变化反映了与时俱进的时代变革，从影响人类社会宏观的、里程碑式的时代变迁而言，广义界定的新媒体时代远未结束，"新媒体时代"作为一个包容性概念远未过时，将之作为整体研究语境和规定性分析，依然具有现实和学理意义，而异彩纷呈的时代变化实则揭示出新媒体时代的复杂多变和独特魅力，这让相关探讨更为必要，以期对未来新媒体时代发展有所研判与启示。

第二节 社会情境的变革

一、社会结构的转型

档案记忆再生产与社会再生产息息相关，与社会变迁与结构转型密切相连。社会转型一般指社会变迁，包括结构的转变和体制的转换。我国改革开放和社会主义现代化建设以来，社会转型加速进行。郑杭生指出，"中国社会转型，包括了从原有计划经济体制向社会主义市场经济体制转变、农业社会向工业社会转变、乡村社会向城镇社会转变、封闭半封闭社会向开放社会转变、伦理社会向法理社会转变等，结构转型和体制转型同步并行，相互交织，涉及社会所有构成要素系统的相应变化与调整"①。这一深度转型态势仍在持续进行中。以矛盾论的观点，对社会转型的考察离不开对社会主要矛盾的科学判断与分析。中国共产党的十九大报告对我国社会主要矛盾的转化作了概括与界定，即人民日益增长的美好生活需要和不平衡不充分的发展之间的矛盾。"美好生活"成为重大的理论课题与实践命题，也成为我们考察社会转型的重要切入点。美好生活既是个体的向往与追求，也是社会的目标与价值，关乎民主、法治、公平、正义、安全、环境等各方面。

---

① 郑杭生:《中国和西方社会转型显著的不同点》,《人民论坛》2009年第5期。

　　自人类社会诞生以来，"美好生活"就吸引着先哲前贤的目光。马克思认为，作为展开全部社会生活的前提，日常生活具有本体论的意义①。新时代美好生活的话语出场是理论创新和社会实践交织演进的结果。"在新时代的时空背景下，美好生活是人的内在需要、生活理想与生活样式的统一体。"②美好生活需要包括物质生活需要和精神生活需要两个方面，包括个体生存的自然需要和"人作为人"的全面自由发展的社会需要。党和国家全方位深化改革、推进社会转型的根本目的就在于实现人民美好生活。发展文化事业与文化产业，是为了更好地满足人民的精神文化需求，"促进满足人民文化需求和增强人民精神力量相统一"③。这提出两方面要求：一是创造能够满足人民精神文化需求的多元高质的丰富文化产品；二是能够真正触及人的思想灵魂，发挥精神文化的软性力量。

　　上述社会主要矛盾变化反映在档案领域，即人民精神文化生活需要同档案文化成果不平衡不充分的矛盾。这也呼应了新时代中国式现代化对"共同富裕"的定义和要求。中国共产党在百年奋斗历程中，对中国式现代化的理论认识日益清晰和坚定。中国式现代化是全体人民共同富裕的现代化，是物质文明和精神文明相协调的现代化。精神富有是精神共同富裕的目标，也是人民美好生活的要旨。从精神资源、文化生产的角度，档案文化、档案记忆对于丰盈人民精神世界、丰富人民美好生活具有重要意义。这对社会转型期的档案记忆再生产提出两大方面要求：一方面是需要不断再生产新的档案记忆。这些新的档案记忆基于既有集

---

① 汪倩倩：《扎根生活世界：新时代社会工作的范式转变与实践逻辑》，《学海》2020年第3期。

② 项久雨：《新时代美好生活的样态变革及价值引领》，《中国社会科学》2019年第11期。

③ 《国民经济和社会发展第十四个五年规划和2035年远景目标纲要》，https://www.gov.cn/xinwen/2021-03/13/content_5592681.htm，访问日期：2022年10月18日。

体记忆框架而产生，指向过去，又超越过去，面向当下和未来，与人民精神需求紧密联结，如国家、民族、社群、家庭（族）各类共同体记忆、地方记忆、红色记忆等。这表现在物质层面，就是契合人民记忆情感需求的各类高质量档案记忆成果。另一方面是档案记忆能为人们增强精神力量，包括凝聚共识、强化认同、增强理解、超越苦难等，为丰富人民高品质精神生活服务。

社会转型涉及深层次的结构变革，存在一定社会断裂的风险。作为社会实践的反映，社会记忆也随之变动，有的记忆可能悄然湮没，流失过程难以觉察，造成无法弥补的记忆空白或断裂。另外，社会转型也会衍生出新的社会领域和层面，新兴群体、新兴领域的记忆真空，亟待以记忆留存的形式加以填补。社会转型带来的记忆风险可谓接踵而至。这一趋势和现象延伸至档案领域，也给档案记忆再生产增添了断裂、流失的重大挑战。经济社会快速发展带来一系列的新领域、新群体、新问题，也呼唤和催生出新的档案实践。档案部门在此方面已作了卓有成效的努力，以近二十多年来各类档案记忆工程或档案记忆实践项目为例，涵盖了城市记忆、乡村记忆、传统村落记忆、数字记忆、方言语音、家庭记忆、口述记忆、农民工记忆、非物质文化遗产记忆、知青记忆、重大活动专题记忆等，但相对于中国社会转型变化，仍存在巨大提升空间。"十四五"全国档案事业发展规划提出深化红色记忆等新的档案记忆库。适应社会转型变化的档案工作战略转型，决定了档案记忆再生产的转型方向与扩展领域。中国特色档案事业是党和国家中国特色社会主义事业的重要组成部分，坚持"为党管档、为国守史、为民服务"，实行集中统一领导、分级管理，具有自上而下、左右连通的先天制度优势，为档案记忆再生产转型创造了重要体制机制保障。

二、社会治理的转变

社会转型也是国家和社会治理不断迈向现代化的进程。随着党和国家全力推进国家和社会治理体系和治理能力现代化，"治理"理念已深入人心，并落实到社会各领域各层面。"治理"区别于"管理"，不仅在于由"管"到"治"，更在于蕴含的不同理念、路径与要求。治理起源于国外行政实践，1989年世界银行采用"治理危机"分析非洲情况，其后"治理"一词的影响逐步扩大，进而发展成为国内外学界尤其政治学的热点关键词。1995年，联合国全球治理委员会将"治理"定义为"各种公共的或私人的个人和机构管理其共同事务的诸多方式的总和"[①]。相较于管理或管制，治理体现出突出的"自下而上"的特征，包括：治理主体从政府主导走向社会多元，治理方式由权威强制走向民主协商，治理范围由政务管理走向公共空间，治理目标从维护政治统治到彰显社会公平正义的"善治"。

尽管"治理"概念较新，但从其社会实践活动属性出发，实际上并非凭空出世的，而是植根于人类社会的历史发展进程。历史上，我国具有高度整合性的社会结构。改革开放以来，从国情和具体实践出发，中国治理模式体现出鲜明的中国特色：以党组织为主导的多元治理结构；基于"路径依赖"的增量改革道路；更加重视协商民主；法治与人治同时起着重要作用的治理方式；条块结合的治理格局[②]。2013年，中共中央明确提出"推进国家治理体系和治理能力现代化"[③]，并将其上升至国

---

① 张胜军：《为一个更加公正的世界而努力——全球深度治理的目标与前景》，《中国治理评论》2013年第1期。
② 俞可平：《中国的治理改革（1978—2018）》，《武汉大学学报（哲学社会科学版）》2018年第3期。
③ 《中共中央关于全面深化改革若干重大问题的决定》，http://cpc.people.com.cn/n/2013/1115/c64094-23559163.html，访问日期：2020年2月3日。

家战略层面。2019 年，中共中央进一步作出《关于坚持和完善中国特色社会主义制度 推进国家治理体系和治理能力现代化若干重大问题的决定》①。国家治理内涵丰富，不仅包括传统意义上的国家与社会治理，还包括新兴领域、数字网络空间治理等。国家"十四五"战略发展规划纲要提出继续深化大数据战略，助力社会治理创新，建设人人有责、人人尽责、人人享有的社会治理共同体。数字中国建设则进一步赋能国家与社会治理。而在国家管理迈向国家治理的过程中，随着人民民主进程的深入推进，作为国家和社会主体的公民个体权利意识和公共意识增强，信息利用、身份认同、历史记忆书写等公民权利受到关注。

媒体在国家和社会治理现代化中扮演着特殊而重要的作用。2018 年，国务院出台《关于推进政务新媒体健康有序发展的意见》等文件，"全面厘清了其'政府网上履职能力''指尖上的网上政府'的功能回归和'社会治理'的职责认定"②。有研究者认为，"传统媒体与新媒体可以形成基层社会治理的合力，但新媒体发挥着越来越重要的作用"③。数字空间与现实生活深度融合，以互联网为核心的新媒体在国家和社会治理、网络治理、档案治理等中占据突出地位，开放数据、数据共享等带来更多动力。公共服务成为国家治理现代化的创新路径，公共服务均等化成为公民权利和政府治理的要求之一。在国家和社会治理视野下，档案权利关注视角由"权力分配"调整为"权力生产"④。有效传承、建构国家和民族记忆，实现面向社会、面向公众的公共服务成为新媒体时代档案

---

① 《中共中央关于坚持和完善中国特色社会主义制度 推进国家治理体系和治理能力现代化若干重大问题的决定》，http://www.xinhuanet.com//mrdx/2019-11/06/c_138532143.htm，访问日期：2020 年 12 月 3 日。

② 侯锷：《2018 年网络强国战略下中国社会治理发展报告》，载唐绪军《中国新媒体发展报告（2018）》，社会科学文献出版社，2017，第 147 页。

③ 丁和根：《媒体介入基层社会治理的现状、角色与维度》，《新闻与写作》2021 年第 5 期。

④ 陆阳：《"权利分配"走向"权利生产"：社会治理视角下档案制度的创新逻辑》，《档案学通讯》2018 年第 3 期。

记忆再生产的要旨之一。聚焦"十四五"全国档案事业发展规划提出的"档案治理效能"目标，档案治理的提升路径主要从"共治""法治""智治"和"善治"四方面展开①。这也为新媒体时代的档案记忆再生产提供了条件与目标要求。

三、文化消费的兴起

现代社会的发展让消费社会不期而至。一方面人的消费需求得到更多重视与满足，另一方面消费异化现象值得我们注意，应尽可能避免资本化消费产生的负面影响。法兰克福学派很早就关注到这一现象，并以社会批判理论对消费社会与大众文化进行反思。在消费社会中，媒体与社会深度交织，从各个方面施加广泛影响。鲍德里亚深刻剖析了大众媒体对消费者的"合谋"，以及引申出的消费异化现象。"我们所消费的，就是根据这种既具技术性又具'传奇性'的编码规则切分、过滤、重新诠释了的世界实体。世界所有的物质、所有的文化都被当作成品、符号材料而受到工业式处理，以至于所有的事件的、文化的或政治的价值都烟消云散了。"②人性的价值和精神家园，在符号化、工业化的表征与消费下，日益受到侵蚀，并引发一系列后果。

文化消费的兴起离不开现代性的反思，现代性成为当代的全球性问题。尽管国外出现了后现代主义的思潮，指出当代呈现出的与现代的差异之处，实际上当代仍是现代的延续。现代性的后果已引起学者的多重思辨，对现代的反思性认识或后现代的影响成为一种对抗性力量。反思性认识体现在对文化与历史的反思。人们更加珍视历史文化遗产和记忆

---

① 赵晓、田人合、杨智勇等：《"十四五"时期档案治理效能提升路径研究》，《档案学通讯》2021年第6期。

② 让·鲍德里亚：《消费社会》，刘成富、全志钢译，南京大学出版社，2001，第133页。

传统，日益关注传统正史之外的五彩斑斓的个体历史。

随着经济社会的发展，文化消费领域日益焕发生机，新媒体时代的文化消费模式、对象、消费行为与心理等均发生重要变化。在我国主要社会矛盾发生转化的背景下，社会主义文化强国建设迈入快车道，人民群众的文化需求成为新兴增长点。中国特色社会主义先进文化不断更新时代内涵，并以中华优秀传统文化、革命文化和社会主义先进文化为基本内容。文化消费中档案记忆的文化遗产价值日益彰显，并以世界记忆名录、"非遗"档案为代表。它们具有多重文化价值和记忆功能，富有文化魅力，为档案部门拓展面向记忆消费的再生产方式或类型提供了丰厚资源。

记忆遗产在得到保护的同时，也有对其去遗产化的性质。这实则反映出记忆与遗忘的一种二律背反规律，选择纪念的同时也选择了另一种形式的遗忘。档案记忆再生产已成为文化遗产保护的重要方式。一些以往难登大雅之堂的档案如手工艺人档案，因遗产性质被国家和地方各级保护。实践中采取口述历史方式对非遗传承人采集档案记忆资源，这与"非遗"保护中重视"人传"与"物传"的结合殊途同归。在文化消费中，引人关注的是红色档案记忆。契合时代精神和精神谱系传承的红色档案记忆已然成为消费热点，但出于固有时空间距以及社会价值多元化的冲击，红色档案记忆的时代话语重塑和主动消费引导是难点。

新媒体时代文化消费的兴起也离不开消费者文化素养、新媒体素养的提升。档案记忆消费不同于通俗性大众文化的消费，对于某些特定内容的档案记忆，大众须有一定的通识教育为背景方能进行理解性消费。随着我国义务教育的普及和高等教育大众化进程的推进，公众文化素养提升成效令人瞩目。随着数字中国逐渐从理念具化为实践，新媒体环境日趋友好，技术、经济层面门槛障碍显著降低，公众的新媒体素养和运用能力显著增强，蔚然成风的数字阅读习惯也潜在增强了公众获取和消费数字档案记忆的能力。

四、智媒传播的发展

随着经济社会的快速变革，媒体（介）融合大潮已然兴起，其影响从传媒产业、信息生态广泛延伸至社会心理、政治文化结构。1978年尼古拉斯·尼葛洛庞蒂（Nicholas Negroponte）在其所著的《媒体实验室：在麻省理工学院创造未来》一书中指出"媒体融合"的出现，并认为它是基于计算机技术和网络技术的融合，用一种终端和网络来传输数字形态的信息，带来不同媒体之间的互换与互联[1]。此后，随着媒体融合逐步显现实践成效，国外理论界围绕其概念从技术、媒介组织结构、媒介文化、产业、社会结构等多角度进行探讨。2002年以来，随着国内学者对国外研究的引介与深化，媒体融合持续成为学界和业界热点。2014年，中共中央全面深化改革领导小组审议通过《关于推动传统媒体和新兴媒体融合发展的指导意见》，将媒体融合提升至国家顶层设计层面。2020年，中共中央办公厅、国务院办公厅印发《关于推进媒体深度融合发展的意见》，强调要"建立以内容建设为根本、先进技术为支撑、创新管理为保障的全媒体传播体系"，提出"把更多优质内容、先进技术、专业人才、项目资金向互联网主阵地汇集、向移动端倾斜，占领新兴传播阵地"[2]，使媒体融合实质性推向深入。

与实践领域的纵深推进对应的是学界对"媒体融合"的界定仍莫衷一是，这也反映出"媒体融合"理论内涵的丰富性与动态延展性。狭义上的概念限定于不同媒体形态融合所形成的新的媒体形态，如新闻客户端、电子杂志、手机报纸、网络广播等；广义上的概念泛指一切媒体及

---

[1] 杨溟：《媒介融合导论》，北京大学出版社，2013，第1页。

[2] 《中共中央办公厅　国务院办公厅印发〈关于加快推进媒体深度融合发展的意见〉》，https://www.gov.cn/zhengce/2020-09/26/content_5547310.htm，访问日期：2022年12月20日。

其有关要素的汇聚与融合[①]，体现在生产、发布、接收、消费等各层面的融合。媒体融合的前提在于媒介技术的变革性发展。媒介环境学派代表人物保罗·莱文森指出，媒介进化具有人性化发展趋势。他通过对媒介进化隐含规律的分析，敏锐预测到媒体的融合形态。媒体融合目前已在广度与深度上加速推进，传播内容愈益丰富，媒体渠道日趋多样，受众群体更为多元，媒体跨界融合更加深入。媒体融合的本质在于发现"人"的存在，"人的融合为核心要义"[②]。它不局限于技术驱动，"体现了一种人类交流与传播诉求驱动下的社会实践变迁这一本质"[③]。

随着大数据、人工智能、元宇宙等技术的发展和国家战略层面的推动与引导，媒体融合进入新阶段，趋向智媒即"智能媒体"的发展。在媒体传播领域的概念体系中，与"智能媒体"相关的术语包括智能媒介、智媒体、智能化媒体（介）等。这一概念与人工智能等信息技术的发展同步演进，并从智能终端的技术层面扩展到关系层面。早在2011年有研究者就认为，"智能媒体"有思想、有感知、会判断，可融入受众社会关系网，能够实现自我繁殖和裂变，形成裂变式传播效果[④]。智媒传播的一大特征就是泛媒化、场景化、智能化，其核心本质在于可理解甚至可创造的"智能"。类似于新媒体的定义超越了技术与功能层面，目前学界关于"智媒"的定义也突破了功能性规定，认为智能媒体的底层逻辑在于实现从对事物的认知到理解再到创造的这一智能化过程。理解智媒最重要的在于理解媒体、人与世界的关系。智媒表现的是"在技术助力

---

① 邵培仁：《媒介理论前沿》，浙江大学出版社，2009，第62页。
② 蒲平：《中国媒体融合发展报告》，载漆亚林主编《智能媒体发展报告2021—2022》，中国社会科学出版社，2022，第83页。
③ 克劳斯·布鲁恩·延森：《媒介融合：网络传播、大众传播和人际传播的三重维度》，刘君译，复旦大学出版社，2012，第196页。
④ 吴纯勇：《改革中的中国广电行业如何突围——把握智能媒体蓝海》，《中国数字电视》2011年第5期。

下能够更懂得人类的需求的信息服务介质或机制"[①]。具体到对用户、内容和场景的理解，智能媒体可定义为"具备较高的识别与理解能力，能够在营销传播场景中进行最优决策，并具备通用性进化与自我创造潜力的媒体"[②]。智能媒体是新媒体时代走向深入的产物，并具有进一步进化、升级的巨大潜力。

总而言之，无论是新媒体的诞生还是智能媒体的演化，都离不开传播这一要旨。因此，可从传播角度对整体的媒体进化加以分析与思考。其中，丹麦哥本哈根大学克劳斯·布鲁恩·延森（Klaus Bruhn Jensen）认为，社会记忆的媒介包括人际互动、文字、图像与空间等多种形式，媒介可从物质、意涵和制度三个维度加以理解，彼此是"再现"和"重塑"的关系，并以人为要义。"书写、印刷和电子媒介分别延伸了文化在空间的发展，并使得帝国与民族–国家得以延续。"[③]融媒体的互动性、融合性和虚拟性造就全新的数字化媒体形态。媒体融合乃至智媒发展成为新媒体时代档案记忆再生产的新语境。智媒时代记忆冲突与竞争更为专注与突出。处于复杂动态的社会舆论场，借助媒体融合的复合传播力，档案机构有望以更为开放的视野面向社会，并强化历史叙事的话语权。新媒体空间呈现的是一个拟态环境，个体的认同指向不同维度，体现出多元化的特点。新媒体时代社会层级式、垄断性的关系在一定程度上得以消解，数字空间的个性化关联建立，记忆、认同等在档案记忆再生产和社会记忆建构中得以积淀与整合。媒体已从理念、资源、平台、技术等各方面达成与档案记忆再生产的全方位结合，并对其主体、资源、规则、路径发挥作用，实现档案记忆能量的集聚放大效应。具体而

---

① 卿清：《智能媒体：一个媒介社会学的概念》，《青年记者》2021年第4期。

② 黄升民、刘珊：《重新定义智能媒体》，《现代传播（中国传媒大学学报）》2022年第1期。

③ 克劳斯·布鲁恩·延森：《媒介融合：网络传播、大众传播和人际传播的三重维度》，刘君译，复旦大学出版社，2012，第62页。

言，融媒乃至智媒发展对档案记忆再生产带来的转变包括：一是新角色的塑造，档案记忆再生产主体更加关注社会外部变化与要求，不仅成为社会记忆的守护者，还成为社会记忆的建构者；二是新资源的导入，媒体融合带来的不仅是媒体中介的变化，更是媒体记忆资源的丰富；三是新规则的引入，融媒体乃至智媒体的出现推动了媒体传播在运行流程上的重组，档案记忆再生产卷入社会记忆再生产的程度显著提升；四是新路径的引入，除却新媒体本身的记忆中介渠道功能，诸多记忆工程项目均注重新媒体的共享利用。媒体融合强调受众导向，档案记忆再生产更加注重消费，强调认同与共享。整体来看，不管是技术再现与增强，还是沉浸式具身体验或数字空间关系，在数字技术赋能和算法逻辑加持下，媒体的作用机制都在媒体融合进程中得以持续放大，反映出强大渗透力，档案记忆也以更多元的形态表征与内在成分融入整体社会记忆。

总而言之，新媒体时代社会转型、社会治理、文化消费、智媒传播四方面的情境变化并非彼此割裂，而是具有互动叠加效应，共同作用成为档案记忆再生产转型的社会动力。新媒体时代不止体现出技术表象与技术驱动，更意味着切入社会深层运行机制和治理方式现代化，成为档案记忆再生产应对社会转型的着力点；新媒体时代伴随着国家和社会治理环境与要求的变化，档案记忆成为治理的重要对象和服务国家治理的重要内容；新媒体与文化消费紧密结合，对档案记忆从生成、再现、共享提出要求与挑战；媒体融合乃至智媒传播推动档案记忆生产和消费方式的变化，并综合作用于档案记忆再生产过程。新媒体时代社会文化结构、文化生态、传播形态、文化生产方式的变化，与档案记忆再生产所指向的记忆传承、认同构建间存在互动关系。档案记忆再生产有望跨越有形的藩篱，在更大的范围内流动共享，融汇成共同体记忆，体现一种新实践范式的确立与转型。

第四章

记忆的刻写：
档案记忆生成转型

> 档案是决策、行动和记忆的记录。档案是代代相传的
> 独特且不可替代的遗产。档案的管理需从其形成时开始，
> 以维护其价值和意义。
>
> ——国际档案理事会《档案共同宣言》[①]

国际档案理事会在面向全世界倡导的《档案共同宣言》中，将档案的价值与作用、档案与社会的关系表达得清晰而明确。古希腊时期对记忆术的执着，反映的是人们对留存记忆的渴望，希望远离不可避免的遗忘。就记忆生成的反面而言，对遗忘的抗拒就是记忆的原初动力。遗忘意味着与过去的作别和历史的湮灭，正是对遗忘的恐惧、对不朽的向往，促使了对一系列记忆体制、工具、方法的不懈追求，包括镌刻文字的"国之重器"青铜器鼎，巨石累积筑就的恢宏金字塔，巍峨矗立的纪念碑，云游诗人口中吟唱四方的史诗传说……在口头表意基础上，人类文字书写系统的发明与不断改进亦体现出对遗忘的抗拒。从这一原点出发，档案记忆开始萌发，并且源源不断地再生产出来，融汇进社会记忆的洪流。新媒体时代数字化的生成环境和竞争性的记忆场域，共同演绎了一幅新的机遇与挑战并存的档案记忆生成图景。

[①] 《国际档案大会通过〈档案共同宣言〉》，《中国档案报》2010年11月18日，第3版。

第一节 档案记忆生成与社会记忆再生产

生成作为档案记忆再生产的起点，具有基础性意义。官方与民间档案记忆、显性与隐性档案记忆相互交织，以体制内外共同生成的方式统一于档案记忆再生产过程。作为典型的社会记忆再生产活动，档案记忆生成为社会记忆再生产提供了资源、对象和条件。

一、档案记忆生成的内容与方式

（一）显性与隐性档案记忆

记忆如何产生始终是记忆研究的核心与初始议题。档案记忆生成过程即社会记忆通过物化的形式凝结于档案的显性化过程。档案记忆类型从内容上涵盖社会各个方面，从结合的媒体上体现为各种形态。档案记忆的生成与其结构密切相关。档案记忆可从建构主体、客体两个方面考察。一方面，从社会记忆建构主体角度，档案记忆包括官方与民间两类档案记忆。前者主要指国家不同层级和类别档案机构形成的档案记忆，体现公共权力；后者主要指民间活动中私人组织和个人形成的档案记忆，突出公民权利。而在社会发展过程中，民间呈现出更为活跃的态势。另一方面，从社会记忆建构客体角度，档案记忆可依据是否得到有效呈现划分为显性和隐性两类。档案记忆生成主要针对显性档案记忆，它在实践中通过档案机构的收集、整理得到存储与积累。隐性档案记忆主要是具有档案记忆特点但尚未转化为显性状态的档案记忆，如口述历史档案记忆资源、流失到海外或民间的离散档案记忆资源、私人档案记忆资源等。数字档案记忆具有虚拟化的特征，相较于其他中介形态相对"隐性"，但其本身是客观存在的档案记忆，因此可列为显性档案记忆。

上述划分并非截然分开，或可理解为从形成到保管不同向度的比较，相互间存在有机联系，并可在特定条件下互相转化。一方面，官方档案记忆基于国家-制度维度而生成，以显性档案记忆为主体。部分显性档案记忆因流失到国外、散失到民间而造成官方档案记忆缺失，从而转化为隐性档案记忆。另一方面，民间档案记忆基于社会-文化维度而生成，以隐性档案记忆为主体。通过官方机构采集、挖掘等，民间的隐性档案记忆可转化为显性档案记忆。

（二）档案记忆系统内外的生成

在档案工作实践中，档案记忆包括体制内和体制外两类生成方式。

体制内生成依托作为国家运行结构的档案机构和运行规范的各类制度尤其是档案制度，体现为建制化、组织化、规模化的系统性生成。这一主要生成方式确保了档案记忆生成与社会发展的紧密关联，保障了档案记忆再生产从古代、近代、现代到当代的绵延不绝。体制内生成往往以档案入藏特定档案机构为标志，如档案收集决定何者入藏以及何者优先入藏。在组织层面，我国纵横交织的档案馆网体系体现了档案记忆资源的配置布局和记忆生成流向；在业务层面，通过一系列对归档范围和保管期限的规定实现对国家档案记忆资源的生成控制，如国家档案局关于机关、企业文件材料的归档规定，国家档案馆收集档案范围的规定等。

通过以上分析不难发现，文本形式和内容生成的同时，意义生产始终贯穿其中，特别是体制内档案记忆的生成，因意义取向不同甚至导致迥异的档案记忆生成结果，此类实例比比皆是。英国史学家阿诺德·汤因比（Arnold Toynbee）曾讲述了英国档案史上的一个重要案例。伦敦档案局成立之初，面对堆积如山的大量文件感到不堪重负，在清理文件时，就将有关在英国建造铁路的所有公私文件一并销毁。"其理由是，这种枯燥单调的主题不可能引起任何人的兴趣。而在今天，经济学家为了得到这些档案，会不惜任何代价的。"[①]北洋政府时期发生了清代内阁档案"八千麻袋"事件，所幸为罗振玉所赎，免于"造纸"厄运，后又幸得在北京大学师生整理下重见天日。当下在红色档案的征集热潮中，也不断有新史料出现，丰富了红色档案记忆的形式与内涵。档案不变，在不同的意义视角和社会情境下，面临着沦为废纸和奉为珍档两种天壤之别的境遇。

体制外生成主要包括私人组织或个人形成的档案记忆生成。这类档案记忆常表现为隐性档案记忆，并在特定条件下转化为显性档案记忆。这一生成方式类型多样、内容广泛，本书以口述记忆作为实例分析。

口述记忆对于社会记忆具有特殊意义。"因为非正式口述史的生产，既是我们在日常生活中描述人类行为的基本活动，也是全部社会记忆的一个特征。"[②]因岁月变迁，以档案记忆形式留存的相对历史整体仍属少数，历史全貌仅靠书面档案难尽其详。口述历史档案对沉默记忆与历史缺席的补充得到关注[③]。在社会演进过程中，社会民众的日常生活、行为方式、道德信念等同样为社会的重要组成。例如哈佛大学1979年建设的大屠杀幸存者纪念馆，保存了几千份录音档案。这些借助新媒介技术生

---

① 汤因比：《汤因比论汤因比——汤因比与厄本对话录》，王少如、沈晓红译，上海三联书店，1989，第5—6页。

② 保罗·康纳顿：《社会如何记忆》，纳日碧力戈译，上海人民出版社，2002，第40页。

③ ALEXANDER B："Excluding archival silences:oral history and historical absence"，*Archival Science*，2006年第1期。

成的档案记忆，成为社会记忆的重要补充。口述历史档案作为"抢救社会记忆而对个人进行有计划采访的结果"[1]，其兴起也源于对同代群体记忆快速流逝的一种弥补。作为跨群体的同代人记忆，"是直接同它的载体即同一个经历和回忆群体的时代证人们联系在一起的，延续时间通常大约不超过八十年"[2]。尽管时光流逝、世代更迭，记忆却并不必然随风而逝，因为回忆与遗忘已经介入彼此。在一定的情境中，代际记忆得以传递和分享，口述记忆就是这一历史情境的产物。

近些年，口述历史引入我国后得到理论界的关注和实践中的广泛运用。有别于传统口述方法或口述传统，现代意义上的口述历史在20世纪40年代诞生于美国，并以录音、录像等新技术的运用为标志。"口述档案"属舶来词，在1980年第9届国际档案大会、1988年第11届国际档案大会上引起了学界关注。口述历史访谈活动须遵循一整套规范，在选题计划、录音录像、访谈、转录、记录整理、资料保存、权利授权等方面有明确要求。口述者包括个人和群体。口述历史访谈形成的音视频记录、录音整理电子文档等应是访谈者、口述者共同参与的结果。前者决定口述历史档案的形成，负责控制其形成过程，并确保其内容尽可能真实客观；后者决定口述历史档案的内容和结果，口述记录必须经口述者签字认可。双方对于有关著作权、利用协议的签署，可视为一种权利的让渡，但这并不排斥双方的共同作用。

口述历史档案记忆在直接记录目击者和亲历者历史回忆的同时，更生动地体现出口述者怎样选择性记忆，是对社会记忆、社会意识、文化观念变迁的原始记录。这也成为口述记忆的特色和优势所在。尽管学界

---

[1] 潘玉民：《口述历史档案资源建设的基本问题》，《图书情报研究》2017年第3期。

[2] 安格拉·开普勒：《个人回忆的社会形式——（家庭）历史的沟通传承》，载哈拉尔德·韦尔策《社会记忆：历史、回忆、传承》，季斌、王立君、白锡堃译，北京大学出版社，2012，第143页。

对其内容真实性及价值存在质疑,"记忆与其说是录音带,不如说是一个筛选机制,而且这种筛选在其限定范围内是经常改变的"①。2021年国际口述史协会、新加坡国家档案馆联合举办第21届国际口述史大会,主题为"和谐与不和谐:汇集多种声音"。这一主题显示出口述史的魅力和困扰所在。口耳相传历来是人类传递社会记忆的重要途径,通过口述"非正式地为自己建构起一段绵延的社区史"②。口述档案记忆再生产已有一定成效,社会各界积极投入其中,产生众多口述成果。美国口述史专家唐纳德·A.里奇(Donald A. Ritchie)指出,"就理想而言,档案管理者应该从口述历史开始进行时就与研究者共事,而不是在最后阶段才插上一脚"③。2017年,国家档案局发布档案行业标准《口述史料采集与管理规范》(DA/T 59—2017)。"十四五"全国档案事业发展规划鼓励开展口述材料的采集。2022年口述历史档案记忆逐步纳入体制内生成,体现了体制内外档案记忆的相对转化过程。近年来,围绕红色档案记忆,各地档案部门纷纷开展了口述史料的征集活动,如抗战老兵、抗美援朝志愿军、"三线"建设者等。

二、档案记忆生成的记忆再生产性质

档案记忆生成既是一种行为、过程,更指向一种结果,具有典型的记忆再生产性质。

首先,档案记忆生成是一种记忆再生产行为。档案记忆生成与档案生成既密不可分,又有区别。作为从档案这一"物化"中介切入的社

---

① 霍布斯鲍姆:《下层的历史》,唐科译,载刘北成、陈新《史学理论读本》,北京大学出版社,2006,第262页。

② 保罗·康纳顿:《社会如何记忆》,纳日碧力戈译,上海人民出版社,2002,第13页。

③ 唐纳德·里奇:《大家来做口述历史》,王芝芝、姚力译,当代中国出版社,2006,第1页。

会记忆形态，档案记忆生成以档案生成为前提，同时依赖于社会记忆的功能化存储和再现。这是由档案记忆生成主体实施的主动性、目的性行为。档案记忆生成从行为角度来看，包括档案记忆的积累、选择、存储、序化等，反映在具体档案工作实践上即档案的收集、整理、鉴定、保管等。作为一种社会"自觉"行为，档案记忆生成深受社会环境、生成条件、主体能力影响，与社会关系、人的情感、认知、价值理念等密切相关。

其次，档案记忆生成是一种记忆再生产过程。档案记忆的生成主要是直接形成，体现为从无到有的过程，包括社会群体或个人在社会实践活动中直接形成与档案部门补充直接形成两类。后者主要是档案部门主动生成，如城市记忆工程、乡村记忆工程、红色记忆工程中，档案部门作为建构主体生成社会记忆。社会记忆再生产有两大类：以规模扩大、形式扩张为特征的累积性、外延扩大再生产；以结构变化、内容更新为特征的加工性、内涵式扩大再生产。档案记忆生成指向的即前一类社会记忆再生产，并以不同的生成方式、内容等直接作用于后一类社会记忆再生产。档案记忆生成包括累积性的连续式生成，也有再"发现"的回溯式生成，并统一于被视作历史整体的档案记忆再生产过程。

最后，档案记忆生成体现为一种记忆再生产结果。档案记忆生成的直接结果就是一种本源性档案记忆。作为社会组织或个人实施的社会实践活动，档案记忆生成通过社会记忆"档案化"的形式，实现了特定群体社会框架、历史事实、价值理念与生活经验的保存，为进一步地加工、传递、共享、更新等提供了前提。社会记忆再生产与社会再生产的紧密相关，也决定了档案记忆生成贯穿记忆文本形式、内容、意义三方面，所生成的档案记忆成为社会记忆的内核。

三、档案记忆生成的记忆再生产功能

档案记忆相较于其他形态社会记忆具有独有属性，为社会记忆再生产提供了资源、对象和条件。

一是资源方面。生成作为档案记忆再生产的起始环节和决定性环节，为社会记忆再生产贡献了基础性资源。社会记忆生成、传承有口传、文传、音传、物传、人传等多种方式。源于"原始记录"文本、内容的可信度，档案记忆生成决定了档案记忆的基本形态与内容，并对其意义起着决定性作用。生成为本，档案记忆的加工、消费皆以之为基础。这一环节涉及档案的收集、整理等，形成新的档案记忆文本形式、内容与意义，决定哪些记忆要被清除或屏蔽，哪些记忆得以筛选、加工、过滤进入公共记忆。通过不同类型、层次、功能的档案记忆生成，档案记忆再生产得以持续下去，实现对国家、民族、社群等社会记忆的汇聚、刻写、活化、再现，并从意义层面建立与社会发展之间的关联，否则社会记忆再生产将面临"失根"之危。譬如，加勒比海的美属维尔京群岛曾是丹麦的殖民地，当其档案被有计划地迁移至前宗主国和现主权国的国家档案馆后，本土居民就面临着社会记忆被连根拔除的困境[1]。例如，之所以当下重视红色档案记忆，是因为随着时空转换，历史真实面貌渐行渐远、日益模糊，同时也遭遇历史虚无主义、泛娱乐化思潮等的消解与侵袭，如何寻回和重建"失落"的记忆、延续红色基因成为档案记忆再生产的又一出发点。

二是对象方面。社会记忆以特定中介作为固化或存储、提取的空间，档案无疑是社会记忆再生产的理想对象之一，也是社会记忆合法化

---

[1] BASTIAN J A: "A question of custody:the colonial archives of the United States Virgin Islands", *American Archivist*, 2001 年第 1 期。

的物化表征。即便如口述记忆，也因现代媒体技术的发展，以音视频档案的形式加以留存。以档案记忆所依托的档案门类为例，2011年国家档案局发布两批包括人事、民生、政务、经济、文化五大类共计100种基本专业档案目录，基本覆盖了社会运行的各个领域，其中移民、网站管理、极地考察、非遗等档案类别具有鲜明的时代特点。对于"十四五"全国档案事业发展规划着力发展的红色档案，其一大生成特点在于随中国共产党领导的中国特色社会主义事业发展的动态性和延续性，"旧"档案的再发现和"新"档案的生成让红色档案记忆的内涵与外延不断得以更新。以新形式、新领域、新内容为代表的"新"档案记忆的生成，为社会记忆再生产提供了源源不绝的资源。

三是条件方面。档案记忆生成作为一种行动者的主动施加行为，一方面体现了档案记忆生成的成果，将有关行动者意识物化于档案；另一方面再生产出自身的条件。社会记忆再生产离不开记忆的社会框架，这一框架体现了对社会记忆的规范与控制。记忆的社会框架随着社会变迁相应发生变化，社会主导思想的改变甚至会造成一些既有框架的根本性破坏，导致身份感的丧失和认同感的脱离，使得记忆失根。档案记忆生成提供了构建社会记忆框架的条件，将当下与过去联结起来。社会记忆再生产得以延续的一大关键，在于居于核心的档案记忆的绵延式、累积式生成。档案记忆的生成状况直接反映和影响同时段社会记忆再生产状况。正如维特根斯坦指出的，社会习俗的大量知识其实都包含了能够"继续"社会活动的各种背景①。档案记忆生成提供了社会活动得以持续、更新的各种背景以及至关重要的价值观念。档案记忆生成之所以受控制，在于归档时就决定了是否要记忆以及如何记忆。档案记忆意义的

---

① 安东尼·吉登斯：《社会理论与现代社会学》，文军、赵勇译，社会科学文献出版社，2003，第7—8页。

再生产，直接与如何记忆相关。对记忆文本形式、内容的生成控制，终归是希求一种价值观、政治理念的刻写。"一切政治经济军事斗争之后，全部问题最终还是要化作对记忆权的控制，尤其是对民族心头文本的书写与阐释上。"①以红色档案记忆为例，其所生成的不仅是一段历史，更是一种价值引领、意识形态和文化自信。档案记忆生成为社会记忆再生产提供了规则、结构等源源不断再生产的条件。

---

① 刘士林：《中国话语：理念与经验》，上海三联书店，2006年，第235页。

第二节 档案记忆生成环境：数字化"记忆之场"

在新媒体时代，档案记忆文本形式赖以生存的环境从传统环境向数字空间转变；档案记忆文本内容得以生成意义的社会记忆场域，从单一的档案记忆场域向复合多元的竞争性记忆场域转变；档案记忆生成的社会语境，从单向度的生成语境向交互生成语境转变；档案记忆生成的空间情境，从区域性向全球化转变。

一、从传统环境到数字空间

时间与空间向来属于以哲学家为代表的学者们孜孜以求的议题，如从胡塞尔（Husserl）到海德格尔（Heidegger）的《存在与时间》。柏格森从时间绵延的角度审视了记忆，影响了后人，包括著有《追忆似水年华》的法国作家普鲁斯特（Marcel Proust）。哈布瓦赫考察的集体记忆针对的主要是特定时空领域的群体的记忆。诺拉认为，"历史感知模式本身在媒体协助下神奇地放大了"[①]。新媒体环境下时空观发生重大变化，以互联网为代表的新媒体提供了无边界跨越、实时流动的可能，极大地提升了社会记忆的时空延展能力。"网络新媒体一诞生就开始形成自己

[①] 皮埃尔·诺拉:《记忆与历史之间：场所问题》，黄红艳译，载皮埃尔·诺拉《记忆之场：法国国民意识的文化社会史》，黄红艳等译，南京大学出版社，2015，第4页。

与众不同的行业领域，形成自己的规范标准，进而指导下一步的记忆过程。"①档案记忆的生成环境已然发生重大变革。

正如各界对新媒体的关注不仅在技术层面，更放大至整个社会运行层面，新媒体与人类社会日常和社会领域全方位、深度契合，演绎出全新的数字空间，即数字化的新媒体环境。从记忆生态的角度，这一空间包括新媒体资源、平台、技术、理念、新媒体内容生产者与消费者等。数字档案记忆的生成依赖于数字环境，进一步的档案记忆加工、提取离不开元数据、背景信息等记忆的框架资源。美国学者戴维·比尔曼（David Bearman）在《电子证据：当代机构文件管理战略》一书中就强调，要建立以文件保管系统而非文件为中心的电子文件管理新思维②。从档案记忆文本形式角度出发，在线数字化生成更为普遍。2018年修订的《电子公文归档管理暂行办法》规定，"符合国家有关规定要求的电子公文可以仅以电子形式归档"③。在线归档已成为数字档案馆建设的评价指标之一。2019年《国务院关于在线政务服务的若干规定》（国务院令第716号）指出，电子签名、电子印章、电子证照、电子档案，与相应的手写签名、实物印章、纸质证照、纸质档案具有同等法律效力④。对电子证据的合法性认可和证据采信，以及电子文件单套制归档模式的档案制度创新，将助推档案记忆的数字化生成，新媒体数字空间引发档案记忆生成路径的重大改变。

① 邵鹏：《媒介作为人类记忆的研究——以媒介记忆理论为视角》，博士学位论文，浙江大学，2014，第68页。
② 戴维·比尔曼：《电子证据：当代机构文件管理战略》，王健等译，中国人民大学出版社，2000。
③ 国家档案局：《国家档案局关于修改〈电子公文归档管理暂行办法〉的决定》，http://www.saac.gov.cn/daj/tzgg/201901/6e8c79c08ff449bcb24fc285c6442d70.shtml，访问日期：2019年6月5日。
④ 《国务院关于在线政务服务的若干规定》，http://leaders.people.com.cn/n1/2019/0705/c58278-31215163.html，访问日期：2020年7月6日。

更具意义的在于，新媒体数字空间提供了档案记忆提取、再现的可能，这也是电子文件管理中高度重视背景信息和元数据的缘由。档案首要的作用在于支持业务职能和提供法律凭证。以我国司法实践中最高人民法院对电子证据的采信为例，2015年发布的《民事诉讼法司法解释》，确立了网上聊天记录、博客、微博客、手机短信、电子签名、域名等的民事证据价值①；2018年发布的《关于互联网法院审理案件若干问题的规定》，对电子签名、可信时间戳、哈希值校验、区块链等技术手段或电子取证存证平台认证予以确认②；2019年修改的《关于民事诉讼证据的若干规定》，将"网页、博客、微博客等网络平台发布的信息，""手机短信、电子邮件、即时通信、通信群组等网络应用服务的通信信息"等都纳入电子数据范围③。法律凭证价值的确立也使可信的电子环境有望成为主要环境。如澳大利亚由NathanCram创办的Brolly提供全面的社交媒体存档服务④。当社交媒体文件管理还处于灰色地带时，这些新媒体档案记忆已成为现实场景。这些数字档案记忆完全在数字空间中生成，并且处于动态更新之中。这些开放式的档案记忆资源，可通过原始文件归档或网页归档、抓取或捕获，实现档案记忆的生成，并呈现出几何式放大效应。

---

① 最高人民法院：《微博、网上聊天记录等可作民事案件证据》，http://news.sina.com.cn/c/2015-02-04/112631480732.shtml，访问日期：2020年7月6日。

②《最高人民法院关于互联网法院审理案件若干问题的规定》，http://www.court.gov.cn/zixun-xiangqing-116981.html，访问日期：2019年1月2日。

③《最高人民法院关于修改〈关于民事诉讼证据的若干规定〉的决定》，http://www.npc.gov.cn/npc/c30834/201912/c76889be6a9242dc80da6d3b7fc3b46c.shtml，访问日期：2019年12月28日。

④ 张云：《澳大利亚建立首个社会存档服务》，http://www.sohu.com/a/.224460215_100020236，访问日期：2018年10月1日。

二、从单一场域到竞争记忆场域

场域理论由法国社会学家布迪厄提出。"一个场域可以被定义为在各种位置之间存在的客观关系的一个网络（network）或一个构型（configuration）。"[1]场域的关键概念是资本、习性。"资本"既指通常意义上的经济资本，也指代文化资本、社会资本等象征性资本。"习性"，也称为"惯习"，"是一种社会化的主体性"[2]。场域意味一种资源与规则，其中涉及各种权力、关系的再生产。"场域理论关心意义是如何通过符号和产生符号的社会动因之间不同作用而生产的。"[3]由此出发，社会表现为政治、经济、文化等各个不同场域，包括媒介场域、文化生产场域、记忆场域，涉及不同的资本对比、关系强弱，体现一定的竞争性。

新媒体时代档案记忆的生成场域首先表现为已为新媒体形塑的社会。英国学者尼克·库尔德利（Nick Couldry）将媒介视为作用于广阔社会空间的"元资本"，认为其从宏观运行层面上施加影响[4]。随着第四次工业革命的到来，信息科技转向以人为中心。在既往记忆再生产实践中，新媒体突破了旧有的记忆生成形态与方式，除作用了文本形式外，更作用于其内容与意义。档案记忆的文本形式再生产实现指数级增长，内容再生产扩充至社会各个毛细血管，意义再生产适应和修正既有的社会记忆框架，甚至塑就了一种新媒体文化，正如印刷文化带来的冲击，这一新文化直接影响人的生活与思维方式，进而影响档案记忆生成的外

---

① 皮埃尔·布迪厄、华康德：《实践与反思：反思社会学导引》，李猛、李康译，中央编译出版社，2004，第133—134页。

② 皮埃尔·布迪厄：《文化资本与社会炼金术》，包亚明译，上海人民出版社，1997，第173页。

③ 王学琛：《媒介场域理论：媒介研究的新范式》，《传播与版权》2017年第10期。

④ 尼克·库尔德利：《媒介、社会与世界：社会理论与数字媒介实践》，何道宽译，复旦大学出版社，2014。

在社会环境与内在生成逻辑。

这些对档案记忆生成的影响集中表现为一种社会记忆场的变化。通过将档案记忆置于一种新的数字记忆场域，我们能够更深刻地理解当前对社会记忆的生产与争夺；明晰新媒体时代档案记忆再生产有与传统社会运行一致的一面，也意识到一种全新数字记忆空间的形成与扩张，及其对现实生活世界的影响力。与既往相对封闭的记忆系统和以国家为中心的权力体系相比，网络的开放性、动态性和用户生产的主动性形成鲜明对照。原先档案记忆生成与传播受渠道限制，现在则可依托新媒体平台进行，体现出一种权力下移的趋势。譬如，通过文件的一键式分享，个人即可成为网络的一个生产源和网络节点，而不受以往链性线条和等级秩序的控制。档案记忆的流动与共享加速，档案记忆成为媒介记忆中的"共享式工程"①。

"记忆体现为一个建构认同和验证认同效果的斗争空间。"②新媒体时代这一新的记忆空间或记忆场域衍生出新的记忆生态关系。媒体意味着一种权力，这与档案记忆、社会记忆体现出权力类似。媒体通过限定议题或议程，进行倾向性选择与传播，占据了记忆传递的主导地位。对档案记忆进行控制的思想中，以雅克·德里达和米歇尔·福柯的观点为代表。福柯从政治角度考察了档案与历史的关系及蕴含其中的权力，着重分析档案是如何在权力控制下，一些被从记忆中抹除，一些因被官方认可而成为合法的档案，进而操纵历史的生成。"控制一个社会的记忆，在很大程度上决定了权力等级。"③这生动表明了记忆与权力的斗争性。

---

① 邵鹏：《媒介作为人类记忆的研究——以媒介记忆理论为视角》，博士学位论文，浙江大学，2014，第32页。

② 埃里克·布里安、玛丽·雅伊松、S·罗密·穆克尔吉、梁光严：《引言：社会记忆与超现代性》，《国际社会科学杂志（中文版）》2012年第3期。

③ 保罗·康纳顿：《社会如何记忆》，纳日碧力戈译，上海人民出版社，2002，第1页。

从传播政治学的角度，在新媒体时代，数字空间成为各类权力力量博弈以进行信息控制或记忆控制的场域，体现出新媒体、社会结构、政治制度、权力交织共生的关系。媒体的发展并不必然意味着用户的解放，其运行规则背后有着用户难以克服的力量，国家的权力、资本的能量仍然是左右新媒体的实质性力量，如当前世界上诸多国家均加大了对新媒体、网络空间的监管力度。社会记忆的控制在新媒体时代演化为信息传播条件的不平等引发的权力控制，包括检索能力与访问许可限制等。尤其在媒体融合发展背景下，"在公民自由表达的表象隐藏着更深层次的政治关系、社会关系和权力结构的本质玄机。媒体融合实质上是带有强烈价值倾向的规范性框架"[①]。对档案记忆的控制客观存在，并对档案记忆的生成起着强有力的约束作用，如档案的封闭期制度、开放制度、出售限制等。

新媒体不仅提供了档案记忆生成、刻写、重现的空间，也提供了反记忆生存的空间，成为解构与反记忆的场域。档案记忆生成更为多元、分化，显现出立体的记忆空间。在社会转型期，人们思想更为开放、多元，传统、单一的价值观受到挑战，各种记忆在网络以及延伸到生活世界的这一记忆场域相互影响、相互改变、相互竞争。在错综复杂的社会舆论场中，始终存在各方力量对历史话语权力的博弈与对受众的争夺。不同社会思潮在网络空间中交锋，出现一些沉渣泛起或低俗现象。德国学者伊丽莎白·诺尔-诺依曼（Elisabeth Noelle-Neumann）以"沉默的螺旋"理论反映大众受媒体影响的意见趋同性。记忆的冲突、价值的背离、理性的缺失在深受产业逻辑、消费文化左右的新媒体传播环境中更为突出，新媒体偏向碎片化、同质化、浅层化的特点更加剧了这一危

---

① 洪宇：《论西方"媒体融合"的现状与启示：一种传播政治经济学视角》，《中国传媒报告》2009年第3期。

机。冲突与和谐共存的记忆场域已然形成。在重视民间档案记忆具有丰富补充主流记忆积极一面的同时，也不可忽视和警惕一些具有消解作用的反记忆的生成，努力避免新媒体带来的"双刃"效应。随着新媒体发展趋向理性，内容产业更加趋向优质内容。在喧嚣的网络舆论场和竞争性记忆场域中，受众终究会选择最值得倾听的声音，新媒体时代档案记忆的生成具有广阔发展空间。

三、从单向语境到交互语境

媒体狭义上属于传播领域，新媒体对档案记忆生成与传播的影响甚为深远。在新媒体时代，官方垄断档案记忆再生产的局面被打破，部分权力下沉至公众，公众逐渐倾向和习惯选择新媒体来生成、传播、接受信息、知识或记忆。垄断性的记忆单向传播不再"一枝独秀"，而逐渐消解为交互性的档案记忆传播与共享模式。交互性成为新一代媒体的标签。既有档案记忆单向度的生成语境，在新媒体所建构的交流语境下表现为突出的交互性，人际、网络交往互动的方式全面涵盖口头、文字、图片、声像等多种渠道。交互性的变化首先来自记忆主体的变化。马克·波斯特援引德里达的"双向的去中心化的交流"视角，指出"第二媒介时代中的主体构建是通过互动性这一机制发生的"[1]。第二媒介时代即针对互动型模式的电子网络媒体，区别于以广播电视等播放型模式的第一媒介时代。"因特网和虚拟现实打开了新型互动性的可能"，这种新型互动性在根本上改造着主体[2]。

新媒体虽肇始于技术发展，但核心仍在于人的主体作用及相互关

---

[1] 马克·波斯特：《第二媒介时代》，范静哗译，南京大学出版社，2000，第47页。
[2] 同上。

系。"传播构造了相互交织的关系网络，也建构了意义之网。"①随着网络、手机实名认证等一系列举措的实施，新媒体空间与现实社会空间的界限趋向模糊。2017年《中华人民共和国网络安全法》以立法形式规范了网络实名认证。以各种社交媒体为例，随着实名认证的普及，尤其是通过代表第五媒体的手机客户端的"一站式"入口，微博、微信朋友圈、抖音等强化了现实社会关系网络和日常生活世界的重合与覆盖。如中国人民大学刘少杰教授所说，这一网络空间超越了虚拟空间的内涵，"不仅具有明显的现实性和实践性,而且还形成了灵活多样的群体形式，人类社会的新空间由此展开"②。由此，新媒体时代档案记忆的生成被置于情境殊异的数字记忆场域。

在这一场域，原有线性的、由上而下、封闭的等级秩序消解为去中心化、扁平化、公开化的网络关系，形成了各类打破身份界限，转而由共同旨趣、情感认同连接的虚拟"社区"，如豆瓣、知乎为代表的小众社区，还有各类不同的工作群、生活群、好友群、自定义群，等等。社群化成为新媒体的一大趋势。网上社群化的重要表现之一即网络社区与朋友圈。社会学的"角色丛"理论认为，人在社会中承担着各种不同却互相关联的角色，这为档案记忆受众的"人以群分"确立了前提。根据地域、职业、兴趣、爱好等各类表征身份的维度，网上形成各类社区；在亲属、地域、职业、工作领域等维度，形成各色"朋友圈"。身份不再是固定、被动、贴标签式的，而是变化、可选择、主动标注式的。互联网提供了关系交互转化的可能，档案记忆的生成与传播进程由线性模式走向网络关系模式。

"新媒介档案既是个体化的，又具有高度协作性，它们成为了新的

---

① 谢静：《社区：传播的构成》，《苏州大学学报（哲学社会科学版）》，2015年第3期。

② 段丹洁：《自媒体兴起推动人类学转型》，《中国社会科学报》2016年10月19日，第2版。

大众记忆形式出现的场所。"[①]在媒体融合背景下，新媒体的内涵被注入更多时代特色，有望集合各种元素，发挥强大的社会能量。某种程度上，媒体所呈现和保存的，往往化为主流；未能展现的，有可能滑向边缘。个体通过新媒体获取集体性的档案记忆，理解自我，将自我既有经验和新经验加以整合、解释，从而获取自身在社会中的生活方位，以达成身心和谐的状态，消解内心的分裂与冲突。"地理流动和社会流动性的加强是重新构建世界的主要原因。"[②]新媒体提供了跨越时空的流动，对自我与外部世界交互关系带来的冲击不言而喻。档案记忆生成更多地与人的情感、认知、价值等联系起来，由抽象符号化为具象表达，从而实现物质化文本、多元化内容、交互性意义三者的有机统一。

---

① 尼古拉斯·盖恩、戴维·比尔:《新媒介：关键概念》，刘君、周竞男译，复旦大学出版社，2015，第81页。

② 彼得·伯格:《与社会学同游：人文主义的视角》，北京大学出版社，2014，第66页。

第三节 档案记忆生成主体：记忆的大众生产

    档案记忆的主体性特征不仅是探讨生成转变的出发点，也规定了其内在本质。目前，对档案资源内容的深层分析与解读，仍主要依赖于历史学专业人士和占少量比例的档案编研工作者。档案并非单一的史料库、信息库或知识库，更是蕴含人类思想、情感认同和社会关系的记忆库。由于"档案馆并非集体记忆的垄断者"[①]，新媒体时代档案记忆生成环境的变化，打破了档案记忆体制内生成的垄断局面，呈现主体社会化的现象，从官方走向民间，从精英走向大众，社会各元主体共同参与生成档案记忆。

一、从官方走向民间

    由于文字作为工具，人类早期档案记忆的生成掌握在权力阶层手中。无文字的民族只能依靠"口头叙事"口耳相传地保留自己的民族记忆。在长期的历史传统中，民间隐没于强大的国家框架下，民众成为沉默的大多数，以私人文件为代表的民间档案记忆被排除在官方档案机构之外。在历史的宏大叙事框架下，个体记忆处于弱化、边缘化的

---

① TAYLOR H A："Heritage revisited: documents as artifacts in the context of museums and material culture"，*Archivaria*，1995 年第 40 卷。

状态，档案记忆也处于同样的状况。"正如早期的史学关注的是民族国家的政治、法律以及经济特征，最初的档案原则阐述也强烈地偏重于国家。""私人和个人档案则被赶入了图书馆和图书管理人员的地盘。"①文件、口述历史迟至19世纪才真正受到关注。

　　记忆意味认同和合法性的确立与产生，顺应了时代发展背景下公民意识兴起的趋势。新媒体时代教育的大众化、大众史学的兴起促使民众思考自身在历史中的主体性，追求书写历史的权利，民众的档案记忆生产意识和热情迸发。档案记忆的生成、解读不再是代表官方的档案机构的专利，媒体也不仅是官方记忆的传声筒或扩音器。档案机构的角色与形象产生时代性变化。"从以国家为基础的司法-行政档案话语转向以更广的公共政策和公共利益为基础的社会-文化档案话语。简而言之，将社会记忆的定义局限于有权者形成并留存的文件记录，已不再为人们所接受。"②以往蒙上神秘面纱的档案，已然"旧时王谢堂前燕，飞入寻常百姓家"。在新的国家档案记忆观下，民间档案记忆成为国家档案记忆的有机组成。以新媒体时代的数字记忆资源为例，不同于国家范式下的以官方档案机构为主，社会范式下"包括企业、家庭、用户等的民间力量主动或被动参与到整个社会数字档案资源建设中"③。新媒体时代档案记忆生成格局发生了变化，除却作为官方的档案机构，民间个人也有自发生成的可能，整体走势趋向两极化。一极侧重于宏大叙事的国家、民族记忆，促使档案记忆的多形式生产；另一极侧重于微观叙事，表现为以社会化主体生成的民间档案记忆。公众、学者、研究机构等开始主动参与档案记忆

---

① 特里·库克：《铭记未来——档案在建构社会记忆中的作用》，李音译，《档案学通讯》2002年第2期。
② 同上。
③ 马广惠、安小米：《我国国家数字档案资源整合与服务研究发展趋势》，《档案学通讯》2018年第6期。

的生成。导致这种情形的有档案系统内外两方面原因。

一方面，档案机构为了提升档案记忆的影响力而主动出击。这些多元的民间档案记忆的生成事实存在，但因体制、制度等所限常被排除于官方档案记忆之外。历史原因使很多档案散失到民间、流失到海外或本身就在国境外生成，比如互联网上多有中国晚清以来由外国人拍摄的照片档案。随着面向公众视角的转换，官方档案记忆文本形式和内容的单一、同质所导致的记忆贫瘠、单调，对于提取、加工、展演、再现档案记忆多有羁绊。民间档案记忆主体生成的各类文本越来越受到重视，档案机构开始主动面向社会，并通过再发现式生成，促使隐性的民间档案记忆如私人文书等浮现于公众视野，融汇成共同记忆。

纪录片《苦干——中国不可战胜的秘密》被再次发现和加工传播的曲折经过，也说明了民间档案记忆的重要性。这部以中国抗战为题材的彩色纪录片由美籍华人李灵爱与美国记者雷伊·斯科特（Rey Scott）合作完成，1942年获得奥斯卡特别奖。斯科特在中国行程三万余里，用镜头记录了1937—1940年被战火笼罩的中国，尤其是日军大轰炸重庆的历史场景。美国华裔电影制作人罗宾龙在筹划一部华裔女性影片时，看到李灵爱所著的《生命是长久的》，发现了这一线索，并最终找到这部消失了70余年的影片[①]。2015年，这部历经波折的影片终于在抗战胜利70周年之际回到中国，并可在各类视频网站上观看。这一数字化档案影像由此得到再生产，成为历史铁证的同时，也成为强化国家记忆和民族认同的重要记忆资源。

另一方面，外部环境对公民民主、权利提出诉求。新媒体强调平等、交互，其对受众需求的重视和满足，促进了公众自我意识的觉醒，

---

① 周勇：《影片〈苦干〉消失73年归来：日军暴行新铁证》，http://www.rmzxb.com.cn/c/2015-06-12/516483.shtml，访问日期：2020年9月5日。

激发了公众表达自我的诉求。新媒体时代人人皆可以拥有麦克风，传递表达自己的记忆、故事与想法，公众对档案记忆以自我的方式加以生成与解读由此成为可能。从一些民间人士所存的家庭档案或所编的家史作品来看，他们已有意识地采用一定的系统整理方法或年表、注释等规范形式加以组织编排。尽管这些民间档案记忆与以往占据主导的官方话语、精英话语未必一致，甚至可能造成大的冲击，但正是这种多元化、社会化的档案记忆形成了国家、民族、群体记忆的多样性。在外在压力和内部驱动的双重作用下，两者的社会张力进一步扩大，民间档案记忆更加凸显，并与官方档案记忆互相补充，建立起公众参与的对话平台。同时，多维度的意义浮现出来，单色调的档案记忆扩散为多姿多彩的记忆景象。

二、从精英走向大众

以往的档案记忆生成主要表现为精英群体的活动记录。我国"新史学"开创者梁启超曾犀利批判旧史只知有朝廷、个人而不知有国家、群体。虽然有观点认为其所言失之偏颇，但其主旨可鉴。历代官修史书浓墨重彩的主要是帝王将相、英雄鸿儒等，普通民众作为所谓"草民"在历史记忆中属于失语或沉默的绝大多数，形成档案记忆结构性、大面积和长时段的遗忘。新媒体时代数字空间群体分化，与主流群体不同的亚文化群体逐渐浮现出来。冯惠玲在数字记忆国际论坛上指出，"社会民主化进程、互联网和社交媒体对少数人话语权的技术冲击，创造了大众记忆的新时代"[1]。作为从中介维度切入的社会记忆形态，可将个体档案记忆界定为私人档案记忆，包括私人或私人组织形成的档案。私人档案记忆犹如冰山一角，能够显性化的则为显性档案记忆，或者说进入功能

---

① 魏智武：《数字记忆国际论坛热议社交媒体》，《档案学研究》2015年第6期。

记忆范畴的档案记忆。

新媒体的广泛应用与普及使公民个人体验、情感共鸣、身份认同得到前所未有的重视，进而带动了社会记忆记录的个体化转向。借助微博、微信、抖音等社交媒体，大众以前所未有的热情记录和传播令"我"产生兴趣的数字化记忆。这种个体记忆带有明显的"碎片化"特征，是对已有宏大叙事的生动补充和印证，也是对集体记忆的存续。大众对当代历史的档案记忆，虽然很多以集体记忆形象出现，但除了事件和人物，更多地传递了个体的情感和思考，这对于理解档案记忆背后的历史有着特殊意义。就此而言，新媒体时代以自媒体为代表的新兴媒体"使个体记忆呼之欲出，集结起个体记忆形成强大场域，对社会记忆形成影响和冲击"[1]。当习惯于新媒体的一代成长起来，对其的记忆很难回避一个领域，就是数字空间。

新媒体提供了个体档案记忆的索引，指向丰富而分散的私人档案记忆，许多隐匿于民间的私人档案记忆通过网络得以展现在民众眼前，并表现出一定的集聚效应。这些由普通公众生成的档案记忆，一可借助新媒体提供生成线索与路径，二可通过新媒体得以复活、重新被纳入既有档案记忆。私人档案因市场机制的作用，散存于个人手中，并可能因流通与买卖处于动态流转中。以"孔夫子旧书网"为例，网上设有"拍卖"专栏，许多名人档案或具有历史价值的私人档案俨然在列。《档案法》专门对外国人买卖档案进行规定，也体现出私人档案记忆的价值。

我国当前正着力形成覆盖人民群众的档案资源体系，大众视角转向凸显。"国家档案馆是保存社会记忆的重要场所，但不是保存社会记忆的唯一场所。"[2]以家庭记忆的生成为例，家庭记忆从未远离研究社会

---

① 张莉：《博客：建构社会的记忆力量》，《新闻爱好者》2013年第3期。
② 薛匡勇：《国家档案资源建设再探索》，《北京档案》2014年第12期。

记忆的学者视野。个体再生产推动了社会再生产，家庭档案记忆成为透视人类生活世界的一个生动窗口。哈布瓦赫专门针对家庭记忆进行了论述。"家庭档案"一词虽主要流行于今，但其内涵古已有之，如家谱、家书等。围绕一位名人所形成的档案记忆甚至可成为时代的缩影，如盛宣怀档案与近代中国、钱学森档案与现代中国等。典型的还有散落于民间的家书档案。"晚清民国即近代以来，家书实现了从贵族文人到普通平民的民间化。"[①]家书不仅是私人书信，更蕴含着中国人所遵循的文化传统。2005年，中国国家博物馆、中国民间文艺家协会等单位发起"抢救民间家书"工程。2016年"家书与档案学术研讨会"在中国人民大学召开，充分肯定了家书档案的独特价值。2013年入选世界记忆遗产的侨批档案，实质上属于带有汇款银票功能的家书。近年来，关于红色家书的书籍、展览、纪录片等层出不穷，其中，蕴含的红色档案记忆引人深思与感怀。

　　大众形成的个体档案记忆在新媒体空间通过一个个网点形成对既往精英群体档案记忆的补充与更新。尽管个体档案记忆有时看来如喃喃自语，但新媒体的跨时空性和超链接特性实质上将之引入当下的实践关系网络，同样发出独有的声音。"群体的记忆是通过个体记忆来实现的，并且在个体记忆之中体现自身。"[②]据此，我们也可以理解为何面向大众的口述历史档案会如此盛行，特别是当一个群体历经兴衰起伏，个体记忆的印迹又非常真切。以曾经占国民经济半壁江山的纺织行业为例，纺织行业的起伏发展见证了中国近代至现代的社会发展。各类新媒体平台上的回忆文章、图片等，内容涵盖纺织界实业家、学者专家、行业翘楚、劳动模范、一线普通工人，大众可以从中感受生动而鲜活的社会记忆。

---

① 张丁：《社会记忆视角下民间家书的征集与利用》，《档案学研究》2018年第1期。
② 莫里斯·哈布瓦赫：《论集体记忆》，毕然、郭金华译，上海人民出版社，2002，第286页。

第四节 档案记忆生成对象：数字记忆

新媒体时代档案记忆生成形态以数字档案记忆为常态与主流。新媒体直接促成以政务网页文件、电子邮件档案和社交媒体文件为代表的新媒体档案记忆，包括个体档案记忆在内的数字档案记忆更加丰富和多元。

一、从传统记忆到数字记忆

新媒体时代数字化浪潮以无可抵挡的势头席卷而来，数字政务、数字经济等沽动领域不断生成电子文件，档案记忆生成向数字记忆延伸。数字记忆不仅包括档案记忆，还包括以数字形式存在的各类社会记忆形态。档案记忆开始更多地以融合为数字记忆的形式展现，而非孤立存在。各国的数字记忆项目，包括国内档案机构推动的城市记忆工程、高校与研究机构主导的如"北京记忆"等数字人文项目，无不重视原生数字档案记忆的生成，如航拍照片等。这些主动生成档案记忆的行为突破了既有体制内档案记忆累积性生产的局限，扩大了不同时空范围内档案记忆建构的内容。传统档案记忆文本形成于社会实践活动，形式与内容统一于物质实体，共同实现对社会事实的忠实记录与表征，体现为法国学者保罗·利科（Paul Ricoeur）所谓的"证言"；对传统文本形式数字化形成的记忆，相当于原有文本形式的数字复本，仍是事实的表征；而对于原生性的数字档案记忆，其物质文本形式的表征意义大为弱化，可重新组织、建构，同时归因于数字技术的发展，基于深度关联的数字记忆建构更为便捷有效。新媒体时代数字记忆有望步入人类记忆的第三次革命，整体上传统记忆到数字记忆在外在表征上从强到弱，从建构性的角度则由弱到强。

　　数字档案记忆在新媒体时代的档案记忆生成中居于核心地位。在实践层面，档案记忆既有档案部门、各级机构主导建档保存的官方数字档案记忆，更有民众自觉形成的民间或私人数字档案记忆。新媒体的兴起为档案记忆生成提供了丰富的素材和载体，档案记忆生产与传播的叠加效应明显。在非结构化数据爆炸式增长、信息冗余、垃圾不减反增的状况下，档案记忆生成面临"记忆黑洞"的挑战。在档案记忆资源的数字化生成比重大幅提升的同时，一系列关于数字化规范、标准等的实施，使其生成的规范性与共通共享性得到很大提升。国际标准化组织信息与文献技术委员会档案文件管理分技术委员会（ISO/TC46/SC11）等发布的一系列国际标准，对中国实践具有重要参考与指导作用。我国近几年的标准就有《电子文件归档与电子档案管理规范》《录音录像档案数字化规范》《录音录像类电子档案元数据方案》《文书类电子档案检测一般要求》《纸质档案缩微数字一体化技术规范》等。

二、新媒体档案记忆的兴起

　　新媒体时代公众更多依赖网络等新媒体认识与感受现实世界，新媒体作为档案记忆生产活动的重要组成，也生成了不同以往的档案记忆，其中引人注目的就有新媒体为档案记忆贡献的政务网页文件、电子邮件与社交媒体文件等新兴文本形式，以网络为代表的新媒体平台已成为档案记忆的又一生成来源。新媒体与社会生活的全面结合，使新媒体记忆资源要素的地位显著提升。"新媒介档案是由音频和视频数据以及文本构成的多媒体内容，其运作通过开放源软件鼓励使用者参与。它们同时也是存储数据的物质和/或虚拟方式，而这些数据包含着概念化的结构，在许多方面反映了当代社会和文化的广泛变化。"[1]更重要的是，新媒体档案记忆提供了理解数字生活世界的内容与意义途径。

（一）政务网页文件

近年来，"互联网+政务服务"深入实施，数字中国建设稳步推进，国家在线政务平台运行有效，新媒体已成为政府强化社会治理、公众参与多元治理的又一主要渠道。政务网页文件是数字政务活动的原始记录，同样具有归档价值。如各政府部门官方网页体现出丰富的社会记忆内容，有些直接与社会重大事件相关，这些网上热点事件有时甚至影响舆情走向和现实进展，相关政务网页档案应纳入归档范畴。

1996年起，一些国家图书馆相继实施一系列针对网络数字资源的数字保存实验项目，如澳大利亚国家图书馆的网络文献资源存取项目（PANDORA）、德国国家图书馆的数字资源长期存储专业网络项目（NESTOR）、美国国会图书馆的国家数字信息基础设施和保存计划（NDIIPP）、日本国会图书馆的网络信息保存项目（WARP）等[2]。中国国家图书馆实施了网络信息采集与保存实验项目，北京大学开展了中国WEB信息博物馆项目等。2019年，国家图书馆正式启动互联网信息战略保存项目[3]。同年底，国家档案局发布并实施行业标准《政府

---

① 尼古拉斯·盖恩、戴维·比尔：《新媒介：关键概念》，刘君、周竞男译，复旦大学出版社，2015，第81页。

② 聂云霞：《国家层面数字资源长期保存策略研究》，江西人民出版社，2016，第85—89页。

③《国家图书馆首个互联网信息战略保存基地落户新浪》，https://tech.sina.com.cn/i/2019-04-19/doc-ihvhiqax3936874.shtml》，访问日期：2019年9月8日。

网站网页归档指南》（DA/T 80—2019），包括归档原则、责任主体、归档范围、程序与要求等①，政府网站网页纳入国家档案记忆资源的累积范围。

囿于档案实体空间、保存成本，社会记忆难以全面留存，散落在数字空间的记忆同样是社会记忆的"拼图"，须加以筛选性留存。尽管存在互联网档案馆、网页"快照"等，仍有大量的网页链接失效或页面被删除。档案是历史与社会发展的见证。对于全息式反映社会发展的新媒体档案记忆，如不及时加以捕获、采集、存储，将加速当代的记忆流失，也会使档案记忆的面貌显得苍白、单一。随着全球网络网页数的爆发式增长，通过大数据、搜索引擎、人工智能、云存储、区块链等技术，可使这部分数字档案记忆的生成更为高效、便捷。政务网页文件的归档特别强调背景信息的留存。这是完整还原、真实理解数字档案记忆的关键。本雅明在其文化再生产理论中指出，艺术品原件因存址不同而具有区别于复制件的"光环"。档案记忆文本的生成离不开时间与空间，网络赋予政务网页文件地址，使之具有类似"原件"的存址。艺术品的原真性光环同样附着在数字档案记忆上。它涉及相关的意义生成，如有关历史事件档案记忆的记录、挖掘与再现，不仅出于事件本身重要性，更在于其与当前情境的关联性，取决于历史与当下共同锁定的价值坐标。

（二）电子邮件

在传统人际交流模式下，书信作为私人手稿历来受到各方重视。新媒体时代，书信更多地被更加便捷的电子邮件所替代，并广泛应用于公务往来和私人交流。尽管电子邮件不再完全具有手书或打印文字的视觉效应和纸质文本形式的物质形态，但与其他有归档价值的电子文件一

---

① 国家档案局：《政府网站网页归档指南（DA/T 80—2019）》，http://www.saac.gov.cn/daj/hybz/201912/5e653e193bd747659d78783c8c4c8818.shtml，访问日期：2019年12月28日。

样，同样具有原始记录性特征。电子邮件由发件人通过电子邮件系统生成和发送，附有时间、邮箱地址、收件人、发送状态等背景信息和流程痕迹，与传统书面形式相比，其内容实质和意义导向近似，同样是数字记忆的重要组成，符合电子文件的归档要求。

20世纪80—90年代，美国国家档案与文件署（NARA）因里根政府有关电子邮件归档的问题被卷入十年诉讼，最终确立了电子邮件归档要求。2015年，美国国务卿希拉里卷入"邮件门"，因其使用私人邮箱处理公务电子邮件并私自删除邮件，引发巨大争议。美国政务电子邮件的处理实践也提醒了政务电子邮件的重要性。档案首先要具有凭证价值，从既往立法和司法实践看，电子邮件已在一定条件下获得法律证据的采信，其归档价值明显提升。如我国的《合同法》《电子签名法》等都规定了包括电子邮件在内的数据电文所具有的法律证据效力。电子邮件归档已在实践层面展开，如澳大利亚新南威尔士州档案馆《电子邮件文件管理政策》（1998年），马来西亚国家档案馆《非结构化环境下电子文件管理指南》，英国国家档案馆《电子邮件政策制定指南》（2004年），联合国档案与文件管理部《电子邮件管理指南》（2006年），加拿大国家图书档案馆《电子邮件管理指南——路线图》（2008年），等等[1]。

2005年，国家档案局制发《公务电子邮件归档与管理规则》（DA/T 32—2005）。2021年该标准又替代为《公务电子邮件归档管理规则》（DA/T 32—2021），新规则明确规定了管理原则、从生成部门到安全保密部门的管理职责、公务电子邮件系统和电子档案管理系统建设要求、从生成到移交接收的归档流程管理等[2]。该标准同样适用于个人在公务活动中收发的公务

---

[1] 刘越男、周杰、李竞谊等：《国外典型电子邮件管理政策比较研究》，《档案学研究》2013年第2期。

[2] 《公务电子邮件归档管理规则（DA/T 32—2021）》，https://www.saac.gov.cn/daj/hybz/202109/8b71a80d44e546b1b480665350b1b139.shtml，访问日期：2023年3月15日。

电子邮件。个人电子邮件在特定条件下同样有转化为公共记忆的可能。比如对于去世人物，电子邮件将因其内容信息的敏感性逐渐递减而向记忆资源靠拢。结合各国对电子邮件的法律采信规定和归档管理实践，关于重要公务处理、私人重要事务的电子邮件将成为档案记忆生成的一项内容。

（三）社交媒体档案

新媒体改变了社会记忆生态，其衍生出的媒体记忆更为多元。麦克卢汉的"媒介即讯息"和尼尔·波兹曼的"媒介即隐喻"这两个著名论断喻示着媒介不仅表达内容，更成为内容的一部分。新媒体作为资源要素贡献了数字化媒体记忆，如社交媒体归档文件等。同时，个体可对不同档案记忆进行组合再生产。通过网络的开放共享性，"使用者生产的档案有可能成为一个丰富的定性数据库，供社会科学家研究当代文化变迁之用"[①]。媒体民族志的兴起也反映出对新媒体时代档案记忆的重视。这些已成为新媒体时代的特有记忆。

社会化媒体常被称为社交媒体，有多种形式。从早期的BBS论坛到如今的微博账号、微信公众号、抖音号、B站号等，社交媒体已成为公众网络交流的主渠道，并不断有新的媒体形式产生。复合媒体即一站式应用平台，主要有微信、支付宝、QQ等；核心社会化媒体为重关系平台，包括交友、兴趣、新鲜事等；衍生社会化媒体为重内容平台，主要有影音娱乐、知识资讯、电商购物、网络游戏等。对国家和社会有保存价值的部分社交媒体文件的记忆属性毋庸置疑，而从增长规模与速度的角度出发，需要对档案记忆生成采取一定的内容与技术控制。

美国、英国、澳大利亚、加拿大等出台有专门的社交媒体管理计划或办法。如美国国家档案与文件署（NARA）制订有《社交媒体文件管

[①] 尼古拉斯·盖恩、戴维·比尔：《新媒介：关键概念》，刘君、周竞男译，复旦大学出版社，2015，第76页。

理指南》《白皮书：社交媒体文件捕获最佳实践》《社交媒体战略2017—2020》。2014年，英国国家档案馆制定《业务选择政策：英国中央政府的网络资产》，社交媒体文件依照一定的规范标准归档建立英国网络档案馆。2016年，美国白宫发布《数字移交：如何在社交媒体时代实现总统过渡》，规划实施总统奥巴马任期内的社交媒体归档保存问题①。澳大利亚国家档案馆发布保存与获取澳大利亚网络文件资源（PANDROA）项目，制订有《社交媒体文件：联邦文件的另一种形式》《政府机构使用社交媒体政策》②。2019年，美国国家档案与文件署发布《通用的电子文件管理现代化方案——以社交媒体为例》，构建起一整套业务流程与框架体系（简称"ERM-FIBF"），贯穿社交媒体文件从捕获、保管和利用、处置到移交四大环节，为机构实施社交媒体管理提供了参考范例③。值得注意的是，各国的档案实践强调不仅要归档文件，还要考虑开放访问、在线利用。

新媒体时代的一个重要特征就是社交媒体的普遍应用。以持续生产国家数字资源的政务新媒体为例，截至2022年12月，官方政务机构微博数达14.5万个，政务微信小程序有9.5万个，同比增长20%④。社交媒体文件转化为档案记忆也已纳入我国档案工作实践现实日程。前述的《政府网站网页归档指南》已有一定参考意义。全国档案事业发展规划在社交媒体归档方面已显现出深化实践的要求，"十三五"规划提出要探索重要网页归档和社交媒体归档；"十四五"规划则进一步要求拓展档案资源收集范围，鼓励开展新媒体信息的采集。这意味着新媒体信息作为国家档案资源体系的有机组成已得到关注，并实质性展开新媒体档

---

① 张江珊：《美国社交媒体记录捕获归档的思考》，《档案学研究》2016年第4期。
② 高晨翔、黄新荣：《国外社交媒体文件归档的政策研究》，《图书馆》2017年第7期。
③ 周文泓、黄小宇、田欣：《美国政务社交媒体文件管理政策体系的构建进展及其启示》，《档案与建设》2021年第4期。
④ 中国互联网络信息中心（CNNIC）：《第51次〈中国互联网络发展状况统计报告〉》，https://www.cnnic.net.cn/n4/2023/0303/c88-10757.html，访问日期：2023年5月10日。

案记忆的积累。由此，这些潜在的档案记忆有望汇聚到可调取检索的庞大档案记忆库。传统文件沿袭一种线性生产模式，以存入库房或存储器为清晰归档界限。社交媒体文件打破了这一界限，其多媒体交互、超文本链接特性，使其在归档后仍有如有机生命体一般在新媒体空间继续存在，甚至因需修改更新，实时更新版本。社交媒体内容的数字档案记忆持续增长，成为新媒体时代档案记忆生成的重要特征。

三、个体档案记忆的显现

随着社会的发展进步和自我意识的提升，公众以更为积极、主动的态度直接参与档案记忆生产，推动"大众书写历史"。新媒体的开放共享也助推个体档案记忆的累积性生成，将诸多见证时代变迁和个体命运沉浮的细微、碎片化记忆融汇一体，如家庭记忆、抗战记忆、乡村记忆、知青记忆等。国外档案馆、图书馆、博物馆等参与实施的诸多记忆项目，如美国记忆、新加坡记忆、荷兰记忆、飓风数字记忆银行等，普遍关注个体档案记忆的价值，提供了公众参与档案记忆生成的渠道与入口，鼓励公众参与档案著录、个人档案资源上传、讲述个人故事等。采用众包模式进行历史档案的在线创建、注释和分享，成为面向公众社会化参与的档案记忆项目的成功要素之一。公众还可直接参与官方档案记忆的传播。如国家档案局网站的国家开放档案信息资源共享利用系统，可通过一键式分享，将检索出的档案数字化文本实时发布到贴吧、QQ空间、微博、微信、人人网等多个社交媒体或网站。我国各类"接地气"的民间档案记忆项目也取得共鸣。山东省青岛市档案馆网站设有"照片银行"栏目，鼓励公众参与上传、考证照片。近些年浙江、天津等地档案部门注重采集的方言档案，也有民间档案记忆的身影。国家语委的语言资源工程网站提供了在线上传板块和"家乡话"App。这种积累体现了档案记忆的社会化众筹模式，通过进一步资源整合，将形成方言档案记忆的规模化、系统化生成，并推进个体记忆向集体记忆的转化。

新媒体对个体记忆的关注与扩散，也使个体档案记忆成为重要内容。网上引发舆情发酵的新媒体事件直接影响和倒逼现实的事件进程，具有典型意义。这些散布于网络空间的数字记忆文本形式，如不及时加以捕获和归档留存，可能因各种人为或技术等因素从数字记忆中淡化、移除，导致社会"失忆"。在个体档案记忆的内容叙事过程中，隐藏在集体心理背后的思想、态度、情感、印象等，通过文本或其他形式加以显现，具有叩问人心的力量。如档案部门对恢复高考档案资料的征集，从教育记忆史的角度，饱含人生细节、经验与情感的个体记忆对于理解中国高等教育改革的复杂性具有特殊意义，在个体档案记忆的挖掘中，教育记忆"获得了视角的转换和对历史阐释的拓展"①。

在新媒体时代，不仅媒体传播模式发生变革，记忆书写权力也发生了转移。档案记忆所反映的社会变迁领域不断得到延伸，如新领域、新社群、边缘档案记忆。在新媒体语境下，即便具有内向性的档案记忆资源也在档案文化传播的大背景下，以更为公开透明的形象展示在公众面前，为个体档案记忆的生成提供了资源和条件。记忆与遗忘共存共生，社会结构的变迁、权力的更迭等都可能导致记忆被有意识忘却或消除。在档案记忆生成过程中，由记忆主体的多元表述产生的矛盾、冲突之处在所难免。现今，国家大力推进国家治理体系和治理能力现代化，在社会治理结构转变的背景下，民众自主表达的权力、意愿增强，更多民众"草根的记忆"进入公众视野，强化了档案记忆的个体叙事与话语表达功能。

---

① 李先军：《论历史记忆的"生产"与教育史学研究》，《教育史研究》2022年第2期。

第五章

记忆的再现：
档案记忆加工转型

> 过去并非能够直接记起的，而是取决于意识行为、想象重构和媒介展现。因此记忆的中心问题就是再现。
>
> ——（德）阿莱达·阿斯曼[①]

　　与记忆作为人类心理活动的机理类似，唯有通过再现或者回忆，社会记忆的再生产方可得以维持和延续。如何再现表现为档案记忆的不同形态，要进行必要的加工，加工实质上就要使"昔日重现"。档案记忆的生成与消费各执一端，加工成为由生产端向消费端偏移的关键环节。档案记忆加工立足于一定的社会情境框架，面向档案记忆消费者，体现为一种互动性的关系与对话，其加工方式与形态直接决定了档案记忆传播进而消费的形式，最终影响档案记忆接受与建构以至再生产的效果。新媒体时代与智媒时代不同以往的记忆表现形态和数字叙事模式，对档案记忆加工具有持久而深刻的影响。从构建共享记忆的目的出发，档案记忆的加工对象由档案史料转变为记忆资源，从传统文本向注重具身体验转变，以空间、影像生产为代表。这关系到如何提取各种档案记忆要素，并对其进行组合、展演，从而形成不同形态的档案记忆，直接关系到塑造何样的"记忆之场"。

[①] 阿斯特莉特·埃尔、冯亚琳：《文化记忆理论读本》，余传玲等译，北京大学出版社，2012，第117页。

第一节 档案记忆加工与社会记忆再生产

档案记忆加工属于社会记忆的主动建构，其最大特征是再生产的"再"字。它对于档案记忆如何以某种特定形态进入消费领域具有决定性作用，关乎档案记忆再生产的深度、范围和层次，推动档案记忆再生产参与促进社会记忆的再生产。

一、档案记忆加工的内容与类型

（一）档案记忆加工的内容

档案记忆加工既包括表现手段、展现方式等外在文本形式的加工，也包括档案记忆资源自身蕴含的记忆内容加工，以及档案记忆资源涉及的情感、价值、体验等的意义加工，内外兼修，有机统一，实现社会记忆的表征、再现与再生产。档案记忆文本形式、内容的加工已成为常态，意义加工值得重点关注，以实现意义的建构与再生产。

对于档案记忆加工而言，档案记忆的意义既是对象也是动力。意义包括三重含义：档案记忆文本生成者的原初意义，档案记忆加工者和消费者的建构意义，相互间存在叙述、诠释与理解的对话关系。档案记忆生成时的原初意义易随时空转移而变化或流失。加工的建构意义即意义的再生产（从生成、加工者的角度来看），包括旧意义的挖掘与新意义的赋予，体现为重寻原初意义、生成新意义的双向过程。"文本是依据不同形式、风格和读者身份的惯例来书写的。读者'怎样'感受文本是受到作品中的作者的'激发'的。"① 意义间距取决于档案记忆加工的诠释程度。档案记忆加工成果体现为记忆的客观化对象，通过这一客体化过程建构主体间的对象关系。档案记忆建构与主体的关联始终表现为互动性的关系。

这种意义始于作为历史活动的社会实践，有必要回归社会和历史本身理解和解释。理解是把握意义的前提，解释的生命力在于意义更新。意义具有多义性，意义建构不能随意主观，而是具有相对客观性。档案记忆可从历史、文化、社会三个向度理解。历史向度体现在与历史保持相对一致性的"再现"方面。尽管关于记忆与历史的关系存有认识分歧，但作为中介角度切入的档案记忆，其价值在于相对真实性与客观性。缺乏历史根基的意义犹如空中楼阁，容易空心化。即便对数字记忆存有易于失真的隐忧，"在记忆被数据化的时代，从记忆真实性的事实维度来看，数据的精确性与全面性增强着记忆的真实性"②。文化向度上的文化多元性为档案记忆的意义延展提供了多样可能。文化包括器物、制度、精神三个层面。"文化记忆"概念也反映出文化与记忆二者共生共荣的关系。档案记忆属于大的文化范畴，这一意义指向公平、正义、人文、价值立场。这一文化植根于传统，又处于动态更新中。社会向度是对社会发展复杂现实的具体回应。档案记忆的社会性意义回归个体本身，又通过个体化生产重新社会化。历史、文化与社会三大向度共同左右档案记忆加工方向，并在加工过程中趋向统一。档案记忆的意义扎根于历史，辐射未来；蕴含文化，历久弥新；源于社会，富有活力。通过意义的加工建构，档案记忆提供了照亮公众生活世界不可缺少的记忆光亮。

---

① 安东尼·吉登斯：《社会理论和现代社会学》，文军、赵勇译，社会科学文献出版社，2003，第114页。
② 闫宏秀：《数字时代的记忆构成》，《自然辩证法研究》2018年第4期。

（二）档案记忆加工的类型

对于与历史记忆密切相关的档案记忆，往往须借助一定的社会化媒介（如象征符号、仪式、空间、行为等）加以呈现和激发。档案记忆的加工类型具体有：一是文本形式加工，这是初始加工形式，包括档案文本的整理加工、档案的数据库生成、档案实体的保管修复、传统载体档案的数字化加工、为提供利用所作的各类档案加工，对应档案编研的一次加工如档案文本汇集等；二是内容加工，这是加工的主体形式，某种程度上可对应档案编研的二、三次加工，通过编修史志、资源开发等，以记忆文本化、书面化的形式将档案记忆加以固化、留存；三是空间生产，通过展览空间如档案展览、记忆展馆、陈列馆、文化展厅等生产现实的"记忆之场"；四是口头表达，尤其适用于本身即以口头语言形式保存的档案记忆，如艺术档案、方言语音档案等，对其中的曲艺、方言、民谣、民歌、口头文学等进行口头展演；五是仪式操演，对非遗、传统表演艺术、节庆民俗活动、礼仪与节庆等，通过建档保存和加工开发，使之具有可重演性；六是文化创意产品开发，提取档案记忆资源的特色基因开发各类文创产品，如出版物、动漫作品、纪念品、数字文创等。

（三）档案记忆加工与档案信息加工之比较

对档案记忆加工的考察不可避免与档案信息加工的比较与关联，二者有天然相通之处。如前文所述，档案记忆加工与档案信息、知识的加工既有同质的一面，也有异质的一面。与信息建构理论等同样强调信息背景与关系，信息文化也引起学者关注。记忆离不开媒体，媒体从传播角度即信息的编码、解码等。有学者认为集体记忆就是群体共享的"有关群体共同元素的结构化信息"[1]。二者在加工出发点、目的、方式等方

---

① 张庆园：《传播视野下的集体记忆建构：从传统社会到新媒体时代》，中国社会科学出版社，2016，第54页。

面都有所不同，体现出基于不同研究范式的视点转移。从目的上，由档案信息共享到社会记忆建构；从加工方式上，从关注档案信息资源的有序化组织，到从功能记忆的角度进行档案记忆的提取、展演、活化；从传播角度上，从档案信息的双向传播到档案记忆的共享与对话；从与人的关系角度上，由信息需求满足到指向人的全面发展。因此，档案记忆加工不仅在于改变其形态，更重要的在于通过将存储记忆转化为功能记忆，使之具有意义、情感、认同等再生产功能，体现出社会记忆建构的主动性。

二、档案记忆加工的记忆再生产性质

档案记忆加工是对档案记忆施加加工行为的过程。阿莱达·阿斯曼将社会记忆划分为存储记忆和功能记忆两类。存储记忆可视为记忆的生成形态，呈休眠状态；功能记忆则是"占为己有"的经过组织有序化的记忆。通过档案记忆加工，凝结、隐含于档案记忆资源中的社会记忆得以再现，从存储性记忆转化为功能性记忆。这是档案记忆的生成无法替代与开展的。社会记忆再生产流程包括唤起、重构、固化和刻写[1]。档案记忆加工作为更新性再生产活动，也体现出这一流程。档案记忆加工的过程也是实现档案记忆的提取、重构、展演的活化过程，既呈现出一种强化既有记忆的选择性生产，也表现为回应历史"失忆"的主动性生产，具有典型的社会记忆再生产性质。

首先是档案记忆的提取。档案记忆首先作为存储性记忆而存在，以物质性与精神性相统一的方式储存于实体库房或数字存储器。要将其从沉睡状态中唤醒、激活，须在特定情势下以适当的触发事件或行为来实

---

① 张凤阳：《政治哲学关键词》，江苏人民出版社，2006，第373页。

现。某种意义上，加工本身就是一种触发机制。如第二次世界大战后人们对战争创伤记忆、灾难记忆的纪念反思，引发了一系列包括口述历史档案记忆等的再生产行为，既使档案记忆得以"活化"，又让人们更加重视意义层面的阐释和更新。当档案记忆中所指代的客体已成历史，就需要意义的挖掘。同时，也唯有确立一定的意义，才能对未来的方向有所收缩和限制，否则面对浩如烟海的档案记忆资源，将会淹没其中，或无所适从，或难分轻重。遗忘的形成既可能因为记忆的失落或隐匿，也可能因为人们失去了在特定情形下将之提取出来的途径或能力。一定程度的鉴别有助于分类强化，亦可能导致部分未纳入的内容因受到忽略而愈加隐匿。

其次是档案记忆的重构。档案记忆提取后，须结合外界的理解与社会框架变化，加以必要的重组与诠释，并使之具有不同以往的内容结构与影响力。诠释即对档案记忆加工的内容进行解读，并赋予其意义的过程。"过去是由社会机制存储和解释的。""集体框架恰恰就是一些工具，集体记忆可用以重建关于过去的意象，在每一个时代，这个意象都是与社会的主导思想相一致的。"[1]不同时代着不同的社会主导思想，影响档案记忆加工的目标及方式，这使得档案记忆以不同重点、内容加以重构，形成档案记忆在当下情境的重新定位与组织。

最后是档案记忆的展演。档案记忆展演借鉴了"文化展演"的概念，即通过特定的媒体与方式将档案记忆以符合加工目的、消费需求的外在形态展示、演绎出来。展演相较于"传播"，"更具有动感性和直观性效果，也更符合现代传媒环境下社会记忆再生产的外形化、媒体化、可视化趋势"[2]。通过展演，档案记忆从沉睡状态被激活，从内隐状态显性化，

---

[1] 莫里斯·哈布瓦赫：《论集体记忆》，毕然、郭金华译，上海人民出版社，2002，第43页、第71页。

[2] 丁华东：《档案与社会记忆研究》，人民出版社，2016，第328页。

进而成为档案记忆再现的关键。从记忆传承与消费角度，档案记忆展演提供了档案记忆消费者感受、认知档案记忆的界面或桥梁。

三、档案记忆加工的记忆再生产功能

"在我们生活的不同时期，这些记忆依次不断地卷入到非常不同的观念系统当中，所以记忆失去了曾经拥有的形式和外表。"[①]档案记忆加工正是作用其中的重要机制之一。档案记忆加工与社会记忆的生产、建构、传递、消费均密切相关，具有典型的记忆再生产功能。

（一）档案记忆加工促进记忆资源集聚

形成资源的前提之一是要有一定规模与结构的数量积累。对于相对分散、无形、潜在的档案记忆资源，加工成为集聚档案记忆资源的主要方式，实现了档案记忆资源从散漫到形具、从无形到有形、从沉潜到外显的过程，社会记忆据此得以有效维系、传承。集聚基于特色而产生，社会记忆特色由政治、经济、文化、历史、地理等因素综合决定。以区域档案记忆资源为例，对于体现地方区域范畴的记忆，基于地域差别的本土性成为其最基本的特征。例如上海围绕老城厢、石库门形成的城市档案记忆，安徽徽州古村落的徽州档案记忆与粤闽侨乡的侨批档案记忆，差别之处在于它们各自独有的"海派文化""徽派文化""岭南文化"。经过围绕特定主题的加工，档案记忆资源实现一定程度的有序集聚、整合和深化，形成具有代表性、典型性、系统性的档案记忆加工成果，使得社会记忆的核心本土、群体特色得以彰显，化零散为系统。这不仅涉及技术层面的记忆资源组织，更涉及社会文化结构。正是从这一角度，扬·阿斯曼提出"文化记忆"的概念。尤

[①] 莫里斯·哈布瓦赫：《论集体记忆》，毕然、郭金华译，上海人民出版社，2002，第82页。

其在现代工业化、信息化和城市化进程中，人口流动和迁移加剧，社会风貌、社会结构、生态环境等受到不同程度的影响甚至被削弱，表现出同质化的倾向，原有的一些文化传统受到冲击，城乡精神空间和社会记忆资源大量流失。从整体社会记忆的角度，档案记忆加工有利于整合"记忆碎片"，弥补"记忆断层"。

（二）档案记忆加工推动社会记忆重构

社会记忆再生产意味着记忆生产过程的不断反复与扩大。档案记忆加工从反复的角度涉及对过去的选择，从更新的角度涉及对当下的重构。档案记忆加工实现记忆不断重复的同时，更具价值意义的结果实现了对社会记忆的再建构。档案记忆再生产之所以突出"再"字，体现出不同于以往的特点。最根本的就是通过对社会记忆不同层次、内容的多元化重构，生成以新内容、新结构、新形态为具体表现形式的"新"记忆。社会记忆由此保持历史传承性的同时，焕发出时代生命力。同时，档案记忆加工作为社会的映射与表达，影响当下，提供了诠释和理解的一种社会框架，促进了社会记忆结构的重塑。由于社会记忆的生产、传递要在一定的社会框架中进行，档案记忆加工在主旨、内容、形式等方面，也遵循体现社会框架的价值理念、观念制度、伦理规范。档案记忆加工即对档案记忆资源所蕴含的社会记忆进行选择、重组的重要一环，使处于休眠状态的社会记忆序化、重构，并内化为记忆主体的新记忆，从结构的角度发生社会记忆深度和意象的变化。档案记忆加工时采用的不同意义视角，直接决定社会记忆的类型及内在要素组合形式，以及不同功能效果。

（三）档案记忆加工实现社会记忆共享与传播

因"保证集体记忆传承的条件是社会交往及群体意识需要提取该记忆的延续性"[①]，从实践角度来看，档案记忆加工成为记忆主体提取记忆

---

① 莫里斯·哈布瓦赫：《论集体记忆》，毕然、郭金华译，上海人民出版社，2002，第58页。

客体的重要途径，也体现为一种社会交往的形式。档案记忆加工借助文字、语言、图像、影音、实物等不同符号表达，依据特定时空的社会框架尤其是当下的社会框架，达成对潜在记忆的唤醒、再现，并经主体的选择性认同，实现受众记忆的建构甚至重构，从而完成社会记忆从生成到再生产的过程。柏格森指出"它已经不再对我们表现（represent）我们的往日了，它表演（act）了我们的往日"[①]。这根本上体现为选择和塑造一种社会框架的过程，更关键的在于意义的建构，档案记忆加工也从既往对文本、内容的关注，指向内容背后的意义与记忆生产。由此，过去得以被召回到当下，并通过共享记忆达成当下与过去、未来的贯通。

（四）档案记忆加工确保了社会记忆的本真性

与人的记忆类似，社会记忆常因其与人主体密切相联，而被怀疑客观性、真实性，尤其当社会记忆存在失真、变形可能时。类似于对档案的真伪鉴定、内容考辨，档案记忆加工成为确保社会记忆本真性的重要保证。从确保社会记忆客观性角度出发，档案记忆加工虽具有一定的主观性，但并不意味着其客观性的必然削弱。事实上，档案记忆加工正是使其不断趋于客观的保证，并将其以适当的形式加以表达，而不改变其本质。从确保社会记忆真实性角度来看，档案记忆加工包括考证、核实，它是确保社会记忆真实提取、重现往昔的关键，反之可能导致社会记忆失真、变形。前文关于档案记忆真实性、客观性的相关表述，在档案记忆加工环节表现得更加突出。档案记忆作为社会本源性记忆之一，拥有独特的权威性、稀缺性。数字档案记忆同样是新媒体时代社会记忆、数字记忆的本源性记忆之一，依托公众对档案原始来源的信任，档案记忆加工进一步强化了记忆源头功能。

---

① 亨利·柏格森:《材料与记忆》，肖聿译，北京联合出版公司，2013，第65页。

第二节 加工目的：面向记忆共享

　　在新媒体时代，档案记忆生成的社会化趋势，以及不断扩大的档案开放利用平台，为档案记忆加工主体的社会化、多元化提供了条件。档案记忆加工主体不仅包括传统的各级各类档案机构，更包括其他记忆机构、研究机构等社会组织与个人。档案记忆加工主体需求成为最大的变化，直接表现在档案记忆加工目的从史学研究到共享记忆，进而要求将档案史料转为记忆资源。历史到记忆目标的转变，基于两者不同的范式差别。布罗斯曼（Brothman）就曾从"档案记忆"的概念出发，对档案工作者从历史和记忆两种视角加以区分，"历史档案工作者"专注于对过去的线性描述，"记忆档案工作者"旨在促进完整知识、社会认同和集体意识的形成①。不同的加工目标直接影响档案记忆筛选、重构、再现的方式与内容。

一、传统史学研究的记忆转向

　　历史与记忆密不可分。在古希腊神话中，记忆女神摩涅莫绪涅为历史女神克利俄之母。尤其当历史科学发展起来后，历史的理性与记忆的

---

① BROTHMAN B："The past that archives keep：memory，history and the preservation of archival records"，*Archivaria*，2001年第51期。

感性成分形成对照。新媒体时代对史料不单求证事实或细节，更注重一种群体的分享、共通的情感。既往对口述记忆的认可也出于这点考虑，当下的记忆经过"档案化"进入历史层面。

历史通常有两种含义。"它既指人类所经历的如此这般的过去，也指人们凭借人类过往活动所留下的遗迹，对那一过去所进行的编排、表述、解释和评价。"①20世纪下半叶史学研究出现了多种转向，其中在后现代主义思潮冲击下的记忆转向尤其令人瞩目，并以新文化史、新社会史等新史学的形式走向深化，口述历史等新的史学分支学科的孕育发展也体现了记忆范式的影响。美国史学家卡尔·贝克尔（Carl L.Becker）对何谓历史从记忆角度进行了浓缩式界定，"历史即所述和所为之记忆"，历史学体现为"社会记忆的人为拓展"②。当下的史学研究更加注重从历史文化遗产的挖掘和认同意义的角度切入，这在学界多项重大专题历史档案资源整理与研究项目中可见一斑。一些高校建有相关的历史研究中心或基地，从事专门的档案文献整理研究。

基于历史与记忆的深度关联，这一记忆转向无疑对以传统史料加工为主的档案记忆加工产生重大影响。当前最主要的变化在于档案记忆加工的目的从针对档案史料加工的史学研究转向传承建构社会记忆的共享记忆。共享记忆也离不开档案信息加工、档案知识加工所指向的信息共享、知识共享，但又从信息、知识层面拓展到社会层面，旨在构建一种共享的社会框架，强调对过去基于当下的重现与重构，这又离不开对历史的把握。在档案史料整理理论范式下，从史学研究的目的出发重在考证真伪，为历史研究提供"不掺水的史料"。以档案文献编纂公布为例，其主要内容在于以史学规范来对档案史料进行考订、加工、编排等，为

---

① 彭刚：《历史记忆与历史书写——史学理论视野下的"记忆的转向"》，《史学史研究》2014年第2期。

② BECKER C："Everyman his own historian"，*American Historical Review*，1932年第2期。

编史修志提供便利。原先体现历史发展变化的重大事件、活动等属于史学研究的主要关注对象，而注重传承的共享记忆着眼于一些体现历史发展延续性、贯穿时空，能与人的精神世界和生活体验相关联的社会记忆。由此，档案记忆加工不仅在于填补史实、考证历史事件，还在于凝聚共识、塑造认同、发挥人的主体性。如关于南京大屠杀的档案记忆几经沉浮，不断植入中华民族意识的深处，并转化为人类共同的创伤记忆。同一史实，不一般的定位，正缘于它在民族复兴语境下，产生不同于以往的特殊意义，演化为捍卫民族尊严与民族气节的重大象征。

二、从公共记忆到共享记忆

英国学者霍尔认为，"传播是意义生产和流转的过程，意义透过媒介的语言符号得以呈现"[1]。传播理论中"媒体的意义生产视角的出现"[2]值得关注。记忆"可以生产和再生产某种意义"[3]。媒体、记忆蕴含人与社会的关系，其所表征、传递的意义反映并作用于社会的深层结构。由此，档案记忆的意义再生产问题因媒体传播与记忆建构对意义的共所关注得以凸显，且随着新媒体的快速演进走向深入。从意义再生产出发，档案记忆加工不仅在于提取、活化、重组存储性档案记忆，使其延伸进入公共领域，更在于形成与确立群体的共享记忆。

"以史为鉴"体现的也是一种共享记忆。共享记忆是各类形态、各个群体共有的价值观念，具有深刻的社会文化背景，成为防止社会记忆断裂或失根的重要保证。社会记忆理论的发端与基点始于集体（或群

---

① 章辉：《伯明翰学派与媒介文化研究》，河南大学出版社，2016，第70页。

② 斯坦利·巴兰、丹尼斯·戴维斯：《大众传播理论：基础、争鸣与未来（第五版）》，曹书乐译，清华大学出版社，2014，第37页。

③ 刘亚秋：《从集体记忆到个体记忆——对社会记忆研究的一个反思》，《社会》2010年第5期。

体）的共享记忆。记忆之所以能在社会框架中组织起来，成为共享的集体（或群体）甚至社会记忆，主要在于其构成了群体赖以集聚与凝结的内在组成部分。关系的核心在于互动。个体记忆与群体记忆的互动重合处即共享记忆。共享记忆"通过设立制度（如建立档案），以及建立公共纪念设施（如设立纪念碑和为街道命名）等形式在人与人之间流动"①。共享记忆为档案记忆再生产提供了贯通性的、规范性的意义空间，起到弥补、黏合社会记忆断裂、分歧处的作用，确保档案记忆意义通过主客体内外关系的互动得以建构和再生产。对于社会记忆的传承，双方共享的记忆或经验范围越广，传递效果越佳。这归因于共享的档案记忆提供了一种自我与他者相互认知、互相理解的可能。

公共记忆与共享记忆既有区别又有联系。公共记忆"有地域、文化、组织、阶层、年龄、少数族群和民族等之别"，"通过不同层次的文化霸权，对不同的甚至互相对立的个体和集团的记忆，或利用、或弘扬、或篡改、或抹杀、或压抑"②。共享记忆面向社会群体内部，公共记忆面向公共生活与空间。档案记忆加工旨在建构公共记忆中的共享记忆。史学研究的目的类似于公共记忆。"任何社会秩序下的参与者必须具有一个共同的记忆。对于过去社会的记忆在何种程度上有分歧，其成员就在何种程度上不能共享经验或者设想。"③仅从史料角度出发，已无法满足一个共同体所需要的记忆需求。以南京大屠杀档案记忆为例，无论是外国友人的"拉贝日记"还是受害者证言证词，"它们最初都是个体记忆或亲历者的'共同记忆'，只有经过媒体再现、证言采集或纪念馆的收藏

---

① 阿维夏伊·玛格利特：《记忆的伦理》，贺海仁译，清华大学出版社，2015，第48—49页。
② 黄东兰：《岳飞庙：创造公共记忆的"场"》，载孙江《事件·记忆·叙述》，浙江人民出版社，2004，第173页。
③ 保罗·康纳顿：《社会如何记忆》，纳日碧力戈译，上海人民出版社，2002，第3页。

与展示，它们才有机会被一般公众接触，进而变成'共享记忆'"①。这种共享记忆的特征在于：有着共同的记忆框架，有着共同的群体特征。以红色档案记忆为例，红色档案叙事在媒体场域所生成的公共记忆，并不自然转化为以共享为特征的共同体记忆。红色记忆从公共记忆化为共同体记忆，离不开记忆的唤醒、激活、再现、流动、共享、凝固化。这一红色记忆活化过程也对应从红色记忆生成、加工到消费的红色记忆再生产循环。红色档案的记忆叙事推动活化共同体记忆，实现身份认同、价值观念等意义再生产，筑就记忆共同体。

共享记忆提供了群体和社会记忆得以理解、诠释与传承的框架。缺乏这一框架，时空的隔阂和疏离感就难以消除，就无法连通不同时空社会情境的间隔。以抗战档案记忆为例，不同共同体取向的档案记忆加工对于中国民众和日本民众产生的效应迥异，一大缘由就在于缺乏共享记忆，进而造成相互的隔阂。与理解档案记忆有关的记忆基础越多，共享记忆的空间越大，越有交集的可能。这类似于个体的心理图式，从不同的记忆框架出发，对于档案记忆有着不同的加工取向和消费解读。正如一千个人读《红楼梦》就有一千种感想。信息科学领域的意义建构理论也有类似的表述，情境、间距与个体需要一种桥梁。这一桥梁就是档案记忆加工，加工的目的在于构建一种意义的共享空间。档案记忆的生成情境定位于一定时空，消除这一情景间距需要共通的记忆空间，缺乏共同语言和交流话语的群体很难产生情感共鸣。

阿莱达·阿斯曼以"有人栖居的记忆"来比喻功能记忆，突出其"群体关联性、有选择性、价值联系和面向未来"②。档案记忆加工面向的

---

① 李红涛、黄顺铭：《记忆的纹理：媒介、创伤与南京大屠杀》，中国人民大学出版社，2017，第33页。
② 阿斯特莉特·埃尔、冯亚琳：《文化记忆理论读本》，余传玲等译，北京大学出版社，2012，第117页。

就是以共享记忆为核心的功能记忆。共享记忆最大的功能就是实现个体记忆与集体记忆的贯通，使个体记忆得以被感知与理解。共享记忆意味着一个群体的身份认同，打造共同体记忆，这是社会记忆赖以存在的基础和延续的动力。如红色家书档案，对家国的依恋与认同使档案背后的个体记忆更易被触及。个体可通过共享记忆达成自身的记忆认同，消解身份冲突，弥合记忆创伤。即便对一些特殊群体的个体记忆，如抗战老兵、慰安妇等，通过口述、影像等档案记忆的生成与加工，同样可转化为共享记忆。

新媒体的社区、分众传播有利于营建共享的记忆空间。这一空间具有开放性，其影响档案记忆的内化程度取决于其间的交互性和感受的深刻性。依托新媒体平台与资源，群体通过网络的联结更为便捷、动态、松散，却又有隐含的力量将一个个虚拟的网络社区维系起来。群体的扩充并不意味群体记忆的必然形成。这一共同体的建构依赖于公民文化并建构国民的共享记忆，尤其是通过对历史记忆进行政治刻写以强化国家认同。从"想象的共同体"出发，档案记忆有了广阔的加工建构空间。在建构共享记忆的过程中，关系、权力、认同也被再生产出来，成为维系社会结构、推进社会再生产的动力。当存在的社会前提不复存在时，就将向新的社会记忆框架迁移。

新媒体的流动性对认同的冲击、对共同体边界的模糊，使得共享记忆成为难点，难点在于群体的认同冲突与档案记忆的生产断裂之间的关系。一方面是强烈的自我认同和群体认同需求，另一面是缺乏具有凝聚性的共享档案记忆。档案记忆加工尤其是久远时期的人与事，之所以能让当代人感受到一种跨越时空的对话，归根结底原因在于建立了一个共通的理解框架和共享的价值观念，回答了群体如何凝聚这一问题。尘封的档案记忆获取了与当下连通的意义，也才有唤醒的可能和必要，进而继续刻写成绵延不绝的档案记忆。从这一角度，档案记忆加工的目的，不仅是史学研究，而是使之适应记忆传递，为群体塑造身份认同，并使之得以凝聚与维系。塑造共享记忆的关键在于两方面：其一，构成共享记忆的框架；其二，通往共享记忆的渠道。由此，人们开始挖掘共同的内容、价值观、理念，从史学研究的角度来看，人们重视新史料的发现；从共享记忆的角度来看，人们重视史料的再发现。

三、从传统档案史料到数字记忆资源

面向共享记忆，档案记忆加工的关键在于如何回到当下社会，将档案史料转化为档案记忆资源。在"档案"这一概念未出现之前，档案即"史料"，"治史即治档"，"史档不分家"。档案学的学科门类归属也可反映这一变化，档案学出现之初是历史学的附属学科，1998年起从历史学划转到管理学。强调史学研究，关注的是档案所记载的人、事、物等史实，以档案加工和史实考辨、历史叙事，实现历史记忆的建构，从中发现历史演变过程及规律，注重一种历史的普遍性与差异性。强调共享记忆，档案不仅是史料，更是一种记忆资源，同时将相关的记忆资源整合到一起，不仅关注其内容，更通过对档案内容的话语分析和文本选择，追寻史实背后的群体共享价值、观念、认同等，关注记忆的灵活性与共通性。这两种价值取向，决定了对待档案同一事物的差异性理解，这也符合学界对档案多元性的认识。

档案记忆着重于与当下的联系，重视与社会的深度关联。对档案史料的加工可能存在冷门和热门之分，而作为一种记忆资源则始终与当下相连，与特定群体相关。这涉及档案记忆在社会记忆框架中的定位。社会记忆框架规定了其思想与秩序，如主导或主流思想与边缘思想、记忆与反记忆等、主流群体与边缘群体等，涉及不同的结构。作为史料的档案，所蕴含的不仅有社会事实（或历史事实），还包括能够与集体记忆或社会记忆相贯通的记忆资源属性。档案记忆加工的记忆资源导向意味着将其与记忆相关的社会或个人情境，以及主体情感、价值、认同等相连。

将加工对象由档案史料扩展到记忆资源，有助于档案记忆价值功能的"再发现"。譬如重要档案文献遗产得以被列入世界或地区记忆名录，就在于其本身超越了"一凭一据"，是国家、民族的宝贵记忆资源。如中央档案馆选编的日本侵华战犯供词档案史料，白纸黑字，成为若干史实证据链一环的同时，还从抗战记忆视角成为激发公众民族认同的国家创伤记忆。新媒体时代，这些档案从史料证据扩展到档案记忆加工的对象性资源，有利于激活沉睡记忆、填补记忆空白，营建认同，使群体找回归属感，转化为当下的记忆。从共享记忆的角度出发，档案记忆资源的提取与组织方式显现出相应的变化。为给不同群体提供身份认同的根源感与归属感，档案记忆加工就要以记忆的共享框架或者说背景信息为加工重点，档案记忆生成背景信息的存储、组织与调取将得到更多关注。

第三节 加工主体：趋向多元协同

随着新媒体时代档案记忆生成、加工目的的变化，加工主体最突出的变化，体现在社会化和协同化两大方面。

一、加工主体社会化

在开放共享理念的引导下，国内外各类记忆工程为档案走向社会、公众参与加工档案记忆提供了途径，如威尼斯时光机项目、青岛记忆工程等。国家实施大数据战略，推进数据资源整合和开放共享，媒体融合也有望为档案部门提供从档案记忆资源发现、一站式生产、全媒体发布到智能化分析、分众化服务等功能。档案记忆的加工主体走向社会，数字档案资源的社会化开发已成为档案界的重要议题。借鉴新兴的公众史学的"六大分支"（公众历史书写、公众口述史学、公众影像史学、公众历史档案、公众文化遗产、通俗普及史学）[1]，档案记忆再生产可从个人生活史、口述历史档案记忆、影像档案记忆、历史档案记忆、文化遗产档案记忆、公众史学研究等几方面展开。

---

[1] 钱茂伟、焦润明、王旭东、杨艳秋：《人人都是历史的参与者——关于中国公众史学的对话》，《光明日报》2016年4月20日，第14版。

随着社会治理结构的转变，以市场为主导的社会力量可以引入其中，采用公共服务产品外包的形式进行招标公布。从深层次内容生产的角度来看，市场机制的引入势在必行。研究相关领域离不开专业知识与背景，在档案利用框架内的适当外包将极大助力档案记忆成果生产。既有实践也证明高品质的档案记忆成果往往汇聚多方主体力量。如青岛档案馆的微电影、中央档案馆和上海档案馆的微纪录片均有专业团队的参与。档案记忆资源作为珍贵的一手资源，考虑到档案公布面世的"首发效应"，精品式加工开发尤显必要。此外，还有各类研究机构、学者的参与。如上海大学的"上大记忆"网站，即依托国家社科基金重点项目发起，提供了公众参与上传、传播"上大故事"渠道。若加大档案实践机构与专家学者的合作力度，以资源为本，以学术为引领，有望生成有内涵、有层次的档案记忆成果，形成可复制、可推广的档案记忆再生产模式，取得更大的生产效应。如美国国家档案馆基金会就通过组织展览、社会教育等线上线下相结合的活动，提供非营利性的公益服务，以提升美国公众对国家档案文化遗产的认知与参与度。美国国家档案馆还专门成立了"社交媒体策略和生产团队"，将机构内外人员、资源等有效协调与整合，实现社交媒体项目的研发与推广[①]。档案部门在生产档案记忆的融媒体成果时可借鉴国内外、系统内外的有益经验，提升生产效率与水平。

二、加工主体协同化

档案记忆加工尽管趋向社会化，但随着加工主体的变化，也更为专

---

① 张江珊：《美国国家档案馆社交媒体策略发展的比较研究及启示》,《档案学研究》2018年4期，第117—122页。

业化，包括历史学、传播学等领域。档案记忆再生产受到公众史学的影响。从一些作品来看，如年表等有意识地采用规范的形式加以编排。对于新媒体，注重多种来源档案记忆资源的采集，体现为专家、学者等的共同参与，如方言档案的建档平台有研究机构参与，关于重大专题档案的挖掘有国家项目支持。对档案记忆内容的深度分析成为重点，这使得相关主体间协作化成为趋势，涉及的主体主要有以下几方面：

一是跨专业、跨系统、跨地域甚至跨国性的档案机构。这方面的协同呈深化之势，并更加注重成效。上海市档案局近年来与国家档案局、中央档案馆联合办展，成效明显。区域性跨地域协作不断向纵深发展。2014年，北京市、天津市、河北省档案局（馆）签订京津冀档案事业协同发展合作框架协议①。相关协作已延伸到基层档案部门，2023年5月，北京市通州区、天津市武清区、河北省廊坊市三地档案部门交流运河文化和红色文化等资源聚合与开发利用②。2016年，在第七届中国电子文件管理论坛上成立以档案部门为主体的社交媒体联盟。2019年，上海市档案局、江苏省档案局、浙江省档案局和安徽省档案局签署备忘录，推进长三角地区档案工作一体化协作，提出合作挖掘"红色文化""江南文化"档案资源③。在2022年12月召开的长三角地区档案工作座谈会上，三省一市档案部门深入探讨协同开展红色档案资源保护利用，会上启动"书信家国尺牍情深——弘扬伟大建党精神长三角档案联展"，展出70余

---

① 姜滢滢、陈聘、赵丽洁：《京津冀达成档案事业协同发展合作框架协议》，http://www.saac. gov.cn/daj/c100170/201806/3113af1fcdc64f47bb137f184527e16e.shtml，访问日期：2019年8月9日。
② 《京津冀三地档案部门 加强业务交流推动协同发展》，《中国档案报》2023年5月29日，第2版。
③ 胡正秋：《"沪苏浙皖"签署档案部门合作备忘录：长三角档案工作一体化全面提速》，http://www.archives.sh.cn/zxsd/201909/t20190905_44381.html，访问日期：2019年9月7日。

家档案及文博机构的170余本家书、日记等珍贵档案①。与新媒体相伴的大数据挖掘与分析，更加依赖云计算、云存储，对全国数字档案记忆资源总库的大数据开发更需要跨区域、跨行业、跨介质的协同。此外，还可考虑建立区域内档案记忆加工成果的汇聚平台、新媒体管理平台、智慧城市服务的合作平台。

二是图书馆、博物馆、纪念馆、文化馆等文化记忆机构。档案记忆加工的对象有些兼具多重属性，如流传于广东潮汕、福建闽南侨乡的"侨批档案"被列入"世界记忆名录"，散落于贵州水族村寨的"水书档案"亦被纳入"国家级非物质文化遗产"。中国档案文献遗产工程、国家口头与非物质文化遗产名录工程等都离不开档案、图书、文物等系统的跨系统、跨部门合作。2023年国家文物局、国家民族事务委员会印发《关于充分运用革命文物资源铸牢中华民族共同体意识的意见》，将该项工作纳入博物馆、纪念馆考评体系，强调对革命文献档案史料、革命先辈口述资料等的征集②。如进行相关档案记忆的再生产，常需要进行整合式生产，但相互之间仍存在一定的竞争关系。这也缘于档案的原始性、唯一性，一旦公布，就失去原创性，其新鲜度也就大打折扣。这也是各方竞相争夺有关档案记忆资源的缘故，对于有交集的部分更加强了相关的竞争与合作。档案、图书信息的整合资源开发模式有政府主导模式、联盟策略模式等③。

三是各类新闻媒体和宣传部门。首先是新媒体对于传媒机构的改

---

① 《凝心聚力　踔厉奋发　长三角地区档案工作座谈会在上海召开》，https://www.saac.gov.cn/daj/yaow/202212/0ad8276571474c42a06d28656a1246c7.shtml，访问日期：2023年4月20日。

② 《我国将全面开展革命文物资源调查和征集　用革命文物铸牢中华民族共同体意识》，https://www.beijing.gov.cn/ywdt/zybwdt/202306/t20230619_3137972.html，访问日期：2023年6月15日。

③ 姚向阳、贾建瑞、李洁：《档案图书信息资源共建共享的国内外发展探讨》，《档案学研究》2016年第4期。

变，媒体机构一方面更熟悉文化内容产业的生成机制和新闻传播规律，了解体制规则与政策方针，并拥有敏锐的信息捕捉能力与热点预测能力；另一方面，其在规划和运营过程中，已具备较为成熟的采编系统和平台，积累了较丰富的融媒体乃至智媒体产品生产经验。档案部门可以据此着力打造基于数字档案资源大数据的资源平台、智能生产和传播平台。如"跟着档案观上海"元宇宙数字人文产品，即由上海档案馆联合解放日报·上观新闻、黄浦区档案馆等单位共同呈现。目前，众多档案机构拥有自身的新媒体平台如微信公众号，有些还开发有专门的App小程序，有相对稳定的关注用户群。通过利用新媒体平台建立的网络关系，可加强不同主体、不同媒体或第三方平台间的合作，借助政务新媒体矩阵、社交媒体联盟等，吸引公众参与，加大传播力度。

四是私营组织等非政府机构或行业协会等民间团体。已有档案馆采用众筹模式即"大众参与、利用集体智慧和需求倒推的理念的一种资源开发模式"[①]的案例。甚至可考虑用政府购买服务方式开发数字档案记忆资源，借助社会力量提高开发层次与水平。就档案记忆加工而言，生成者、局外人的视角自然有其优势，但具有切身社会生活、心理体验的本土民众的主动式、参与式开发同样不能缺位。一些民间人士发起、志愿者参与的相关记忆项目值得关注。通过项目扶持、基金资助等多种形式，可吸引大专院校、企事业单位、科研院所、民间组织和个人等多方参与。档案记忆加工还可结合地方旅游、创意产业等，参与地方记忆整体性的项目开发，与社会传播、公众教育等各类文化活动相结合，实现更广层面的社会记忆传承。像红色档案记忆加工可与红色文旅、乡村文化振兴等结合。此外，新媒体提供了更多协作可能。如荷兰国家档案

---

① 陈忠海、常大伟：《众筹模式在档案馆档案信息资源开发中的应用研究》，《档案学通讯》2014年第6期。

馆与维基百科建立合作关系，上传的馆藏图片月浏览量逾千万人次；在"黑客马拉松"等活动中，寻求与网站开发者协同开发有关利用应用程序①。互联网的用户上传、协作式编辑、个性化标签、社会化标注等有望形成更多协作点。

---

① 艾琳·杰里茨:《"记忆宫殿"：荷兰历史馆藏的利用》，张宁、李飞燕译，《中国档案报》2016年2月21日，第3版。

第四节 加工形态：注重具身体验

在新媒体时代，档案记忆加工形态趋向视觉化，包括档案记忆文本、影像、纪念空间等在内的"记忆之场"，显现出以具身体验为特征的影像记忆、空间记忆等多元形态。对于不同语言、不同文化背景的档案记忆消费者而言，注重具身体验的档案记忆成果无疑具有更大吸引力和接受度。

一、从可视化到具身体验

从认知心理学和认识论的角度，人类有了感觉和思维才有记忆。诸多先哲从图像记忆角度探讨认知记忆和记忆再现。亚里士多德在《论灵魂》中提出"蜡板说"，认为心灵所思维的东西，如同一块未经写作的蜡板。英国近代哲学家洛克发展出"白板说"，认为人的心灵如同白板，一切观念和思想均源自后天经验。经验首先是感觉，视觉、听觉、触觉、嗅觉、味觉等人的各类感觉中，以视觉体验最为强烈和奇妙，视觉的冲击力非其他感觉可比拟。文字与语言作为抽象的符号表达系统，对事物、现场细节的呈现难以纤毫毕现。图像、影像因其实景再现，契合"眼见为实"的心理而备受青睐。相对于古人的口耳相传、结绳记事，文字的发明确实是跨时代的创举，人类文明的发展由此突破了自然脑力、眼力、听力等的限制，将记忆的时空延展开来。从社会记忆再生产角度来看，文字自发明起，就沿袭了视觉化传达的形式。当文字发明后，其与书写载体、书写材料乃至排版样式的多元化组合，构成了档案记忆的丰富形态。当声音尚无法转录至录音机、数码设备时，视觉的固化成为社会记忆文本化的最佳方式，包括平面图像或立体影像等。

人类媒体进化进程也显示出这一发展逻辑，并且趋向于日益丰富的视觉表达和具身体验。摄影、探测技术等的发展更将视觉体验放大至极致，不仅细微至原子、中子，更扩展至浩瀚宇宙。VR（虚拟现实）、AR（增强现实）、MR（混合现实）等技术充分提升了视觉体验。媒介环境论的代表人物、有"数字时代的麦克卢汉"之称的美国学者保罗·莱文森（Paul Levinson）认为，"媒介的人性化趋势进化可以被描述为一场媒介从最小化的编码和最大化的编码向最大化的编码和最小化的解码靠近的运动——也就是说，随着媒介变得越来越先进，它们所传递的信息需要感知者进行越来越少的解码（相应地，则需要制作者进行越来越多的编码）"[1]。当代电视、电影等传播媒介得以风靡大众的"密码"也可从中得以解释。新媒体尤其智媒体对受众视觉、听觉等具身体验的重视也体现出这一趋势的影响。图像、影像成为文字之外的重要内容，符合人类生理与心理适宜度的可视化方式成为优先选择。"我们的记忆已经不像在19世纪那样充满了故事和人物，而是充满了浮动的画面。"[2]新媒体的普及进一步强化社会记忆的视觉化趋势。

学者们对社会记忆的视觉化表达关注已久。德国艺术史学家阿比·瓦尔堡以图像揭示西方文明发展史，他将同一主题、不同时空的版

---

① 保罗·莱文森：《人类历程回放：媒介进化论》，邬建中译，南京师范大学出版社，2017，第9页。

② 阿莱达·阿斯曼：《回忆有多真实？》，载哈拉尔德·韦尔策《社会记忆：历史、回忆、传承》，季斌、王立君、白锡堃译，北京大学出版社，2007，第114—115页。

画、素描、照片、明信片、宣传画等各种表现形式组织编排在同一版
面上,将"社会记忆"的概念应用于20世纪20年代制作的《记忆女神
图集》(*Mnemosyne Atlas*),参见图5-1。瓦尔堡的图像史专注于社会环
境,记忆被镌刻在图书馆大门上方,艺术史的视角发生改变。英国史学
家彼得·伯克持有类似观点,"图像不能让我们直接进入社会的世界,
却可以让我们得知同时代的人如何看待那个世界,它们提供了无价的证
据"[①]。新媒体时代常与"读图时代"相关联,档案记忆的视觉化生成引
人瞩目。多地档案部门组织实施的城市记忆工程,就非常注重以影像的
形式记录城市变迁,甚至采用航拍、无人机拍摄等方式。这种档案记忆
生成形态的可视化尽管偏重技术层面,但其人文特性同样不可忽视。

图 5-1　瓦尔堡《记忆女神图集》局部 [②]

---

① 彼得·伯克:《图像证史》,杨豫译,北京大学出版社,2008,第269页。

② 蒋立言:《瓦尔堡诞辰150周年,当代艺术世界重新发现"悲怆公式"的价值》,http://wap.
art.ifeng.com/?action=content&app=system&contentid=2934407&controller=artmobile, 访问日
期:2018年2月12日。

二、影像生产

新媒体与影像艺术的快速演进带来深刻的影像变革，数字时代、影像时代已然兴起。影像生产成为考察影像志和社会记忆流变的文化田野。"包括摄影和电影以及电视在内的影像媒介，其最核心的特质在于记录和再现我们周围的世界。"[①]自诞生之日起，影像作为"现实之镜"就以其具象化的表意功能，成为与文字并驾齐驱的历史书写媒介。20世纪80年代末期，影像生产的发展与兴盛催生出历史学的又一分支学科——影像史学。美国历史学家海登·怀特（Hayden White）首创了"Historiophoty"这一概念。影像不仅成为社会记忆的载体，更成为社会记忆的内在有机组成，代表性地反映在媒体记忆领域。影像（声像）档案也成为档案"大家庭"中的重要一员。档案记忆生成面对的是一个视觉化、立体化的媒介世界。随着经济社会的快速发展，以及数字技术特别是影像采编技术的发展，影像生产已从早期主要由媒体机构垄断延伸成为公众生活日常，公众不仅是影像的受众，更成为影像的重要生成主体。数字影像的海量生成在丰富档案记忆生成、加工的同时，各类视频软件尤其是AI的运用也对影像记忆的真实可靠性形成潜在挑战，影像中的世界是否一定真实而没有虚幻成分？这是一个难以回避且值得深思的问题。

影像记忆加工历来是文化领域热点，近年来更是取得蓬勃发展。理解中国从乡土开始。随着现代化进程的快速演进，现代人对乡土的眷恋与想象成为记忆寻根的动力，新农村建设、乡村振兴则为乡村记忆赋予了新的时代内涵。例如中央电视台百集大型纪录片《记住乡愁》探寻

[①] 谢勤亮：《影像如何记忆——年鉴学派视野下的中国纪录片》，社会科学文献出版社，2012，第7页。

传统村落，2022年聚焦乡村振兴的空间全景声纪录片《乡·脉》开拍。当"乡愁"成为一种集体怀旧、社会情结，寄托乡愁情怀的乡村影像档案记忆则以乡村记忆的场景化、实景化展演，达成对乡村记忆的有效承载和传递。对于社会转型期中动态流逝变迁的社会记忆，影像表达成为档案记忆加工的重要方式，甚至于就此树立新的记忆视点即"影像档案记忆观"①。

档案记忆加工的影像成果类型是多样化的，大至专题纪录片，小至一部微电影、一段短视频。前者如深层次影像成果经电视、电影、网络等媒体传播，能凸显时代纵深感和历史厚重感；后者如影像"微"成果可结合社交媒体发布，并借助其评论、转发功能，强化其公众亲和力和传播力，将档案记忆的展演效应辐射放大。中央档案馆、国家档案局摄制的大型文献纪录片《中国近现代史影像纪实》，全片长达3000集，每集10分钟，创当时国内历史纪录片规模之最②。这类影像成果因自成系列、短小相宜，很适合以微视频形式发布。随着媒体融合的深入进行，网络视频异军突起。视听智媒体已然浮现，视频成为新媒体时代的重要新文本。截至2023年6月，中国网络视频（含短视频）用户规模达10.44亿，占整体网民的96.8%③。微博、抖音、快手、哔哩哔哩成为影响力居前的四大平台。以算法为传播底层逻辑的短视频媒体发展生态势必对档案记忆加工产生重要影响。

微视频的制作与发布要适应新媒体受众的消费习惯与爱好，时长少至数分钟乃至几秒。档案部门已有成功案例。2014年起，青岛市档案

---

① 赵爱国、刘磊：《从"没有记忆的镜子"看档案记忆观》，《档案学通讯》2014年第1期。

② 刘阳：《大型纪录片〈中国近现代影像史〉在京研讨》，http://culture.people.com.cn/n/2013/0915/c1013-22926389.html，访问日期：2018年9月15日。

③ 中国互联网络信息中心（CNNIC）：《第52次〈中国互联网络发展状况统计报告〉》，https://www.cnnic.net.cn/NMediaFile/2023/0908/MAIN1694151810549M3LV0UWOAV.pdf，访问日期：2023年11月10日。

局（馆）先后摄制微电影《寻找逝去的记忆》《历史无言》，讲述青岛历史、劳工历史等，其艺术化的表现手法具有很强感染力。2016年，上海市档案局（馆）制作微纪录片《上海记忆：他们在这里改变中国》，取得良好社会影响。中国共产党百年之际，国家档案局专门征集评选微视频，如以"凝百年之辉，筑兰台之梦"为主题的中国共产党100周年微视频征集活动，获奖的100部优秀作品类型包括档案故事类、档案工作类、建设项目类、脱贫攻坚类、防疫抗疫类[①]。此外，中央档案馆还联合中央人民广播电视总台新闻新媒体中心，制作了11个系列的百集微纪录片《红色档案——走进中央档案馆》，它成为红色档案记忆的压轴力作。

除了档案机构，影像档案记忆的生产与加工也吸引了多个社会部门的参与，还有许多社会有识之士开始将影像记忆的视角投射到变迁中的社会。面对记忆各方积极主动地走向社会，在档案记忆加工过程中，档案部门应大力开拓途径与渠道，深化影像档案记忆资源建设与成果的影像化加工。尽管现实中存在影像弱化文字书写记忆深度的隐患，但总体无碍于档案记忆加工沿着这一路径前行，达成对社会转型变迁的鲜活影像记忆。

三、空间生产

时间与空间作为记忆的核心，吸引了亚里士多德、柏拉图等诸多先哲的目光，记忆哲学从此维度展开。古希腊的记忆术即以空间想象为基础。社会记忆同样离不开空间，具有鲜明的空间或地域指向性。20世纪60年代起，人文社科研究领域还出现了"空间转向"这一重要变化。空

[①]《建党百年档案系统主题微视频》，https://www.saac.gov.cn/daj/jdbndaxtwsp/ztmb.shtml，访问日期：2023年3月10日。

间突破了地理意义上的空间范畴，扩展为社会关系的空间概念。法国马克思主义哲学批判家亨利·列斐伏尔（Henri Lefebvre）在空间研究领域深有建树，在《空间的生产》这一名著中，从空间与社会生产角度，将空间生产划分为物理性、精神性和社会性的三元表达形态。新媒体下的数字空间存在不同社群间的记忆斗争。大至国家、民族之间的争端与冲突；小至个人，如口述记忆引发的谬误与质疑。共同体的区隔就在于一定的界限。哈布瓦赫从家庭、阶级、宗教等角度分析集体记忆，从社会学角度，社群赖以划分和认定的界限多种多样，其中一大界限体现为空间关系。

对于空间记忆，早期的隐喻如奥古斯丁在《忏悔录》中描述的"记忆宫殿""记忆仓库"，后期如皮埃尔·诺拉的"记忆之场"。诺拉的《记忆之场》三部曲主题之庞杂，也反映出"记忆之场"概念的内涵丰富性。第一部《共和国》（1984年）由象征、纪念性建筑物、教育、纪念活动和反记忆五大主题组成；第二部《民族》（1986年）包括"遗产、史学编纂、风景""领土、国家、遗产""荣耀、词语"三卷；第三部《复数的法兰西》（1992年）包括"冲突与分割""传统""从档案到标志"三卷[①]。诺拉指出，"记忆的内在体验越是薄弱，它就越是需要外部支撑和存在的有形标志物"[②]，如非为了纪念，这些承载了记忆的历史遗迹将不复存在。就此而言，对应列斐伏尔空间生产的物质、精神、社会三元形态，物质、功能、意义这三重维度构成了空间场所与认同的关联。

档案记忆加工也可结合这一思路考察。档案记忆加工形态的空间化意图使受众置身其中。记忆空间生产对于档案记忆加工而言，集物质空

---

① 孙江：《皮埃尔·诺拉及其〈记忆之场〉》，载皮埃尔·诺拉：《记忆之场：法国国民意识的文化社会史》，黄红艳等译，南京大学出版社，2015，第3页（序言）。
② 皮埃尔·诺拉：《记忆与历史之间：场所问题》，黄红艳译，载皮埃尔·诺拉：《记忆之场：法国国民意识的文化社会史》，黄红艳等译，南京大学出版社，2015，第12页。

间与精神空间于一体，融汇主体具身体验与价值认同。这种空间既是物理空间，更作为一种意义空间而存在，是社会关系的投射与凝结，体现为各种社会关系运作的结果，注重空间与人的联系，强调具身体验与价值认同。社会在生产空间的同时，空间也在积极能动地塑造和建构社会。档案记忆之所以定位于中介角度，就在于其在传承转换的基础上，能获得跨越时空的效应。民族国家的认同和合法性在新媒体时代面临一系列挑战。新媒体时代强调一种关系的联结。从记忆空间出发，不仅可以从事件、主题等角度，更可以从人与人的关系角度重新审视档案记忆的加工，如乡村记忆、城市记忆等与村民、市民紧密联系的区域性、地方性群体记忆。

纪念仪式与纪念空间对社会记忆再生产的作用已被学者们关注。有虚拟空间或数字空间之称的新媒体，通过多媒体技术、网络技术等的运用，可将各类不同形式的档案记忆资源加以组织，实现图文音像的有机结合，形成独具特色的档案记忆空间。以纪念性活动为例，特定专题纪念网站实现了新的记忆空间的生产。空间化使得展演的媒体丰富多样，尤其令人关注的就是能够触及受众记忆情感、价值观的象征符号。像开创意识流写作的法国作家普鲁斯特著有《追忆似水年华》，书中一个"玛格莱娜"小点心就勾起了如絮的多层记忆。新媒体时代网络展览还有VR技术、添加附注功能等，强化了沉浸感。档案记忆作为一种符号，其历史意义得以空间化的形式表征、再现。

与记忆的空间化对应的有传统意义上的地方化。在档案记忆加工中，地方性特征具有显著影响，档案记忆的结构常因地缘引发。地方档案记忆所指向的"地方"属区域性概念，在区划上表现为行政区域，在地理上体现为城市、乡村等某一地域空间，或者山区、丘陵、平原、水乡、草原、海岛等不同类型。此外，"区域"还可从文化地理或历史地理概念角度来理解。世界文化遗产重要形式之一的线性文化遗产，即集聚于线形或带状区域内的文化遗产族群，如散布于"丝绸之路""茶马古道""大运河"等文化线路的城镇、村落。现代民族国家的发展，使地理边界随着行政区划的调整处于动态变更中，但整体上基本稳定归属于一个小的地方或大的地域。档案记忆加工的对象、范围与效果具有典型的地方性特征。地方性对于地方民众的影响不容小觑。这种地方化在现代传媒中体现为各种地方媒体或社区报等。在网站上体现为各种地方网站、论坛、公众号等，为地方民众提供与地方记忆直通的空间。这也可解释社区报的长盛不衰就源于基于社区的社群认同。

空间化不仅制造了地理区隔，而且划分了一种心理和意识边界。地方身份归属和认同基于地理和心理空间的有形与无形边界。典型如客家文化，较纯粹地保留了原有的风俗习惯等。相关的档案记忆不仅与地理有关，更与这种跨越地理边界的想象认同有关。一些档案记忆资源之所以独树一帜，甚至被列入文化遗产、记忆工程，在于其相对完整、独立地体现了一定地域特色的社会记忆。由此，档案记忆可为普通民众提供地方感和地方记忆。地方感反映的就是人们源于情感、记忆、体验等对地方形成的一种依恋性，外化表现为浓淡不一的乡愁。"一方水土养一方人"，每个地方都具有特色的本土文化，新媒体时代尤为珍贵，档案记忆加工不可能遵循同一模式或框架，最根本的是要着眼于本土特色和乡土基因，保持档案记忆主旨。

记忆离不开时间、空间和叙事。利科指出："建造行为在同通过情节构造活动对时间进行塑形的建构行为相同的层次上强调了一种可理解性。'被叙述'的时间与'被建造'的空间之间既存在许多相似性，又相互影响。"①档案记忆空间的建立，重要的传统形式之一即档案展览、

---

① 保罗·利科：《记忆，历史，遗忘》，李彦岑、陈颖译，华东师范大学出版社，2018，第192—193页。

陈列馆等，通过围绕限定时段的特定主题，以时为序，对有关文本、实物、影像进行有机组合，以展厅或展板将时间进程转化为空间分布，"在这个空间（注：指回忆空间）里记忆被建构、被彰显、被习得"①。如当前城乡均存在物理和精神空间大量流失的现象，公众原先生活依存的记忆空间空洞化，通过空间记忆或一种拟景的存在，可实现对既往社会记忆的重现和复活。展览作为常规档案记忆加工成果，因其生动形象、空间灵活等特点而备受青睐。新媒体时代互联网在线展览等大有可为。

以网上档案展览为例，通过整体风格、文本、配乐、解说词等的综合运用，营建出一个虚拟空间，参观者在此进行网上漫游和"驻足"浏览。通过网络的读屏软件，老人、盲人等视力障碍者、弱势群体，可实现无障碍读屏和跨时空的网上浏览，这就有望吸引比现场展览更广阔的受众群体。此外，还可创建一个集成化的移动展示终端，采用手机App进行定位展板、展馆导览、展品解说、互动多媒体体验、用户在线评论等。新媒体带来的数字展览有可能对传统展览进行重新定义，甚至产生对传统方式的"颠覆"，从观展再到听展再到评展，甚至参与设计展览。线上、线下展览融为一体，将线下用户引导到线上，将线上用户引导入实体展馆，并使其持续关注与互动。从提升参与体验感的角度来看，网上在线展览可参考网上数字博物馆建设。档案机构珍品众多，档案记忆的数字展览等可借鉴数字文博领域在消费者体验方面的优势，对列入各级记忆名录的档案珍品进行深度挖掘与加工，这有利于提升档案记忆的文化内涵和对新媒体用户的吸引力。

---

① 阿莱达·阿斯曼：《回忆空间：文化记忆的形式和变迁》，潘璐译，北京大学出版社，2016，第44页。

第五节 记忆加工方式：融汇数字叙事

"理解事物如何得到表达对理解那些被表达的事物是不可或缺的。"[①]
新媒体时代档案记忆加工在传统方式基础上，融入了新的元素、理念和
方法工具，数字化、叙事化、创意化以及数字叙事的融合加工成为其中
的主要变化，这也与档案记忆加工形态可视化的变化相呼应。

一、档案记忆的数字化加工

新媒体时代档案记忆文本的数字化更为便捷，不同形态的档案记忆
文本由此取得共通的渠道，突破了物质载体界限，开始为信息流、记忆
场所替代。"网络化逻辑的扩散实质性地改变了生产、经验、权力、文
化过程中的操作和结果。"[②]面对新媒体浪潮的冲击，档案记忆内容和意
义的生产跨介质、跨界域融合，重组加工更为高效便捷，且趋于动态
化，依据特定主题聚合。

档案记忆的数字化加工主要有两种形式。一是数据库形式。根据不

---

① 约翰·R.霍尔、玛丽·乔·尼兹：《文化：社会学的视野》，周晓虹、徐彬译，商务印书
馆，2009，第77页。
② 曼纽尔·卡斯特：《网络社会的崛起》，夏铸九、王志弘译，社会科学文献出版社，2006，
第214页。

同主题、内容进行建设和关联。这既是档案记忆资源共享的一种形式，也是营建共享记忆的重要方式。新媒体时代档案记忆更多生成于数字空间，其流转与利用内嵌于业务系统和新媒体平台的运行之中。大数据与人工智能、数据管理的发展使档案记忆的生成更为便捷，可以通过跨库检索实现档案记忆的提取、激活，加工生成特定专题性的档案记忆文本和内容的集合。这一方式对于数量浩瀚、种类繁多、主题多样的红色档案尤为必要和可行，可根据红色记忆的内在逻辑与精神谱系脉络关联，以专题数据库形式对相关红色记忆资源加以组织、聚合。2021年，上海市档案局制定《关于加强红色档案资源保护和利用工作的意见》，提出建设全市统一的红色档案资源数据库。其他如辽宁、新疆等多个省份、自治区也开展了红色档案资源调查，建立红色档案资源名录和数据库。二是数字化档案记忆成果，针对新媒体的不同特点，以不同形式、角度实现档案记忆再现、传递。如以作为档案记忆成果的出版物为例，新媒体时代同样面临智能化发展。2022年，中共中央宣传部颁布《关于推动出版深度融合发展的实施意见》，要求"创新内容呈现传播方式"，其中包括"加强全媒体运营推广"[1]。新媒体时代的互动式、场景式传播将为数字出版深度融合发展提供环境支持。智能出版呈现出多种媒体融合态势，包括实时型、伴生型、交互型、联动型等[2]。这对档案记忆成果提出启示与要求。

历史与档案记忆密不可分，历史数字化"从对象角度看，意味着历史事实的数字化；从体验角度看，意味着历史主体体验的建构"[3]。从主

---

[1] 《中共中央宣传部印发〈关于推动出版深度融合发展的实施意见〉的通知》，https://www.sohu.com/a/541346841_121106854，访问日期：2023年3月20日。

[2] 王武林、王一宁、王雅梦：《中国智能出版发展报告》，载漆亚林主编《智能媒体发展报告2021—2022》，中国社会科学出版社，2022，第219页。

[3] 杨庆峰：《历史数字化：认知与记忆》，《江海学刊》2017年第2期。

体体验的角度来看，新媒体时代档案记忆数字化面向群体、注重交互、强调体验、趋向融合，有着特殊的优势。加工连接档案记忆生成与消费的两端，上述变化直接影响档案记忆的加工，并成为加工转型的方向。档案记忆的数字化从对象、方法两方面展开，实现对社会记忆的数字化表征、传达，对当代社会记忆建构存在重大影响。

新媒体时代档案记忆加工具有典型的数字化特点，档案记忆的提取、重构与展演对新媒体平台、资源、技术的依赖，使其更倾向于以在线加工的形式进行加工，甚至可实现从文本形式到内容的全流程数字化加工，包括复制、转录、迁移等，在数字环境中直接形成数字档案记忆文本。新媒体丰富的数字表达手段、简便的数字模板生成步骤、即时可见的数字生成效果、便捷的数字传播方式，使得档案记忆的加工具有个性化的优势。此外，对档案记忆内容的深度加工将成未来的亮点。联合国教科文组织世界记忆项目国际咨询委员会副主席洛塔尔·乔丹认为，应通过对文献遗产添加注释的形式进行文献内容网络化利用[①]。2023年文化和旅游部、北京大学和抖音集团签约合作中华古籍的智慧化整理服务。可以预见，2022年抖音集团与北大数字人文中心合作开发的App"识典古籍"将会进一步深化内涵。这些项目对于档案记忆加工同样具有启示，并有助于深化对档案记忆内容、意义的深层理解。

在新媒体时代，媒体处于数字化浪潮前沿。档案机构还面临从数字档案馆向智慧档案馆转变的现状，"智能"与"智慧"仅一字之差，却蕴含着发展理念的差异。尽管依托数字档案记忆资源的智能与智慧生产尚在探索期，但智慧档案馆终将随智慧城市共同发展，并直接影响档案记忆再生产全过程。在线智慧加工空间广阔，早在2018年，国家档案

---

① 洛塔尔·乔丹：《世界记忆项目和文献遗产的教育与研究》，姜楠译，《中国档案报》2018年12月13日，第3版。

局与科大讯飞就共建了"人工智能"档案联合实验室①。当下，人工智能技术主要应用于档案数据化、档案分类与划控、档案影像修复着色、智能安防等方面②。此外，传媒领域的数字化加工方式也可提供有益借鉴。如人工智能技术支持的机器人写稿在传媒领域已不再少见。通过数据采集、分析与发布，稿件撰写发布的速度与质量令人欣喜。如2018年新华社运行了中国首个短视频智能生产平台——"媒体大脑·MAGIC短视频智能生产平台"，嵌合了MGC（机器生产内容）与AI，仅用15秒就从5亿网页中提取出首条2018年两会MGC视频新闻③。目前机器人写稿虽主要应用于财经、体育等易于进行大数据分析、模块化呈现的新闻生产，但其应用前景值得关注。

二、档案记忆的叙事化加工

对于记忆主体而言，记忆再生产过程"本质上就是一个语言符号的建构和叙事过程"④，叙事是记忆再生产的核心一环。从马克思主义精神生产视角出发，档案记忆加工的叙事逻辑实质体现为档案记忆的再生产机制，同时也指向档案记忆所蕴含的文化基因传承机制。洛朗·理查林认为，"叙事既是一种推理模式，也是一种表达模式。人们可以通过叙事'理解世界'，也可以通过叙事'讲述世界'"⑤。由此，叙事建立起自

---

① 冯丽伟：《国家档案局科研所与科大讯飞签署协议》，http://www.saac.gov.cn/daj/yaow/201805/0a0ddc60fb0940999f3176afef21c291.shtml，访问日期：2018年11月5日。
② 《加快人工智能技术在档案管理工作中的应用》，《中国档案报》2021年1月14日，第3版。
③ 李仁虎、毛伟：《从"AI合成主播"和"媒体大脑"看新华社融合创新发展》，《中国记者》2019年第8期。
④ 赵静蓉：《文化记忆与符号叙事：从符号学的视角看记忆的真实性》，《暨南学报（哲学社会科学版）》2013年第5期。
⑤ 阿瑟·阿萨·伯格：《通俗文化的媒介和日常生活中的叙事》，姚媛译，南京大学出版社，2002，第10页。

我与他者、个体与世界、事物与意义的关联，促进"自我"的形成和认同的建构。

从经典叙事理论出发，叙事由"故事"和"话语"两部分组成，分别对应讲故事和如何讲故事（即讲故事的方式）。档案记忆的加工形式可理解为"话语"，档案记忆加工的重心在于对档案记忆内容即"故事"的挖掘与铺陈。叙事的文本、内容、话语、结构直接关系文本阐释、加工形态和意义的建构，包括从记忆生产者的解释到记忆消费者的理解，记忆主体丰富的生命情感体验逐步实现与抽象历史文化结构的融通。这也体现了档案记忆叙事的记忆再生产逻辑。人们正是在内容与话语的分析中，通过叙事回望历史，进而理解社会。当代意识形态领域和文化场域中的各种叙事冲突与话语竞争，反映出记忆权力的争夺与冲突、记忆本身的流失与变形等。当前党和国家更是在多个层面强调要讲好中国故事、传播好中国声音，这给新时代新语境讲好档案故事提出战略任务与时代使命。档案记忆加工的叙事化转型有待深入和强化。

（一）叙事框架：共同体叙事

叙事化加工关键在于要引入当下。故事或叙事使社会记忆得以沉淀。如人类学家考察神话故事发现，流传千年之久的神话故事，都有一定的叙事模式与框架，并影响当下的意义。没有一定的叙事框架，只能是断简残篇的顺次编排，既难以明确其中的逻辑关联，更无法再现其中社会、历史与人的关系的意义关联。纪念性档案记忆内容的加工就是记忆叙事的一个重要方面，往往以历史重大事件为依托，将历史场景作为主要的叙事线索，与当下的新思考、新见解与新情况相结合。如围绕中国共产党成立百年等重大纪念活动，组织叙事框架，一系列微中观层面的档案记忆叙事在此框架下得以展开和细化。这种叙事框架也体现了记忆的框架。依据哈布瓦赫的集体记忆理论，记忆需要社会框架，遗忘缘于框架的消失或变形。某种程度上，档案记忆加工成果在形式、内容上都显现出一种意义框架。

新媒体时代催生了新的记忆资源和记忆生产方式，如何将其与已有的资源贯通起来，建立其与现实文化–社会结构的关系，成为档案记忆加工的转型方向之一。与主体深层心理图式的呼应程度很大程度上取决于如何叙事，这催生了档案记忆的深层次加工和相应的故事扩散机制。一些档案微信公众号文章阅读量达10万以上，相当程度上归功于采用了叙事化的加工形式，既有历史变革、家国情怀等宏大叙事，也有名人轶事、市井生活等个体叙事。这提示我们：讲什么样的故事成为档案记忆加工的关键。这引申出档案记忆资源的加工机制事实上也包含一种故事的生产机制。档案记忆加工的叙事，突破了简单的事实呈现，体现为意义的阐释和再生产过程，通过对社会记忆内容的不同选择、组织，产生符合主体设定框架的意义。

（二）档案记忆加工叙事的多维化

与档案记忆的生成转型相对应，新媒体时代档案记忆加工可从群体记忆和个体记忆两个层面展开，并且互有交织。前者可避免记忆碎片化，后者可凸显人本化。个体记忆处于群体记忆框架中，"它被镶嵌在个人从中获得身份的那些群体的故事中"。[①]这对理解个体记忆如何上升为群体记忆，具有价值观的意义。

一方面，群体记忆的叙事。新媒体时代社会结构、治理方式、媒体生态、文化形态等的深刻转型变化，对档案记忆的生成产生本源性影响。社会转型期新的社会元素不断涌现，更多反映社会新领域、私人空间、隐蔽角落的记忆开始进入公众视野。近些年民间各式记忆热也是对城乡变迁的一种反思性和认同性回应。这部分群体记忆纷繁芜杂，动

---

① 保罗·康纳顿：《社会如何记忆》，纳日碧力戈译，上海人民出版社，2002，第18页。

态更新，更为隐秘、难控，有时甚至稍纵即逝、来不及捕捉。但其对社会结构的全方位记录以及蕴含的社会心理、情感等是弥足珍贵的时代记忆，亟待进入档案记忆加工的视野。群体记忆层面的叙事突破地域限制，不囿于一时一地，反映了社会生活生产、民风民俗、城乡变迁等各方面的群体记忆。社会群体记忆的新兴、空白、断裂、失根之处，将成为新媒体时代档案记忆加工的重点。

另一方面，个体记忆的挖掘。在重视展现群体记忆的同时，带有鲜明个性化印迹的个体记忆成为新媒体时代档案记忆加工的又一关注点。"注重分析微观事物的观念来自于这样一个事实：日常生活的细节在特性上具有强烈的象征性，象征着更宏大的过程。"①如费孝通先生的《江村经济》以解剖麻雀的形式对彼时的中国乡村发展应何去何从进行了植根于中国实践的学术求索，其借鉴意义辐射于当下。对个体档案记忆的挖掘亦如此。以往的档案记忆加工成果比较注重历史的宏大叙事、群体叙事，个体记忆处于弱化、边缘化的状态。依托新媒体时代档案记忆的生成变化，档案记忆加工可以突破宏大叙事的框架，将相对抽象的外部环境、宏观历史具体化为个体、微观层面的体验、认知与行为，如城市变迁、乡村振兴、红色文化传承创新等。

（三）档案叙事全知视角的强化

在新媒体时代，档案叙事视角发生了迁移与变化。档案记忆加工中尤其要重视视角转化对受众共享记忆的影响，包括宏微观视角和内外视角。档案叙事既要关注宏大叙事，也要关注微观叙事；在既往主体第一视角叙事之外，"他者"叙事视角体现出更多的包容性和通达性。譬如在红色档案记忆的加工叙事中，往往以家国记忆的统一为出发点，同时

---

① 帕特里克·乔伊斯：《从现代到后现代：当代西方历史学的新进展——英国帕特里克·乔伊斯教授访谈录》，载李宏图《表象的叙述：新社会文化史》，上海三联书店，2003，第103页。

关注第三方视角。兼而有之的统一体即档案记忆叙事的全知视角，实现叙事视角融合。这在地方档案记忆、全球化档案记忆的生产过程中表现得尤为突出。集体记忆作为一种社会框架，从他者视角出发，在将不同时空记忆代入己化为日常的记忆框架时，一方面扩大了档案记忆的生产，另一方面也因身份、立场观点的差异造成程度不一的内容取舍、遮蔽以致记忆框架的变形。而缺乏共享记忆，也就失去了连通记忆的空间，导致隔阂、疑虑等，大可言之文化冲突，小可概之思维差异。新媒体时代存在无形的藩篱，如何在缺乏共享记忆的"他者"处达成记忆的再生产？有必要转换视角，从其可理解的语境出发，克服思维定势、认知局限和情感偏见。

随着档案记忆加工主体的社会化与协同化，档案记忆加工叙事视角发生了视角转换。从面向人类命运共同体出发，讲述国家和民族故事，从他者视角出发有助于档案叙事的话语传播。纪录片《故宫》《圆明园》《中国面临的挑战》《真实的西藏》等采用与国外制片、导演合作、策划主持等形式，取得了一定反响。开放的视角也体现出文化的包容与自信。叙事视角的转变有可能赋予同一主题不同的意义，从共享记忆角度提升了传播效果。"他者"视角有助于更好地理解本我，从而达成他者、本我的理解互通。尽管两者存在身份文化差异和共享记忆间距，但这对于档案记忆的理解传递不可或缺。由此，个体记忆融入集体记忆、国家记忆上升至人类命运共同体记忆。"他者"叙事视角的引入，也有利于带来叙述身份视角的多元化，促进主体对话的形成和互相倾听，进而带动全知视角的融汇形成。

（四）叙事话语的生活化

哲学家维特根斯坦（Wittgenstein）认为语言表征了世界。"话语根源于人们的生活方式和文化习惯，同时也影响着人们的生活方式和文化习惯。"①档案记忆加工的叙事语言更多指一种话语方式和生活方式。档案记忆的叙事尤其要注重与生活世界的联系。新媒体时代网络语言生态的变化值得关注。以社交媒体为例，顾名思义其满足社交需求，本身意味着一定的共有交往空间。网络用语层出不穷，有些词语昙花一现，有些则从流行语转化为常用词语，如"粉丝"（关注者、追随者）等。国家语言资源监测与研究中心近几年均发布了年度十大网络用语，如2022年度十大流行语包括党的二十大、中国式现代化、数字经济、电子榨菜等②。语言也体现出社会的变迁和文化的潮流。如果不了解新媒体时代语言背景和变化特点，档案记忆加工就会缺少一种网络对话方式，有可能与深受网络文化影响的档案记忆消费者形成一定的话语距离。

语言是交流的工具，关注网络用语的运用并非要迎合新媒体传播中的碎片化、快捷式阅读现象，而在于以适应新媒体受众的形式和语言来传递、共享档案记忆，恢复记忆的历史情境。这对于互联网时代的青少年尤为必要和重要。档案记忆叙事话语的生活化意味着从当下出发，联系当代青少年的问题关切，以对话式的问题结构达成沟通、理解与信任认同。以作为新时代档案记忆加工焦点的红色档案记忆叙事为例，这种生活化、对话式的话语关系能够有效扭转红色档案主体叙事的独白式表达，让"听者"的理解、评述成为红色档案叙事的"新声音"，"听者"转化为"说者"。在新媒体时代和智媒时代，该类话语的采集汇总、理解与再叙事成为必要和可能。这种叙事话语的生活化并未削弱思想深度与价值意义，反而会提升记忆元素的时代感与丰裕度，呈现当代生活世界的气象，强调历久弥新、促进档案记忆传承。随着深层阅读的再度兴起，档案记忆加工要以受众为导向，针对性运用不同的叙事语言、风格

---

① 诺曼·费尔克位夫：《话语与社会变迁》，殷晓蓉译，华夏出版社，2003，第1页。
② 《国家语言资源监测与研究中心等揭晓2022年度十大流行语》，https://new.qq.com/rain/a/20221220A07WNG00，访问日期：2023年5月6日。

与方式，比如史实性文章的严谨、研究性文章的规范、叙事性文章的生动、动漫作品的活泼等。立足于共享记忆宗旨，新媒体时代的档案记忆加工释放出更为丰富的人文意蕴。

此外，如前文所述，新媒体时代的档案记忆叙事更加注重"他者"视角，这不免涉及"他者"的话语包括语言这一最直接的表现形式。记忆共享首先要求档案记忆加工要适应语言交流互通这一基本前提。如澳大利亚莫纳什大学吉莉安·奥利弗（Gillian Oliver）在上海大学举办的2018信息资源管理与信息社会创新论坛上，就强调了信息文化中常受忽视的翻译问题。新媒体时代档案记忆加工有必要注重语言文字的转化，以面向不同语言、不同文化背景的人类群体，如纳入世界记忆名录的档案记忆可采用多语言推广和话语转化。

三、档案记忆的创意化加工

在新媒体时代，人们愈加重视优质原创的内容筛选、多元活泼的形式设计，这推动了档案记忆加工的创意化发展。随着文化创意产业的兴起，档案记忆加工方式突破新媒体平台常见的文章、在线展览（馆、厅）等形式，转向更能满足和激发档案记忆消费者需求的多元化创意产品，媒体节目、动漫作品、数字文创产品、网络自媒体节目等成为新加工方式。不管如何变化，其核心都在于以最恰当的形式最大限度地调动与激活社会记忆，推动档案记忆消费。如在2022年，英国约克郡和东北电影档案馆就因依托馆藏档案开发"记忆银行"产品，而在FOCAL国际奖中获年度最佳组织奖，以表彰其"在创意文化产业中对素材的最佳利用"①。

---

① 黄霄羽：《专业跨界聚众力　数字人文展良机——2022年国际档案界回眸》，《中国档案》2023年第2期。

（一）媒体节目

这方面主要有档案文化记忆节目和在线档案文化讲座等。档案文化记忆节目包括各类以档案为主打品牌的纪录片栏目，如上海电视台纪录片频道的《档案》、北京卫视的《档案》等栏目。北京档案馆"档案见证北京"系列讲座、上海档案馆"东方讲坛"中的档案文化讲座均有通过互联网在线发布的可能，还可作为课程资源进入档案社会教育课堂。还可考虑以网络直播的形式扩大档案文化记忆讲座的影响，直播评论等功能可强化传播效果。档案部门业已开展多种直播探索。《我在故宫修文物》引发广泛反响后，2017年四川省成都市档案馆将"档案修裱"这一业务工作（同时也是文化传承活动）搬上直播平台，取得了良好反响。当直播成为新媒体时代新兴业态，档案故事有了更灵活的讲述空间。2020年国际档案日，陕西省档案馆、西安广播电视台共同组织了《档案记忆》直播节目，邀请北京、天津、福建、湖北、四川、宁夏共七地的省档案馆接力直播，展示各馆镇馆之宝的同时，也传播了档案背后的故事。像商办汉冶萍公司老龙头股票（湖北省档案馆馆藏），除其近代中国最早股票之一的特殊价值和精美的外观设计之外，背后的国家、民族记忆也令人动容。如股票背面所列条款"本公司专集华股自办不收外国人股份"，反映的正是积贫积弱的近代中国致力发展民族工业、对自强求富的梦想与追求。由此，档案记忆的意义得到升华与共享。

（二）动漫作品

克罗地亚籍动画大师波里维·多尼科维奇·波尔多（Bordo）认为，动漫并非儿童专利，没有年龄限制。近些年，《寻梦环游记》《功夫熊猫》《哪吒之魔童降世》《大鱼海棠》等中外动漫电影的高票房，也印证了这一观点。动漫的时尚性、产业性符合人类心理、审美及产业发展，具有广泛影响力。动漫产业拥有广泛的受众群体。文博领域多有成功先例。如故宫博物院开发的系列动漫角色、动漫剧、动漫游戏，融文化与"卖萌"于一体，获得大众青睐。英国国家档案馆网站的"教育"板块，提供了多款基于档案记忆资源的在线互动游戏。档案记忆加工中引入动漫形式，一方面有助于打破公众对档案记忆成果单调、呆板的偏见，发挥其亲和、生动的优势，扩大公众影响力；另一方面可用档案记忆文化底蕴丰富动漫作品的内涵。

　　档案动漫成果主要有两类：一类是以业务工作为主的档案工作宣传作品；另一类是以内容生产为主的档案文化作品。前者如《档案总动员》（合肥市档案局）、《小红的兰台奇遇记》（中国档案报社）、《档案漂流记》（上海交通大学档案馆）、《浙江档案法治动漫宣传片》（浙江省档案局）、《家庭档案：人人必需 一生"伴侣"》（河南省档案馆）、《探秘档案馆》（佛山市档案馆）、《查档案，跟我来！》（江西省档案馆）等。后者如2019年华东师范大学档案馆的校史动画片等。对中华优秀传统文化的创造性转化、创新性发展，则给档案动漫作品赋予了独特文化魅力。如2018年中山大学档案专业学生以水墨动画叙述侨批档案故事，2022年华东理工大学档案馆以非遗文化连环画形式推出《史画张江树》等。这些都是对特定社会记忆传承的呼应。

（三）数字文创产品

　　文创产品能够将档案蕴含的记忆意义和价值优势以物化的形式加以表现，凸显档案记忆加工所具的人文情怀。数字化文创产品与传统形式文创产品互为补充，相得益彰。像美国国家档案馆在线销售富有档案元素的诸多文化产品。特色是引发消费行为的重要因素。可注重突出区域特色和档案特色，如京派文化、海派文化、徽文化、齐鲁文化、巴蜀文化、荆楚文化、岭南文化等，面向档案消费者需求设计各类赏析型、互动体验产品。这些极具地域特色的文化地标符号，在档案记忆资源中表现形式丰富，完全可以挖掘、引申，并从文创产品角度进行档案记忆加工，实现个性化订制，与档案公共服务相结合。如可结合地方风土人情开发城市或乡村记忆地图，将物质文化与非物质文化、人文与自然景观相契合。此外，也可与地方旅游、地方民俗活动、地方记忆展馆等结合，开发融地方特色记忆元素的各类数字产品。数字文创产品作为流动的档案记忆，同样可发挥教育、认同等功能。对于乡土情怀浓厚的中国民众而言，乡土教育与乡土文化推广、档案记忆传播和地方认同建构有着积极作用，极具推广意义。近些年，涌现出一批表现突出的学生团队创意作品，如中国人民大学的《让"国家宝藏"活起来——基于清代样式雷图档的娱教游戏创意开发》，武汉大学的《红图万里——红色档案数字人文平台》，上海大学的《开埠春秋——上海租界档案 APP》，安徽大学的《徽州文书里的徽州记忆——基于H5模式的交互动画》，等等。

（四）网络电台

新媒体时代档案记忆加工方式呈现可视化转向，与注重"视"的文字（盲文除外）、图像、视频等相比，"听书"的"有声阅读"值得关注。据《2022年度中国数字阅读报告》，2022年度中国数字阅读行业营收总额为483.5亿元，同比增长11.5%。在大众阅读、有声阅读和专业阅读三大细分市场中，有声阅读95.68亿元，占比为20.64%[1]。异军突起的自媒体网络电台引人注目，它突破了传统主流媒体的电台话语垄断格局，让普通公众化身网络电台"主播"，甚至进行点对点的定向互动。据统计，2022年有声阅读保持增长，逾三成的成年国民有听书的习惯[2]。以"2022年度中国有声阅读最具影响力网络平台"[3]评选为例：排名榜首的"学习强国"App提供文章音频播报，展示出听读的

---

[1] 韩寒：《数字阅读为文化消费提供新选择》，https://news.gmw.cn/2023-04/25/content_36520383.htm，访问日期：2023年5月7日。

[2] 中国新闻出版研究院：《第二十次全国国民阅读调查结果公布》，http://www.gov.cn/xinwen/2022-04/25/content_5686980.htm，访问日期：2023年4月30日。

[3] 施芳：《2022年中国有声阅读影响力榜单出炉》，https://k.sina.com.cn/article_7517400647_1c0126e47059040eva.html，访问日期：2023年5月7日。

广泛应用前景。排名亚、季军的"喜马拉雅""蜻蜓FM"头部网络平台设有分众化的栏目，注册用户可制作并发布个性化音频作品。从新媒体时代讲好档案故事的角度来看，档案记忆加工中可以档案故事为基础，制作并发布各类音频节目或作品，满足听众消费需求。如2021年上海市杨浦区档案馆"档案里的红色故事"微音频征集活动作品中就有"七一勋章"获得者、纺织劳模黄宝妹的故事等。此类微音频档案故事可为档案记忆加工面向网络电台传播提供丰富的记忆宝库。

四、档案记忆的数字叙事

叙事的语言语法包括语义、句法和语用，它们分别对应情节/故事、话语/策略、讲述使用/参与模式①。新媒体对叙事的语言、语法均有结合，介入并施加深刻影响。集档案记忆加工数字化、叙事化、创意化之大成者，无疑是以数字叙事为核心的新兴数字人文项目。档案记忆的数字化趋势与社会化特性使其与数字人文有着天然联系。数字人文起源于20世纪90年代发展成型的人文计算，以人文社科领域图文音像物等各类数字化资源为研究对象，运用数字化、数据管理、数据分析、可视化、VR/AR、机器学习等技术，"应用覆盖资源富集、知识重构、场景重建、增强艺术等"②。数字人文作为新兴的方法论、跨学科研究领域，以一种知识生产与传播的新模式或新方式，影响人文社科研究。中国学术界"正处在向新学术转变与跨越的门槛上，即利用新媒体、新技术实

---

① 玛丽·劳尔·瑞安：《跨媒介叙事》，张新军、林文娟等译，四川大学出版社，2019，第324页。

② 刘炜、叶鹰：《数字人文的技术体系与理论结构探讨》，《中国图书馆学报》2017年第5期。

现更为深入新颖的知识重组"①。相较于史学大家们博闻强识的治史之道，现代学者拥有以往难以企及的史料优势，如各类数据库等在线资源，档案史料的搜检与考证更为便利。档案记忆数字化加工除以往着眼于文本与形式，开始有内容生产深化的趋势。数字人文的方法论与技术支持，使新媒体时代档案记忆加工有着广阔的应用前景。

目前，数字人文项目在国外多有实践。如美国弗吉尼亚大学关于南北战争时期平民生活的"影谷"项目、美国乔治梅森大学的"9·11事件数字档案"项目、英国伦敦大学学院的"斯莱德档案"项目、苏格兰格拉斯哥大学的"苏格兰工薪阶层婚姻档案"项目、奥地利格拉茨大学的"虚拟东南档案欧洲"项目②、美国斯坦福大学图书馆的"法国大革命数字档案"项目、哈佛大学费正清研究中心的"中国历代人物资料库"项目、意大利威尼斯档案馆的"威尼斯时光机"项目等。至2019年，全球就有逾180所大学建有相关机构，每年开展数以千计的数字人文项目③。这些数字人文项目通过统计数据、地理空间、社会网络分析，提供数据库检索的同时，进行可视化的历史叙事，其理念、方法、成效都值得新媒体时代档案记忆加工借鉴。

以"威尼斯时光机"（Venice Time Machine，VTM）项目为例。该项目于2012年由瑞士洛桑联邦理工学院、意大利威尼斯卡福斯卡里大学、威尼斯国家档案馆合作启动，洛桑联邦理工学院数字人文研究专家弗雷德里克·卡普兰（Frederick Kaplan）发起实施，共有来自不同学科的300多名研究人员和学生参与，涉及基础科学、工程学、计算机科学、建筑学、历史学和艺术学等。项目运用人工智能技术，对威尼斯国家档案馆馆藏大量原始地图、手稿、照片、商业文书等，通过数字化扫描、文本识别、关联数据分析等，实现城市建筑景观和市民社交网络的可视化展示，"为研究人

---

① 史睿：《数字人文研究的发展趋势》，《文汇报》2017年8月25日，第7版。
② 赵生辉：《国外档案领域数字人文项目的实践与启示》，《浙江档案》2015年第9期。
③ 杨文：《数字人文视阈下的社会记忆构建研究》，《情报资料工作》2019年第5期。

口和经济动态、语言演变、疾病传播以及视觉艺术、建筑和音乐领域的模式变迁提供了新工具"[1]。在这一项目基础上，还延伸出"欧洲时光机"（European Time Machine，ETM）和各城市"时光机"项目，涉及的欧洲城市包括，2012年的比利时安特卫普，2017年的荷兰阿姆斯特丹、匈牙利布达佩斯、法国巴黎、奥地利维也纳，2018年的荷兰乌得勒支、荷兰林堡、德国纽伦堡，2019年的奥地利下奥地利州、捷克摩尔多瓦、意大利那不勒斯，以及德国雷根斯堡、瑞士锡永、比利时根特/布鲁日，等等[2]。参与机构包括大学和研究机构、档案馆、图书馆、文化遗产机构等。

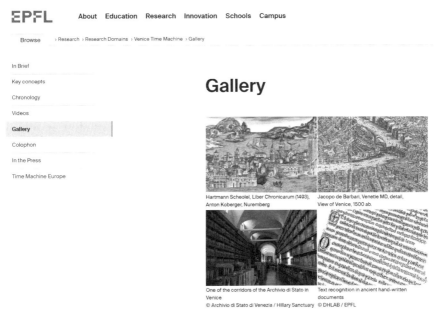

图 5-2　"威尼斯时光机"项目"展厅"页面

---

[1]　The brief：*Venice Time Machine*，https://vtm.epfl.ch/page–109836–en–html/，访问日期：2019年10月2日。

[2]　*Meet the local time machines*，https://www.timemachine.eu/time–machines/，访问日期：2019年10月2日。

　　国内数字人文实践进展亦值得借鉴，如中国科学院牵头建设的"数字敦煌"项目、国家图书馆2012年启动的"中国记忆"项目等。上海图书馆建有家谱数字人文平台、盛宣怀档案知识库等。其中，"盛宣怀档案"享有"中国私人档案第一藏"之誉，包括盛宣怀家族1850—1936年间信札、文稿、电报、账册、合同等各类档案15.7万件，具有重要的学术和文化价值[①]，其平台首页提供了关系、时空、人物、公司四方面分析，包括时间轴和关系网络图等。图书馆界采用开放数据开发有关文化主题产品的活动颇有成效，例如上海图书馆组织的开放数据应用开发竞赛。

　　档案学界除了中国人民大学牵头的"北京记忆"等城市记忆项目外，对单个村落等微观记忆也有了实质性探索。2019年，中国人民大学信息资源管理学院牵头完成"台州古村落数字记忆建设研究"项目。课题组基于数字人文理念与技术，构建了浙江省台州市白塔镇的"高迁村数字记忆"网站和数字资源库，以文、图、影、音、3D建模、全景漫游等形式，实现了对古村落数字记忆的"全要素"和"全息"式建构[②]。

　　随着数字人文平台技术的成熟，档案界新成果不断出现。2023年"国际档案日"系列活动期间，上海市档案馆正式发布"跟着档案观上海"数字人文平台，向公众展现了一副全新的城市历史元宇宙图景[③]。该平台由上海市档案馆依托1.7亿幅数字档案资源开发，公众可以通过"自由模式""故事模式"两种模式，在时空地理信息系统、档案知识图谱和流媒体故事系统里探寻上海城市图景和历史文脉，比如在"党在这里诞生"故事里浏览中共一大会址、《新青年》编辑部等红色旧址，感受

---

① 上海图书馆:《盛宣怀档案知识库简介》，http://sd.library.sh.cn/sd/home/index，访问日期：2020年11月20日。

② 冯惠玲、梁继红、马林青:《台州古村落数字记忆平台建设研究——以高迁古村为例》，《中国档案》2019年第5期。

③ 《"跟着档案观上海"，走进城市历史"元宇宙"》，https://new.qq.com/rain/a/20230614A05TX100.html，访问日期：2023年6月28日。

上海红色之城、初心之地的丰厚红色记忆资源。该平台可以说是中国版的"上海时光机"，虽然首期只呈现了50余座城市地标、千余幅史料，但海量档案记忆资源使其未来发展充满可能，富有地域特点的档案数字人文平台将成为漫游城市记忆空间的生动窗口。

"保管、分析、编辑和建模是数字人文核心的基础活动。"[①]结合数字人文的优势与档案记忆再生产实际，新媒体时代档案记忆的融合加工可面向数字叙事发展，包括：积累数字档案记忆资源，进行档案记忆文本的数字化加工、网络化采集；提取数字档案记忆资源，运用数据挖掘、关联数据、机器学习等技术，实现特定主题档案记忆资源的组织与聚合；分析档案记忆资源内容，引入定量分析方法和可视化工具进行处理，包括词频、共现、关联关系的文本分析，以及主题、时空和社会关系分析等；重构激活档案记忆资源，运用内容建构模型，以可视化的形式呈现档案记忆加工成果。落实到记忆实践项目，可采用数字人文的理念与方法，在"中国记忆""城市记忆""新时代新成就国家记忆工程"等记忆项目中，推进"数字叙事—文本组织—记忆活化"[②]的创新路径。

交互式数字叙事是值得关注的另一发展方向，它将数字叙事学和交互叙事学相结合，个体参与交互过程，并直接影响叙事进程[③]。这也体现出数字人文领域的重要变革。以红色档案记忆叙事为例，国家"十四五"发展规划纲要将红色文化作为文化生产与消费的重要内容，全国档案事业"十四五"发展规划则对红色档案数字化开发提出构想。红色档案数字叙事未来可期，一些地方、高校和相关机构也已建立红色档案资料共

① 安妮·伯迪克、约翰娜·德鲁克等：《数字人文：改变知识创新与分享的游戏规则》，马林青、韩若画译，中国人民大学出版社，2018，第18页。
② 李子林、虞香群：《基于数字叙事理论的档案服务创新研究》，《档案与建设》2023年第1期。
③ 牟晓青、于志涛：《交互式数字叙事：加拿大 Writing New Body Worlds 阅读治疗新探索》，《图书馆论坛》2023年第4期。

享库。2022年国家文化数字化战略规划出一幅文化生产图景：2035年建成国家文化大数据体系，在文化数据采集、加工、分发、呈现等领域加大数字转型变化，实现数字文化消费新场景。这势必将对档案记忆的数字叙事产生重大影响。伴随大数据、人工智能等技术的发展和数字人文实践的推进，档案记忆数字叙事将持续深入，一个档案记忆的元宇宙世界已然开启。

第六章

记忆的栖居：
档案记忆消费转型

人充满劳绩，但还诗意地安居于大地之上。

——（德）海德格尔（《诗·语言·思》）[①]

"诗意地栖居"对人类而言，寓意着精神家园的充盈与幸福。与精神再生产相应，档案记忆消费的动力和目标即主体记忆需求的满足。若从主体行为审视"记忆"，"记"指向生成，"忆"联结消费。新媒体时代深层次的变化在于社会文化结构层面，媒体消费的双重效应放大，由生产端向消费端偏移，记忆消费者主动介入并直接影响档案记忆再生产进程。经消费实践，档案记忆流向记忆主体的精神世界，满足人类对精神生活的向往与追求，由"筑居"迈向"栖居"。

[①] 海德格尔：《人，诗意地安居 海德格尔语要》，郜元宝译，广西师范大学出版社，2000，第93页。

第一节　档案记忆消费与社会记忆再生产

　　档案记忆再生产的目的是消费，消费本身也是一种动力。"消费创造出还是在主观形式上的生产对象。没有需要，就没有生产。消费则把需要再生产出来。"[①]新媒体时代，在档案记忆的生产流动中，档案记忆消费作用更为突出。

一、档案记忆消费的过程与特点

　　档案记忆消费主体即档案记忆消费者，既包括群体性的机构、团体，也包括个体化的公民个人。档案记忆消费以档案记忆为对象，物化为凝结记忆的档案记忆成果，并以公共性档案记忆文化产品为主体。档案记忆消费的目的不仅包括档案信息、知识的获取，更重要的是与时间相关联的情感价值的满足，是超越档案信息、知识内容消费需求的文化意义消费。

　　从主客体要素和动力需求出发，档案记忆消费即档案记忆消费者以特定的记忆消费方式达成记忆需求的过程。档案记忆作为消费对象除了显性档案记忆，还因消费活动将潜在的档案记忆显性化，共同满足记忆

---

① 马克思、恩格斯:《马克思恩格斯选集：第2卷》，人民出版社，1995，第9页。

消费需求。档案记忆再生产作为一种主体建构性活动，经由消费环节，档案记忆从生产者、加工者流向消费者，在消费者的理解中被唤醒、再现、重构，实现外部记忆的内化。档案记忆生成为消费奠定了基础，成为消费起点和前提条件；档案记忆的加工阐释形成适应消费需求、具有消费潜力的档案记忆内容与形态，贯通生产与消费间的时空、情境间距；档案记忆传播将档案记忆置于广阔的社会记忆场域，提供了档案记忆进入消费者内心的理解通道。从记忆机理来看，档案记忆消费本质是消费者主体理解档案记忆生产者所赋予的意义，进而重构、再生档案记忆的复杂过程，这一过程中存在"对象、制造者和消费者之间公开的对话"[1]，"承认文化传统的传承以及记忆制造者的聪敏和记忆消费者的颠覆性的利益"[2]。这也反映出档案记忆消费者的高度自觉性与主体性，其消费需求、心理、习惯、行为模式等充满个性化特征。档案记忆消费是一种主体建构性活动，意味着对档案记忆再生产关注焦点的转移。在探察档案记忆何以生成、以何生成的同时，应对复合更多主体要素的档案记忆消费予以更多关注，从而明晰档案记忆何以内化、再生产的复杂记忆机理，以及与档案记忆消费场域的文化"资本"交互关系。

　　档案记忆消费与档案利用既有联系又有区别。从档案记忆角度，用户对档案的利用体现为一种档案记忆消费的过程，用户利用档案的效果即档案记忆消费的结果，一般从档案系统的内向视角出发，表现为基于档案部门与档案利用者间的单向传/受模式，偏向"受众"的接受。强调消费，在于尽管档案利用路径与消费重合，但并不能完全包容。档案记忆消费将消费者提升至与生产主体相对应的位置，通常表现为社会公

① 沃尔夫·坎斯特纳：《寻找记忆中的意义：对集体记忆研究一种方法论上的批评》，载李宏图《表象的叙述：新社会文化史》，上海三联书店，2003，第166页。
② 沃尔夫·坎斯特纳：《寻找记忆中的意义：对集体记忆研究一种方法论上的批评》，载李宏图《表象的叙述：新社会文化史》，上海三联书店，2003，第140页。

众与档案记忆的双向互动模式，强调"互众"的主观能动性，其中包括信息、知识的消费。对应传统以官方档案机构为主的档案记忆生成，档案记忆消费具有四方面特点。

一是一定的公益性。随着档案开放理念的普及，档案开始走向社会、走近普通公众。档案机构作为文化事业部门，负有传承人类文明的历史责任，更关注公民获取的权利，并努力促成公众利用。公共文化产品有其公益特性，以满足事务需要为主要目的。"档案信息消费上的非竞争性主要是一种自然属性"[①]，档案记忆消费可视作公共文化服务的内容之一。

二是鲜明的关系性。档案记忆消费作为一种消费行为，直接体现了社会关系，反映出档案记忆再生产对关系的倚重。"我们的记忆依靠的是我们的同伴，是社会记忆的宏大框架。"[②]社会记忆强调个体依赖于群体记忆的社会特征。其中群体中个体间、不同群体间的关系相当程度上左右个体记忆的生成和社会记忆的构建。这种不同的关系网络连接起各异的记忆框架，指向特定群体的集体记忆。档案并非刻板的陈年故纸，而是复合了历史、记忆、情感，是意义的复合体。通过消费，档案记忆再生产与社会再生产尤其是人的再生产、社会关系的再生产联系起来。

三是自觉的生产性。在档案信息、知识的消费过程中，消费者将其内化于自身的信息、知识结构，信息、知识不损耗但内容老化明显。档案记忆消费过程中信息、知识效应虽然弱化，但会生成新的意义，不存在信息过时、知识老化之说。它更多地与消费者的认同、心理文化需求相联系，积淀在消费者的心理图式和行为方式中，并衍生为一种包括消费者先验的知识、情感、个体体验、经历等共同形成的习惯，或者说参

---

① 李扬新：《我国档案公共服务政策研究》，博士学位论文，中国人民大学，2008，第63页。
② 莫里斯·哈布瓦赫：《论集体记忆》，毕然、郭金华译，上海人民出版社，2002，第75页。

与塑造共享记忆框架。它既是档案记忆需求的一部分，同时也触发了记忆的内化过程，具有深层性和相对持久性。这是一种生产性的消费，包括档案记忆消费者将之转化为个体记忆的再生产，同时以个体档案记忆为出发点，通过外化的行动等扩展档案记忆再生产的范围，体现为一种档案记忆的主动生成。

四是典型的限定性。传统上官方档案机构占据档案记忆主导权，对于何类档案记忆以何种形式、深度进入消费领域，拥有记忆权力和话语权，通过鉴定、保密、开放等制度加以限定。档案利用的具体限制性规定，反映出预设的档案记忆消费界限。随着公共服务和档案事业的发展，档案开放力度加大，但档案自身特性使然，加之既往因利用引发的法律纠纷、诉讼案例，档案利用服务中更趋安全谨慎。这既缘于维护国家、公众等利益需要，也对档案记忆消费施加了具体的内容、层次等约束。

二、档案记忆消费的记忆再生产性质

档案记忆消费既是生产的终点，又是新一轮再生产的起点。马克思指出，"消费在观念上提出生产的对象，把它作为内心的图像、作为需要、作为动力和目的提出来"[①]。某种意义上，档案记忆消费甚至具有"再再生产"的功用。具体包括两方面：从个体角度进行主体性的阐释和意义建构，基于自身的建构结果有意识地向其他主体扩散的行为。档案记忆消费也是档案记忆传播、接收与利用的过程。现代社会的发展，使得消费问题从整个社会再生产过程中凸显出来。随工业社会兴起的消费主义因其负面性质而饱受诟病，但消费作为中性概念，包括消费需

[①] 马克思、恩格斯：《马克思恩格斯选集：第2卷》，人民出版社，1995，第9页。

求、消费方式、消费理念等，体现为人类漫长历史进程中的基本生产与生活方式。前者需要警醒和反思，后者则需要借鉴与深思。这也是基于精神再生产的视角考察。像让·鲍德里亚认为消费不仅针对客体，更针对意义和符号价值体系。

档案记忆消费环节的突出直接反映了档案记忆再生产的运行逻辑。唯有进入消费这一领域，社会记忆才真正渗透进个体层面，个体也才能真正理解与影响社会。对于消费者而言，存在原初和重构两种记忆。档案记忆消费的过程能够对其原初记忆施加影响，形成重构性记忆，这是导入认知、强化记忆、纠正偏见的重要方式。通过消费，档案记忆消费者介入记忆文本内部，将自身的经验内化，从而与身处其间的社会情境和思想相连，形成个体记忆与集体记忆的碰撞、融会、贯通。由于记忆受社会框架约束，"对同一事实的记忆也可以被置于多个框架之中，而这些框架是不同的集体记忆的产物"①。在档案记忆的消费过程中，个体运用档案记忆的物质材料（如文本、空间）等，与相应的观念材料（如认同、规范、制度、文化等）相结合，实现群体或集体的整合与凝聚，并形成不同于简单个体记忆相加的集体记忆，形成特定的社会记忆框架。这些记忆框架一旦形成就必然对个体产生影响，通过影响其思维方式、行动方式等发挥作用，形成一定的社会结果或社会事实，进而改变和影响世界。这种互动成为推动人类社会发展的主要驱动力之一。

参照哈贝马斯生活世界理论，生活世界由文化、社会和个人构成。生活世界的再生产即文化的更新、社会的整合和个人的社会化。这一理论强调了交往的互动性。档案记忆再生产从生成、加工角度，实现了记忆与文化的更新；从消费角度实现了个人基于社会记忆的个体化，以及整合与再生产。由此理解档案记忆、人与社会，档案记忆再生产为人与

---

① 莫里斯·哈布瓦赫：《论集体记忆》，毕然、郭金华译，上海人民出版社，2002，第93页。

人之间的理解、沟通、互动等提供了必要的记忆空间，为人的行为提供了社会化的途径。"个体在社会化过程中不但能够形成自我认同，从而能有效地区分主观世界、客观世界与社会世界，同时，他亦能建立关于文化传统的诠释模式，并形成遵循社会规范的行为习惯。"[①]主体间之所以能克服冲突与分歧，是由于存在共同的信念、情感，从而形成整个世界的价值规范，而能形成共识的前提在于存在大量的背景性共享信念，构成了集体的整个生活世界。档案记忆消费使档案记忆参与到社会记忆以及整个社会再生产的过程，实现社会记忆的传递、保持与更新，具有记忆再生产性质。

三、档案记忆消费的记忆再生产功能

档案记忆消费作为档案记忆再生产的重要内容，直接关系到档案记忆的整体生成，进而作用于社会记忆再生产的层次与范围、目的等，同样具有记忆再生产功能。

一是深化社会记忆。档案记忆消费者的主动性成为档案记忆再生产过程的重要推动因素。其中包含一种消费逻辑，缺乏消费者导向的档案记忆再生产难以持续。通过档案记忆消费，社会记忆得以构建、形塑，同时更新、巩固共同的凝聚性社会结构，进而使社会记忆再生产得以持续。从古代至近代各国的档案利用，或因严规铁律，或因缺乏规范管理，公众获取档案记忆资源的层次与范围都受到很大限制。档案开放利用是近代以降民主进程深入推进、公民权利逐步拓展的结果。档案记忆再生产从较小范围扩大到广阔的社会范围，并在与个体记忆的互构互

---

① 彭国华：《重构合理的生活世界：哈贝马斯的现代性理论研究》，北京师范大学出版社，2005，第95页。

动中形成新的档案记忆，从消费驱动的角度，实现了档案记忆从文本形式、内容再生产向意义再生产的提升。档案记忆消费也从记忆再生产过程中凸显出来，推动了档案记忆再生产与当下社会的进一步紧密联结。

二是化解社会记忆冲突。误解往往因隔阂而产生，冲突、断裂、遗忘恰是当下强调记忆的深层源头。在人类发展史上，社会转型和变迁带来的社会冲突不可避免。作为社会的产物，档案记忆同样面临档案记忆系统内外的冲突。外在冲突表现为不同记忆系统之间的冲突，集中表现在档案机构与其他同类型记忆机构之间的冲突，甚至档案记忆与反记忆的冲突，档案记忆消费者之间的记忆冲突不可避免。通过档案记忆消费，尤其是大至国家、民族，小至社区、组织共同体间共享记忆的消费，将在相当大的程度上化解记忆冲突，推进社会记忆再生产的持续进行。

三是评估社会记忆能量。档案记忆消费直接关系到公众对档案记忆的接受、解读，连接起档案记忆生成者的初始意义和加工者的诠释意义，关系到社会记忆以何种内容或结构呈现出来。"如果个体具备了构建涉及价值-范畴经验的场景的能力，就标志着自我的出现。"[1]消费使得档案记忆蕴含的文化意义、情感等注入人的内心，从记忆资源真正转化为个体与集体记忆，促进自我身份认同和群体认同的建构与形成。如关于非遗档案记忆，不仅使当下的怀旧、传统等公众需求得到了一定满足，同时被借以重新审视当下的生活世界，甚至被作为一种当下世界的衡量尺度或观念框架。正如钓鱼岛档案、南京大屠杀档案等一系列有关中日关系的档案记忆，其档案记忆消费的结果无疑影响当下的集体意识、心态与相互关系。

四是贯通社会记忆场域。档案记忆消费对记忆个体、集体两大场域

---

① 杰拉德·埃德尔曼：《比天空更宽广》，唐璐译，湖南科学技术出版社，2018，第85页。

起到贯通作用，为个体精神世界与社会生活世界架筑起连通路径，个体记忆得以重构的同时，个体真正获取身份感、认同感和根源感，推动个体社会化即人的再生产过程，促进人的自由全面发展。档案记忆消费凸显了人的主体能动作用，消费者主动参与档案记忆再生产，推动个体记忆向集体记忆传递与扩散，并再度汇聚为共同体的共享记忆，实现新的记忆意义的再生产。档案记忆消费所引发的个体行动或凝聚性价值观念，施加影响于社会结构的维系及再生产，最终指向人与社会的全面发展。

第二节 档案记忆消费主体的转变

新媒体时代档案记忆消费者的主体地位凸显，档案记忆再生产在具体生产内容、方式、渠道、成果等方面总体呈现消费导向、交互功能强化的趋势，档案记忆传播受众化为"互众"，档案记忆消费者化为更具再生产意义的"产销者"。需求在很大程度上决定生产与消费，考察档案记忆消费主体变化，离不开最重要的记忆需求变化。

一、从传统档案用户到数字消费者

新媒体时代"注意力经济"下"用户（消费者）至上"理念发展至极致。变革不仅来自档案记忆的消费场景、消费方式、消费途径等，更来自档案记忆消费者自身。我国网民数量和互联网市场规模常年稳居世界前列，档案用户已不再局限于传统领域，档案记忆的数字消费者异军突起，已成主流之势。尽管如此，我们仍有必要关注到一个事实，即数字消费者内部存在客观差距。缘于政治、经济、文化发展的不平衡、不充分，数字鸿沟在全球范围内普遍存在。美国马克·普连斯基（Marc Prensky）以数字原住民、数字移民和数字难民三大类别，划分出数字化生存人群的不同生存状态。截至2023年6月，我国非网民规模仍有3.33亿，使用技能缺乏、文化程度限制、设备不足和年龄因素是导致他们上网困难的重要因素①。数字档案记忆本身丰盈与贫乏并存，数字消费能力的差异让不同群体的差距进一步扩大。

鉴于消费需求因人而异，档案记忆的数字消费者在整体群像上具有数字文化消费者总体特征，但也具有自身特殊性。总体性特征包括以下三个方面。

一是具备数字阅读能力。随着数字中国、网络强国、数字经济等持续推进，我国数字文化消费增长显著，普通公众采用手机、电脑等数字阅读形式获取记忆成果已成为常态，并逐步形成个性化的数字阅读行为习惯。据统计，2022年我国成年国民各媒介的综合阅读率达到81.6%，数字化阅读方式接触率达79.6%，阅读媒介主要是手机与互联网②。在大众传播模式和大数据推送下，新媒体已是社会大众特别是青少年获取记忆资源的重要手段，同时影响数字传媒空间的传播议程设置、舆评塑造。

二是具有互联网思维。新媒体带来的除了技术革新，更有思维变革。互联网思维以开放、共享与协作为特征，不仅广泛影响档案记忆消费者的数字获取行为，更影响其数字参与、数字分享行为。

三是社区化数字生存。新媒体时代档案记忆消费主体呈现社会化、多元化特征，数字空间社区化组织具有不容忽视的地位，基于兴趣、地域、职业等社会人际关系交往特征的虚拟社区或新媒体平台已成媒体化生活日常。在时空边界消减的情况下，消费主体规模进一步扩张，为分众化传播提出要求。从精准消费出发，档案利用者、档案期刊订阅者、档案公众号关注者等均可直接转化为数字消费者。

档案记忆数字消费者的具体特征，可通过与传统档案用户以及普通

---

① 中国互联网络信息中心（CNNIC）：《第52次〈中国互联网络发展状况统计报告〉》，https://www.cnnic.net.cn/NMediaFile/2023/0908/MAIN1694151810549M3LV0UWOAV.pdf，访问日期：2023年11月10日。

② 中国新闻出版研究院：《第二十次全国国民阅读调查结果公布》，http://www.gov.cn/xinwen/2022-04/25/content_5686980.htm，访问日期：2023年4月30日。

数字档案用户的对比来分析。传统档案用户行为主要通过线下利用，如档案证明、工作查考、历史研究等。通过电子身份认证、电子政务平台如"一网通办"的远程利用等，特别是在智慧城市建设背景下，在线档案数字消费已进入公众生活日常。区别于一般以档案凭证、档案信息获取等为直接目的的数字档案利用，档案记忆数字消费者以记忆共享与情感共鸣为主要目的，具有一定的偶然触发性和潜在的长久用户黏性。人们可能因一次偶然的点击进入档案记忆世界，并成为后续的关注者乃至记忆导航者。譬如数字人文平台就可加强读者的深度体验，不断积聚和培育数字档案记忆的消费者。

新媒体时代档案工作面临一系列战略转型，工作内涵进一步扩充深化，档案记忆功能发挥成为重点与难点。"档案馆正成为记忆实践的空间。人们利用文件主要并非寻求真相或搜寻历史，而是试图将他们的创伤置于一定语境中，将自身体验转化为意义。"①档案记忆消费指向的就是这一深层次的意义再生产，在记忆融通的同时实现跨越时空的心灵"对话"，激发出深沉而厚实的情感力量。以档案记忆的数字消费者为考察核心，就在于重视最具主导性的消费需求变化，正是需求差异决定了后续不同的档案记忆消费方式。从主体角度，传统档案组织用户、个人用户转变为分别具有共同体、个性化特征的群体和个体数字档案记忆消费者。针对消费需求重点，前者由维护管理运行转向建构共同体记忆，后者由单一档案利用需求转向意义多维需求。档案开放、开发利用的深入开展以及新媒体时代个体意识的兴起、新媒体的广泛运用等，加速了隐性档案记忆需求的显性化进程。

---

① KETELAAR E：" A living archive,shared by communities of records"，载BASTIAN J, ALEXANDER B：Community archives:the shaping of memory，*Face*，2009年，第109—132页、第120页。

二、档案记忆的"产销者"

新媒体时代的档案记忆消费场景具有鲜明的数字化特征，已融入并成为公众数字化生活的自然组成部分。以微信、抖音等社交媒体为代表，朋友圈、"粉丝"群不仅拥有资讯功能，更因与生俱来的社交功能，以一种数字交往方式连通起现实生活世界和虚拟数字空间。尤其当引入各类互动、推送元素后，档案记忆的线上与线下消费发生实质融合。新媒体时代档案记忆消费的一大变革在于，传统的单向"传-受"消费模式被互动性的"传-传"交往模式所替代，"受众"转变为更具主体能动性的"互众"。"互众"性的档案记忆消费者，不仅具有档案记忆消费的自主选择性，更可以主动参与档案记忆的内容或意义生产与扩散。这一消费主体的变革体现了档案记忆消费者的内化式记忆再生产活动的意义。"参与者的主观世界可以作为镜面，在这些镜面中可以经常任意地反思客观的东西、规范的东西和其他主观的东西。"①档案记忆消费的"互众"体现出从消费者视野出发的新式互动和互观。

档案记忆再生产本质上以人为中心、以关系为要。消费者与生产者之间、消费者之间的互动关系，因新媒体的介入具有明显扩张效应。参考哈佛大学斯坦利·米尔格拉姆（Stanley Milgram）教授的六度分割理论，两个陌生人之间所间隔的人不会超过六个。在网络上，个体的社交圈不断放大，通过"分享""点赞""邀请""加入""关注"，联结成一个个或大或小的关系网络。以维基百科、百度百科为例，"分享信息和专业知识同时也成为了一种生产和消费行为，由此产生乔治·瑞泽尔所

---

① 陈学明、吴松、远东：《通向理解之路：哈贝马斯论交往》，云南人民出版社，1998，第174页。

称的产销者（prosumer）文化"①。就档案记忆的循环再生产而言，档案记忆消费者由单个再生产环节的终端转化为下一个再生产环节的始端，直接参与档案记忆的生成、内容的筛选和意义的建构，成为具有主观能动性的消费者（生成者）。其自身的消费意愿、能力与消费行为，作用于档案记忆再生产进程，并形成再生产的强大动力。档案记忆生成由此得以延续，并与档案记忆消费共生共长。

新媒体既拓宽了档案记忆消费者的获取渠道，也培育出"业余"的档案记忆生产者。这类新媒介的用户"构成一个消费者/生产者共同体，这是旧媒介时代没有的共同体"②。在消费的同时，档案记忆消费者也在生产富有重构意义、烙有个体印迹的再生性档案记忆。档案记忆受众开始扮演意义生产者的角色，这要求注重档案记忆生产-消费者的意义生产主动性。新一轮的档案记忆再生产已将唤醒档案记忆的主动权适度转移至消费端，档案记忆消费者可以通过数字化生产与分享成为活跃的记忆"再"生产者。

① 尼古拉斯·盖恩、戴维·比尔：《新媒介：关键概念》，刘君、周竞男译，复旦大学出版社，2015，第75页。
② 保罗·莱文森：《新新媒介》，何道宽译，复旦大学出版社，2016，第7页。

第三节 档案记忆消费对象的转变

随着经济社会的发展，人们对精神文化的需求、对身份与认同的诉求愈益强烈，社会记忆的资本化与公众文化消费的兴起不期而遇。新媒体时代数字化消费带来的情感关联、价值认同等，也体现出文化资本、记忆资本的含义。档案记忆消费有向资本化消费转变的趋势，这将实现档案记忆从内容到意义消费的变化，推进档案记忆再生产与社会记忆再生产、社会再生产的深度融合。

一、从档案记忆资源到记忆资本

对"资本"的早期探讨局限于经济学范畴，后逐渐扩展到非经济领域。经济学家也意识到精神生产与资本的关联。德国学者李斯特提出"精神资本"的范畴。"各国现在的状况是在我们以前许多世代一切发现、发明、改进和努力等累积的结果，这些就是现代人类的精神资本。""无论哪一个国家生产力的进退，就决定于对这方面领会的深切程度。"①精神资本对生产力的发展有着重要影响。从法国社会学家皮埃尔·布迪厄到美国社会学家艾尔文·W.古德纳（Alvin W.Gouldner），再到澳大利

_____

① 弗里德里希·李斯特：《政治经济学的自然体系》，商务印书馆，1997，第193页。

亚文化经济学家戴维·索罗斯比等人，国外学界从社会学、文化研究、文化经济学等多方面进行了启迪性思考。20世纪80年代，布迪厄在文化再生产理论中提出"文化资本"这一新范畴，将资本概念扩充为经济、文化和社会三类资本。文化资本又有三种存在形式：一是主体精神、身体的持久性情的"具体的状态"；二是文化商品形式的"客观的状态"；三是客观化形式的"体制的状态"①。资本既包括客观化形态的文本、物品、体制等各类文化表达形式，也包括精神化形态的知识、素养、技能等，呈现出人文价值的回归。社会资本概念由美国社会学家詹姆斯·S.科尔曼（James S.Coleman）定义，并由美国政治学家罗伯特·D.帕特南（Robert D. Putnam）发展，以其对社会发展的独特作用吸引了社会学、经济学、政治学不同领域学者的关注②。从文化经济学的角度，社会资本不似物质资本直观、易衡量，但对物质资本有着重要的补充和推动作用。

在市场化进程加速和公众文化消费兴起的背景下，社会记忆也呈现出资本化趋势，即社会记忆转化为记忆资源再转化为记忆资本③。记忆资源有时也扮演经济资源的角色。非遗保护开发、地方记忆推广、红色记忆挖掘等成为文化产业的重要组成。档案记忆从资源的角度有转化为资本的可能。这一资本可从社会资本的角度理解，有些也能转化为经济资本，如私人档案在合乎法律规定下可以出售，科技档案开发利用可直接转化为经济收益。当记忆资源开发逐步从浅层体验发展到深层认同，对具有资本价值的档案记忆资源的消费，因其对地方经济、文化、形象的

---

① 皮埃尔·布迪厄：《文化资本与社会炼金术》，包亚明译，上海人民出版社，1997，第192—193页。
② 燕继荣：《社会资本与国家治理》，北京大学出版社，2015，第55页。
③ 梁音：《社会记忆的文化资本化——以洛带客家社会记忆资源的旅游开发为例》，《成都大学学报（社会科学版）》2008年第4期。

提升作用而获得更多关注，成为档案记忆再生产的重点领域。档案与资本的关联，离不开档案与资产的关联。资产主要从物质资本、经济资本的角度去考虑。档案学界在20世纪80—90年代有过"档案资产论"的争议，作为一种无形资产，数字资产近年来也引发关注。档案记忆资本主要从文化资本、社会资本角度去考察，强调从公共文化产品的角度衡量其收益，这也体现出对档案记忆认识的深化。

作为一种社会资本，档案记忆资本同样服务于国家治理与社会治理。在国家注重高质量发展、加大国家治理体系和治理能力现代化建设力度的背景下，"十四五"全国档案事业发展规划强调了档案治理体系的重要意义，要求进一步提升"档案工作在推进国家治理体系和治理能力现代化中的基础性、支撑性作用"①。国家在治理方面的新要求，势必推动档案行政管理、档案资源建设与开发等各领域的变革，影响档案记忆再生产的内容、方式和成效。"实现档案国家治理与社会治理，不仅传统档案信息资源建设范围与重点领域已无法满足要求，而且档案信息资源管理策略也无法满足要求。"②从社会资本角度重新理解档案记忆，是一种思路。

档案记忆资本首先作为一种资源，能够创造效益。档案工作效益常表现为一种隐蔽效益、"影子收益"③。2019年，国家档案局废止1994年发布的《开发利用科技档案所创经济效益计算方法的规定（试行）》，但档案作为一种精神产品对物质生产的推动效应客观存在。文化资本是"能带来价值增量效应的文化资源"④。档案记忆资源具有浓郁的乡土

---

① 国家档案局：《"十四五"全国档案事业发展规划》，https://www.saac.gov.cn/daj/yaow/202106/899650c1b1ec4c0e9ad3c2ca7310eca4.shtml，访问日期：2023年10月25日。

② 陈辉：《治理视域下的档案工作发展对策探究》，《档案学研究》2017年第4期。

③ 陈永生：《档案工作效益论》，中国档案出版社，1995，第38页。

④ 施炎平：《从文化资源到文化资本——传统文化的价值重建与再创》，《探索与争鸣》2007年第6期。

风情和地域、民族特色，开发相关档案记忆成果成为必要与可能。档案记忆消费实现了从记忆资源向文化、经济和社会资本的转型，"从引导、规约经济人活动的文化形态转变为一种服务性、建设性的资本形态"[①]。生产性开发又称资本化开发。"档案与文化产业"也是国际档案理事会2014年年会主题。

以入选世界记忆名录的近现代中国苏州丝绸档案为例，其时间跨度百余年，包含数十万丝绸档花色花样。这些"丝绸记忆"档案不仅记录了丝绸行业发展历史，折射出中国丝绸文化与近现代时代变迁轨迹，更蕴含了我国纺织大国和中华民族的共同体记忆，极具历史人文价值。苏州市建立了中国丝绸品种传承与保护基地、丝绸档案文化研究中心，所研发的"新宋锦"成为2014年APEC会议各国领导人晚宴着装材质[②]。这既属于抢救性开发，又具有资本化开发的特征，成为档案记忆消费服务经济社会发展的范例。

发展作为多维度的全面发展，绝非经济的单向度发展。在社会主义文化强国建设推动下，文化事业与文化产业成为众所关注的焦点，如非遗保护、乡村旅游、地方文化品牌推广、红色文化传承等。市场化运作成为地方政府开发文化资源的重要方式，档案记忆资源开发有可能纳入到地方文化的资本化运营中。借助对这一重要记忆资源的开发，地方政府可提升地方声誉，吸引开发资本，推动当地经济社会的发展。随着民间记忆热的兴起，一些旧有城市空间记忆和乡土记忆引发更多关注。一些民间资本也开始发现记忆价值，并通过私人收藏、私人博物馆、私人档案馆等形式加入这一行列。

---

① 丁华东：《档案与社会记忆研究》，人民出版社，2016，第210页。
② 吴品才：《"苏州丝绸档案"入遗的理论与实践启示》，载卜鉴民《世界记忆工程与地方档案事业发展研究》，人民出版社，2018，第43页。

"社会资本基本上是无形的，它表现为人与人的关系。"① 档案记忆资本与社会关系紧密相关，尤其建立在信任的关系基础上。它提供了情感的纽带、认同的空间，体现出人的自主性的一面，可归为一种隐性资产、无形资本。档案记忆可转化为文化自信、有组织力的社会资本，强化组织，增强国家和民族的凝聚力。"能够不断为社会凝聚力提供动力资源的社会关系和组织网络"② 构成了国家软实力。如通过钓鱼岛历史档案捍卫国家主权和利益，通过世界记忆名录档案传承国家和民族历史文化。新媒体时代档案记忆消费迎来了记忆资本化的新发展。

二、档案记忆资本化消费的新动向

新媒体本身蕴含产业逻辑，强调意义经济。媒体产业的发展带动了文化消费的兴起，承载意义消费的档案记忆消费焕发新活力。新媒体下消费的不仅包括档案信息、档案知识，还包括价值、情感、认同等意义成分。记忆消费在新媒体领域有着不同的考量体系。以新兴的档案微信公众号为例，"阅读"已成为衡量公众号文章消费结果的重要维度。为考察新媒体领域数字档案记忆的内容生产与消费动向，笔者在常规的微信公众号运营指数分析基础上，选取热点的微信公众号发布文章进行内容分析。根据档案社交联盟2018年度全国档案微信公众号排行榜③，通过"清博大数据-清博指数"（http://www.gsdata.cn/），对其中排名前100的公众号建立自定义榜单，对各微信公众号推送文章进行数据采集。数据采集时间段为2019年2月1日至6月30日，汇总时间为2019年7月

---

① 詹姆斯·科尔曼：《社会理论的基础（上）》，邓方译，社会科学文献出版社，1999，第356页。
② 燕继荣：《社会资本与国家治理》，北京大学出版社，2015，第177页。
③ 叶雯雯、李敏、朱菡雨：《社媒联盟丨2018年全国档案界微信公众号排行榜发布》，http://m.sohu.com/a/287938933_734807，访问日期：2019年7月6日。

6日。将汇总后的全部文章导入Excel进行报表分析，依照文章的月榜排行，筛选出每月阅读量排行前200的文章1000篇，筛选出原创文章489篇，去除档案工作资讯、报道等关联度低文章后，总计337篇。其中："吴江通""档案春秋"发文总量分别以97篇、40篇居前；阅读量1万以上的16篇文章中"金山记忆"占10篇。档案微信公众号文章阅读排行榜单与公众号的总体微信榜单存在正相关关系，相应的公众号微信传播指数（WCI）比较高，见表6-1、6-2，图6-1。

表6-1　部分档案微信公众号文章阅读统计表

序号	公众号名称	篇数	总阅读数	在看数	平均阅读	5000+文章数	月均WCI	2018年排名*
1	吴江通	97	302 739	9 041	3 121	45	593.8	2
2	金山记忆	10	301 418	12 987	30 142	10	720.1	1
3	档案春秋	40	121 276	1 415	3 032	16	485.3	4
4	皇史宬	22	66 262	3 552	3 012	10	480.5	5
5	三明档案	3	36 202	1 279	12 067	5	445.7	6
6	民国大校场	19	35 663	1 395	1 877	3	389.9	14
7	上饶记忆	9	34 776	390	3 864	4	414.6	9
8	苏州档案	23	33866	2 344	1 472	3	401.3	10
9	江苏档案	16	31 750	1 018	1 984	3	464.4	8
10	记忆南通	13	30 027	845	2 310	2	392.5	15
11	枣庄档案	18	28060	707	1 559	2	368.6	22
12	福建档案	10	13 460	1601	1 346	0	412.9	28
	合计	280	1 035 499	36574	3698	103	—	—

注：★排名数据摘自档案社交联盟"2018年度全国档案微信公众号排行榜"。

表6-2 部分档案微信公众号文章分主题阅读统计表

序号	公众号主题类别	篇数	占总篇数比例	阅读数	占总阅读数比例	在看数
1	人文地理	47	13.9%	297 699	26.3%	8 962
2	人物	89	26.4%	210 055	18.5%	6 063
3	饮食	31	9.2%	113 270	10.0%	3 188
4	文化艺术	29	8.6%	85 080	7.5%	4 360
5	教育	10	3.0%	81 001	7.1%	4 382
6	市井生活	33	9.8%	70 839	6.2%	2 610
7	建筑	25	7.4%	65 249	5.8%	2 065
8	民俗节庆	33	9.8%	63 097	5.6%	2 516
9	卫生	6	1.8%	40 830	3.6%	1 343
10	军事	10	3.0%	35 845	3.2%	1 013
11	解放	14	4.2%	35 732	3.2%	849
12	老字号	4	1.2%	22 594	2.0%	612
13	历史事件	6	1.8%	12 222	1.1%	653
	合计	337	—	1 133 513	—	38 616

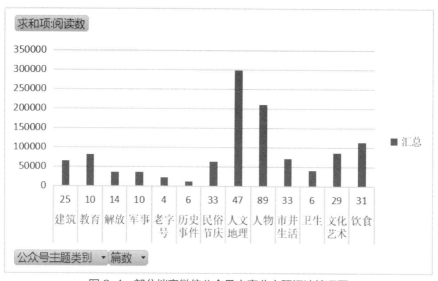

图6-1 部分档案微信公众号文章分主题阅读情况图

　　笔者对筛选出的337篇文章根据总阅读量排序，将主题类别大体分为人文地理、人物、饮食、文化艺术等13类。当年是中华人民共和国成立70周年，因此将"解放"主题的文章单列出来，一些不便归类的历史事件单独归为一类。在文章发布主题上，与地域直接有关的人文地理、人物、民俗节庆、饮食、文化艺术等类别受到更多消费者青睐，在"评论区"的留言不仅有点赞，还有拓展、补充型评述，这也是源于地方认同和怀旧情感等，属于地方文化资本消费的内容之一。在文章发布时机上，除常规性发布，更多文章与当下时事、时令相契合，如各种节庆期间的地方风俗、特色饮食等。这也提示，有关档案记忆资源在适当情势下可引发当下的记忆共鸣。除以文章为主的微信推送文章外，更有微视频、动漫等新兴趋势。

　　结合上述微信文章内容分析，两方面的档案记忆资本化消费动向值得关注。

　　一是档案记忆的怀旧式消费。在再现历史的同时，社会也不时要求"润饰它们，削减它们，或者完善它们，乃至我们赋予了它们一种现实都不曾拥有的魅力"[①]，这一魅力即怀旧。过去并非简单的档案记忆文本、内容，体现出历史、身份的延续性。这在现代化进程持续进行的当下已显现出来。随着社会的快速变迁，近年来兴起怀旧式消费。城乡的剧烈变革让曾经的市民、村民目不暇接，旧城改造、新农村建设，"忽如一夜春风来，千树万树梨花开"。鳞次栉比的高楼和星罗棋布的超市、购物中心，让人感觉熟悉而又陌生。这种时空的错位感、心理的疏离感使得怀旧之情油然而生，从过去寻求自我认同。这与猎奇型消费、信息型消费不同，出自人的本心，且与内心深处的原初记忆有着藕断丝连的关系。以老字号档案记忆为例，北京、上海等地都加强了老字号档案的管

---

① 莫里斯·哈布瓦赫：《论集体记忆》，毕然、郭金华译，上海人民出版社，2002，第91页。

理，这些悠久品牌承载了时代和国人记忆。这类档案记忆不仅是企业的精神财富，也是属于民族和国家的精神财富。老字号档案记忆有着重要的市场推介与文化营销意义。当下，以怀旧为主题的品牌消费已屡见不鲜。无论是国家主席习近平夫人彭丽媛出访带去的国礼"百雀羚"，还是"老冰棍"的重新热销，都体现出怀旧经济的长盛不衰。在上述采集分析的微信文章中，饮食、市井生活、民俗节庆等热门主题正是怀旧性消费的体现。这种怀旧植根于彼时的生活世界与生活方式。当现在已难以追寻时，我们还可在档案记忆中寻求。

二是档案记忆的认同性消费。在社会变迁过程中，认同的确立越发重要。档案记忆可成为国民历史教育内容，成为国家民族认同的源泉，转化为社会治理所需的国家资本。身份认同经识别差异而确认，并且持续变动。在社会转型背景下，国人面对不同程度的身份漂移和认同困境，一系列社会变革使得拥有多种身份成为可能，一系列新群体尚未形成相对共识的身份认同。在新媒体时代，原先在现实社会中基于地缘、血缘和姻亲等形成的生活共同体，被流动的网络空间所部分替代。网络上的身份更为模糊，一众网民集结于知乎、天涯、豆瓣、小红书、抖音等，普通人可能成为"网红"。意义为先，要求透过档案记忆文本，通过诠释来揭示隐含的人与人、人与客体、人与社会的互动关系。这也是消费者在何种程度上理解、把握档案记忆生成者意图的关键。在新媒体传播构建的意义场域，这一关系直指家庭、家族、社区、社群、民族、国家等共同体所共享的价值、身份、认同、归属感。认同包括多重内容：其一，政治认同、国家认同。资政育人是档案部门的重要职责。以上海档案馆主办的一系列红色档案展览为例，再生产出一系列"共产党人在上海""红星照耀中国"等红色记忆。其二，地方认同。档案记忆的认同消费在互联网及社交媒体中，往往围绕地方记忆形成社区。正是通过不同的他地的记忆，"故乡"形象得以重构，建立起更多的地域认同和身份认同。其三，家庭认同。家庭记忆一直为哈布瓦赫等学者所关注。档案记忆资本化消费更多地体现在个体层面。新媒体时代提供了多种身份与认同构建、统一的可能。

三、档案记忆资本化消费的边界

尽管社会记忆资本化将新媒体时代的档案记忆消费引向深入，有利于提升档案记忆再生产的效果，但其风险同样客观存在。既往文化实践已暴露出一些背离记忆传承方向的问题。如一些非物质文化遗产所遭遇的传承危机，也是资本化负面效应在文化遗产保护领域的投射。美国政治哲学家汉娜·阿伦特（Hannah Arendt）曾在描述文化危机时指出，"这些改变（注：指改编文化对象以迎合大众消费）并不意味着文化传播到了大众，反而是文化为了迎合娱乐的口味被破坏了"①。在消费主义文化中，这一点同样引人警醒。在文化消费兴起的趋势下，有必要保持对档案记忆资本化消费的理性认识，对其局限持有敏感性，厘定一定的合理消费边界。

消费引导生产。为实现记忆资源的最大资本化，档案记忆再生产中倘若过多地以市场消费需求为选取与衡量标准，或删繁就简，或将其剥离出原有的场域，将其与社会环境割裂开来。在记忆过度消费的同时，"记忆之镜"有可能失却原有的真实，表达出迎合市场、消费者需求的虚幻映象。档案记忆的片面资本化会使既有价值丧失，难以持久。社会记忆只有通过有序传承、合理消费，其生命力方得以持久延续。这也符合档案工作社会效益为先的准则。档案记忆资本化消费的边界也类似于档案记忆资本化生产的边界。

---

① 汉娜·阿伦特：《过去与未来之间》，王寅丽、张立立译，译林出版社，2011，第192页。

首先，避免档案记忆消费的表层化。社会记忆存在脆弱的一面，既有社会记忆资本化消费中割裂与固有传统联系、有名无实的现象并不鲜见。部分社会记忆在外部环境快速冲击、内生机制维系乏力的情况下，传承已属不易，若遇有不当、无序再生产，有可能导致如"千人一面"的城市化改造或形神俱失的仿古建筑出现，失却灵魂与根基。从资本化的角度来看，不能片面追求"注意力经济"，避实就虚，满足于表层的热闹与红火。尤其现代网络社会出现泛娱乐化现象，以娱乐化形式解构宏大叙事，甚或与历史虚无主义思潮相裹挟，热衷于所谓的"档案"解密极易混淆视听。这些都要求在档案记忆再生产中予以有力回击与回应。缺乏扎实的历史根基和丰厚的现实土壤，档案记忆的主旨将难以得到充分表达，相关成果可能沦为重建社会记忆的空壳，加速社会记忆的失根、断裂。档案记忆的资本化消费应当引以为鉴。尤其是档案记忆的意义消费不能泛化、虚无。倘若档案记忆消费与社会记忆的价值理念、整体框架并不冲突，不会招致诟病；而当其有碍公平公正、影响社会记忆传承，甚至偏离目标时，则值得忧思与避免。

其次，避免档案记忆消费的碎片化。稀缺更能引发档案记忆资源的资本化。档案记忆作为文化符号，在资本包括经济、文化资本的争夺与驱动下，档案记忆生产与消费的碎片化在所难免。当前，档案记忆资源整合机制尚未完全确立，档案记忆资本化生产处于各自为政的状态，不同地方、系统、部门间竞争多于合作。诸如各地对名人故里、传说故事起源地的争夺一度此起彼伏，甚至为之对簿公堂，其中不乏地方档案史志部门的声音。从整体社会记忆传承出发，有必要将档案记忆置于大的共享记忆框架下，从国家记忆、地方记忆、群体记忆等整体性角度引导档案记忆生产与消费。档案记忆的碎片化加工和消费，或可导致记忆全息图景的基因缺失，难窥全貌。新媒体时代浅阅读、碎片化传播的盛行有可能助长这一倾向，弱化档案记忆的意义深度。档案记忆资源类型多样、形态各异，形成系列、规模与特色才能实现资本效益最大化。针对档案记忆消费，有必要引入一定的顶层设计与合理规划，形成全局性、长远性、层次性的再生产体系。

最后，避免档案记忆消费的片面化。出于不同的价值取向，资本力量突出、社会效应强烈的档案记忆资本化消费可以获得更多的政府资助、企业资金、社会关注，不易产生社会影响的档案记忆如边缘记忆、苦难记忆、同质化记忆等往往受到忽视，成为档案记忆再生产的薄弱点或盲点。由于政治、经济、文化等各方面因素，档案记忆资本化生产中也倾向于选择性地开发社会记忆主流的一面，对社会边缘、苦难、创伤与痼疾的另一面或略过不表或语焉不详。社会记忆的资本化消费加速了这一人为的选择过程，在某些记忆得到强化的同时，也使遗忘延续，直至将某些记忆推向"记忆黑洞"。苦难与创伤不仅意味着记忆的暗处，还有可能转化为警示后人的明处，记忆与反思不可或缺。如当今世人共同关注的大屠杀档案记忆等从隐没到再现、消费，最大的意义可能在于它们已转化为全人类的共享记忆，避免历史悲剧重演。

由此，档案记忆消费首先应立足于有序的资本化生产，否则不仅难以形成效应，反而有可能会制造不必要的纷争。其次要占领主渠道，档案记忆资本化依赖于品牌的生成，因而在加大资本化生产与消费的同时，有必要从社会记忆控制的角度承担起社会记忆建构的责任。适应新媒体语境的档案记忆再生产因处于新兴领域，对于有望生成品牌的档案记忆资源，具有资本化开发的潜质，可据此获得资源导入，甚至发挥市场的资源基础配置作用和调节功能，展现出效益和效率的活力一面。对于面临失传、濒危境地的品牌档案记忆资源，如非遗档案资源、重要口述历史档案资源等，进行抢救性的再生产刻不容缓。

第四节 档案记忆消费方式与途径的转变

新媒体时代档案记忆再生产向消费者导向、资本化消费的转化，有效促进了档案记忆消费者对档案记忆的获取、认知、理解与诠释，突破了传统档案记忆消费方式，反映出新媒体消费环境的新变化，并以数字化消费、个性化消费、品牌化消费、休闲化消费为代表。档案记忆的消费途径则随着消费方式的变化向线上转移。

一、数字化消费场景的重塑

新媒体时代媒体环境发生变化，新媒体与数字消费形成了一个记忆消费场域，各种关系作用于其中。数字化消费方式体现为主体与客体间的不同关联和作用关系，不同的数字记忆成果决定了不同的消费方式。近些年，数字中国建设持续推进，智慧城市、智慧乡村已初见成效，新媒体已融入城乡民众日常生活。依托数字化平台和移动互联的普及，档案记忆消费不仅可扩大既有的城市受众范围，还可将记忆成果"入村到户"，提高受众覆盖面和互众参与度。这一数字化不仅表现为档案记忆形态的数字化，更重要的在于树立一种数字化的理念，实现档案、图书、文物等各种社会记忆形态的数字化整合，通过新媒体终端等提供在线文化产品服务。

　　档案记忆的数字化消费方式具有便捷、交互、低成本等特点。其一，便捷性。档案记忆的数字化消费克服了时空障碍，对于进入公共记忆的档案记忆，新媒体移动互联成为档案记忆消费首选方式。诸多开发的数字档案馆系统，在功能需求中都嵌入了档案在线利用平台的设计与扩展。如政务服务中的"一网通办"平台，通过身份认证等与门户系统结合，档案记忆消费更为便捷。其二，交互性。档案记忆的数字化消费可充分发挥新媒体的互动优势，消费效果如评论等可实时呈现。受众在进入在线展览或数字人文平台等档案记忆空间时，可借助一系列交互技术的运用，获得全新身心体验。受众的情感变化也可经由智能媒体的生理传感器和人机交互技术得到获取和表征。其三，低成本性。随着数字中国建设的纵深推进，互联网基础设施日益完善，信息消费成本不断降低，档案记忆数字化消费愈发触手可及。

　　随着文化数字消费场景的建设与优化，档案数据开放计划的扩大实施，档案信息资源社会化共享服务平台建设的持续推进，以及智媒传播的发展，数字化消费成为具有数字阅读习惯公众的基本消费方式和常态生活。随着数字经济成为经济新引擎，文化数字消费进入发展快车道，5G、人工智能、可穿戴设备等的发展也助推数字记忆消费走向深入，以智能手机为代表的移动终端消费成为数字消费的主要渠道。在智能媒体中的场景，"场""景"分别具有时空属性和心理属性，共同构建起用户的生活世界①。随着技术的更新迭代，现实场景和数字场景有望高度融合。这种跨域传播催生出全新的消费场景，带来更为人性化的档案记忆数字消费体验。

---

① 程明、程阳：《5G时代智能媒体发展逻辑再思考：从技术融合到人媒合一》，《现代传播（中国传媒大学学报）》2021年第11期。

二、个性化消费的扩张

随着消费者文化素养的提高和信息获取能力的提升，档案记忆消费者的主体能动性得到更大的发挥。现代性的一个结果就是个体的主体意识增强，原先作为个体认同基础的历史文化，采用教条式灌输和说教式宣传难收实效，只有走进人的内心，才能长久留驻。尽管档案记忆加工已作出针对性区分，但在消费环节，档案记忆消费者的主体性更强，接受的权力更多取决于个人。虽有一定随机性，但仍有一定规律可循，即与档案记忆消费者的个性化需求相联系。在强调个性和个体需求的新媒体时代，人的主体价值得到充分重视，对人自身的关注得到强化。档案记忆消费者开始主动参与生产和消费。档案记忆因本源性而特色各异，个性化消费成为可能。文化消费本身强调个性，记忆具有强烈的私人化色彩，使档案记忆有着个性化的差异。对于同一档案记忆，因个体差异，有着不同的消费重点、消费成效和消费欲望。英国心理学家巴特莱特提出了关于记忆的心理图式理论，将心理图式理解为由个人过去的经验和印象形成的一种文化心理倾向。当我们记忆时，事实上在重构一个故事。经由个体化的消费体验，档案记忆得以真正激活，嵌入到这一心理图式中，形成属于自我的个体记忆，社会记忆由此完成传递共享过程。同时，这种档案记忆通过人际间的交流传递，进一步推进社会记忆再生产。

个性化消费在新媒体时代已通过长尾经济显露出来。以文化消费中的新闻产品为例，新技术"不仅加速了新闻生产和流通的速度，更将新闻生产变得开放、协作、高效，并在全球范围内使'长尾'记忆变得可能、可见和可用"[1]。目前，档案记忆成果包括展览、纪念空间、影像等，

---

[1] 龚新琼：《"我们需要的过去"：空难报道中的记忆生产逻辑、类型及价值》，《传媒观察》2022年第9期。

新媒体时代展现出不同界面、不同方式个性化的可能。网络受众的"粉丝"效应，代表着观点选择与情感倾向。对档案记忆数字消费者也需要去发现、挖掘。除了主动选取外，新媒体中一系列基于算法技术的内容推送、订阅号，实现了档案记忆消费群体和受众细分化，为档案记忆消费者构建了不同内容获取场景、社会交往平台。档案记忆的个性化消费同时体现为基于情感与认同的社群化消费。消费经济也是意义经济，消费者在共享社区中，寻求个体归属。个性化的档案记忆消费体现出民众个人主体意识的觉醒，将成为新媒体时代的重要消费方式。从社会记忆代际传承的角度，档案记忆消费更为关注城乡新生代的心理、行为特征和文化消费习惯。

三、品牌化消费的突破

从文化消费的视角，档案记忆的品牌化消费具有先天优势。在诸多以探索史实为主题的纪录片中，如《国家宝藏》《探索·发现》等，档案记忆均占据重要地位，成为打造品牌栏目的重要保证。北京卫视《档案》栏目曾获第13届"中国电视榜"最佳人文节目奖。一般而言，被冠以"档案"之名便多了几分郑重感，加上档案开放利用限制获取不易，更易激发公众探究兴趣。在新媒体空间，尽管消费多样化，但具有品牌效应的优质内容生产因传播的信任机制更占优势。信任机制在传播中具有重要作用。在多形态记忆资源中，档案记忆从其生成机制上，经过多重筛选，反映出对历史的本源记录。这种通过保罗·康纳顿所谓"刻写的实践"赋予其内在的信度，成为一种记忆成果的品牌保证。对于愈加重视优质、深度内容的记忆消费者而言，档案记忆资源属于优质资源，在同类记忆资源中具有天然的公信力和文化记忆品牌优势。借助新媒体平台与资源，在消费这一环节，档案记忆消费者需求逐步向品牌档案记忆的消费集聚。这一品牌可以植根于来源，依托于加工方式，成就于传播平台。新媒体时代品牌的构建尤其重要，通过打造记忆品牌，档案记忆的公信力得以延续，档案工作者的职业使命得以彰显。

记忆与时空密不可分，要注意时代和地域符号在档案记忆品牌化消费中的运用，使之成为唤醒记忆的触发器。品牌意味着名牌，表现为名人，如政治、经济、文化、科技、教育、国防等各领域精英；体现为名事，具有历史意义的重大事件、典型事件；呈现为名物，如当地的风土特色物品、建筑等实体。档案记忆的本源性特点，使得与之相关的开发成果与其他来源的记忆成果相比，具有高度的标识性、原创性和辨识度，由此形成差别化的档案记忆成果，具有不可替代性，在各类记忆成果中独领风骚。正是这一维度支撑起档案记忆再生产的基石，并据此吸引和凝聚相对稳定的档案记忆消费者群，实现消费者培育、消费者反馈、消费者参与的有机统一。当各地都在重视地方记忆资源开发时，如何突显优势，精准"链接"消费者需求十分重要。对于地方民众，以乡愁、乡情为纽带更为有效；对于其他民众，别出心裁的创意尤其重要。如可考虑依托入选各级记忆名录、非物质文化遗产等的档案记忆内容，进行档案记忆品牌成果的再生产。新媒体时代，有价值的用户流量趋向品牌文化产品和主流媒介平台和入口集聚。例如人民日报等主流媒体微信公众号平均阅读量10万以上，一些热点新媒体产品阅读量甚至以亿次计。这也给予我们启示：拥有巨大控制力的传统主渠道在新媒体时代不仅未被弱化，相反更为强化，新媒体成果的品牌效应突出，相较于传统传播形式和消费渠道具有广阔发展前景。

四、休闲化消费的兴起

前文所述档案记忆资本化消费中的怀旧消费、认同消费等揭示出休闲消费的再度兴起。1980年第九届国际档案大会已探讨"档案的普遍利用"。2000年在西班牙召开的第十四届国际档案大会第三次全体会议聚焦"休闲利用"，关注消费者的变化和档案休闲作用的发挥，并引申出一个问题——"我们可以巩固已经熟悉的市场，或者说我们能够开辟新的市场吗？"①。这一问题放在当下，答案是肯定的。新媒体时代已然为这一主动获取型的休闲化消费开辟了一片文化新田野。如国内外公众对查证家谱、家史的档案利用都有相当比例，并有升温之势。越来越多的公民关注个人及家族之根。这种消费不以功利性为目的，更在于一种文化精神需求。如2023年，苏州中国丝绸档案馆启动了"第七档案室"沉浸式互动体验活动，以"中央文库"红色历史为背景，融档案教育、谍战、丝绸文化、实景演绎为一体②。这不仅具有档案休闲文化推广意义，也能为红色文旅注入新的活力。

面对休闲消费，市场机制有可能引入其中。档案记忆消费作为文化消费的重要内容，有融入文化产业的一面。对于档案记忆的资本化消费，甚至可成为市场购买的内容。典型的如新媒体平台的付费订阅、付费会员等，国外还有家谱公司等提供付费服务。档案记忆的休闲消费趋势也可从档案期刊的转变中看出端倪。如《档案春秋》以档案揭秘为主要看点，融真实性、可读性和故事性于一体，所发文章多被主流媒体转载或选编。除《档案学研究》《档案学通讯》外，原有的各档案类学术期刊在栏目设置上均加大了文化记忆成果的比重。这些传统纸媒内容成为新媒体平台的重要资源，也是优质资源。如2016年《档案春秋》杂志开通微信公众号后，有的文章阅读量达10万以上，其传

---

① 李海英：《新的领域　新的发展——第十四届国际档案大会第三次全体会议述要》，《中国档案》2001年第3期。

② 《活化"世界记忆"：苏州中国丝绸档案馆档案走进日常》，https://www.sohu.com/a/658448409_260616，访问日期：2023年12月18日。

播速度和范围远超传统期刊发行模式。这本质上缘于档案记忆成果的品牌效应。

五、在线消费的互动实践

新媒体时代各类档案记忆消费方式，莫不依赖于一定的消费途径，其中最主要的转变体现为线上消费途径的多元化。康纳顿强调社会记忆重在传递，除了刻写记忆外，还有仪式及体化实践，其所具有的记忆交流与共享效果，具有普通记忆文本难以比拟的沉浸感。档案作为人类记忆的外化存储机制之一，记录社会实践活动的背后，指向的是深层社会交往体系。社会记忆正是交流共享达成的记忆。正如人的记忆需要某一符号、场景的触发，社会记忆同样需要一定的触发，新媒体空间的沟通实践如消息、阅读、评论等则扮演了这一角色，甚至于回复评论中的"表情包"也富有符号象征意义。新媒体空间作为记忆场域，充满各种关系的交叉与联结，并延伸到现实的社会关系网络，这一特性在社交媒体中表现得淋漓尽致。新媒体空间从互联网社区如论坛、朋友圈等，到具体文本的超链接、延伸阅读等，体现出与关系的紧密关联。从莱文森的媒介人性化趋势角度，这种关系交流近似于人类面对面交流或身体实践的沟通实践。档案记忆消费的效果可转化为行动。选择何种媒介，可参考丹尼斯·麦奎尔列出的媒介选择过程的整合模式（见图6-2）。

结合新媒体发展，除在线档案利用、网络平台获取外，公众的各类网络交往行为可参照归入档案记忆消费的沟通实践一列，包括阅读、评论、分享转发等。

第一，在线档案利用。档案馆在线服务方式主要包括在线开放档案目录数据库检索、远程服务、在线档案展览、新媒体文章发布等。数字档案记忆的在线、远程利用或消费途径持续扩大。2022年，国家档案局

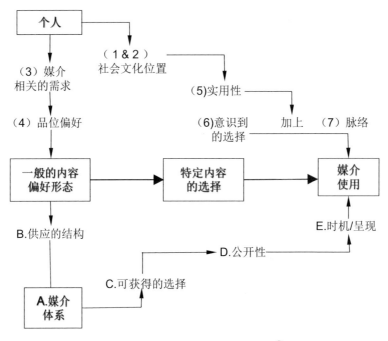

图 6-2　媒介选择过程的整合模式图[1]

"全国档案查询利用服务平台"上线运行，接入档案馆千余家，便于公众一网查档[2]。

第二，网络平台获取。新媒体营造了开放的信息空间，公众借助手机等移动端，可通过个体的社会关系网络进行信息聚合、发布与传播。随着公众趋向以常用账户入口获取各类网络服务，网络平台入口渠道值得关注。新媒体时代分众化、差别化消费趋势突出，订阅式阅读、客户端推送拥有相对稳定的消费群体。档案记忆的社会化加工趋势，将从档

① 丹尼斯·麦奎尔：《麦奎尔大众传播理论》，崔保国、李琨译，清华大学出版社，2010，第350页。
② 董博婷：《国家档案局：全国档案查询利用服务平台正式上线》，http://www.news.cn/politics/2022-07/07/c_1128810152.htm，访问日期：2023年1月10日。

案机构延伸至相关的网络平台或社区，公众可通过新媒体的超链接导航信息获得更多的档案记忆引导。

第三，网络阅读。阅读在新媒体语境下属于宽泛的概念，由于新媒体融多种媒体表达形式于一体，阅读既包括传统意义上的文字、图片阅读，还包括对音频的"听读"，往往形成复合型的阅读体验。VR、AR、全息投影等技术的运用，更发展出沉浸式阅读。基于算法的推送，阅读的个性化色彩日益鲜明。可以说，新媒体对"注意力经济"作了最佳注解，在争夺碎片化时间、有限注意力的记忆场域，点击量、阅读量、转发量等成为重要标尺。

第四，在线评论。评论包括跟帖、留言、点赞等各种评论性行为。留言可经过网络后台筛选后显示。不作任何评论的"点赞"这一行为，亦具有象征意义，隐含着对主题的关注、内容的认可、立场的表达。对同一评论的点赞，则使意见表达更加直接、便捷、可计量，呈现"刷屏"效应。除文本自身外，留言区、评论区的评论阅读量经常处于前位。"自古评论出人才"虽带有调侃意味，却也反映出可从有内容的评论中了解观点、态度和行为。这对于档案记忆消费有重要的传播分析意义。

第五，网络分享。有价值的阅读会衍生有价值的分享。记忆需要传播，分享意味共享信息的同时分享某一观点、立场。分享方式包括转发到网络平台空间，也包括点对点式分享，如分享给特定"好友"或群发至"朋友圈"，还可根据朋友查看权限、可显示时间段进行限制公开。一般而言，人们更信任具有较高社会权威性的专业人士或持有共同兴趣、经历、理念的朋友转发的信息。基于"人以群分"的关系网络，分享式"荐读"能发挥强大的传播能力与效应，获得更大阅读量和转发率。这成为扩大档案记忆消费的重要途径。

第六，网络互动。档案馆在线参与式活动主要包括在线展览、在线知识问答、在线直播甚至网上游戏闯关等。它实现了人际关系在网络上的延伸，线上与线下的联动更易引发参与式、沉浸式互动。它与上述几种网络行为有融合之处。如网络直播时，评论、弹幕、"献花"、送礼物等在线行为强化了网络互动效果。文档、图片、音视频等均可凭一个二维码扫码呈现。这为档案记忆提供了复合性数字化消费方式。

档案记忆消费途径的变化，为开展档案记忆消费者的深度分析提供了可能。在档案记忆消费者培育过程中，新媒体时代的互联网思维在各方面都有所渗透与体现。对"长尾用户"即小众或有特殊需求的消费者的关注，是另一种思路。在智媒传播语境下，传统意义上档案用户的界限被打破，通过媒体的交互性，收集消费者数据信息更为便捷且可信。通过对档案记忆消费者的在线消费分析，可据此知晓：消费者认知档案记忆成果的途径与渠道，消费者对档案记忆再生产内容和形式的关注重点，消费者在档案记忆消费行为中的具体方式与效果。人们还可获取以往较难采集的消费者背景信息，如消费偏好、立场、观点、情感、兴趣、关系甚至开发创意，从而进行精准加工，提升公众参与互动的范围、层次与深度。譬如借助生物传感技术和人机交互技术，新媒体可获取档案记忆消费的情感变化。2018 年新华网利用自主研发的 Star 机器人，制作了全国"两会"报告的首条生理传感新闻《更懂你》，利用实时采集的人体生理数据、语义、表情等，绘制情感曲线，直观呈现用户媒体内容体验。此类"情绪流"成果引发公众关注的同时，也提出启示。对于以情感认同为目标的档案记忆，智能媒体所带来的共享体验与效果值得期待，以人机具身体验为代表的智能化消费场景有可能脱颖而出。因此，对档案记忆消费者体验数据的积累与分析成为下一轮档案记忆成果生产、推送邀约的关键。其中，应对档案记忆消费者的隐私权保护及相关伦理予以深入思考，并加以必要规范。

第七章

面向智媒时代：档案记忆再生产的转型影响与推进机制

> 在这一（新的）时代中，集体记忆和档案彼此相互建构，从而弥合了集体记忆的内在性和外在性之间的鸿沟。
>
> ——（德）阿尔君·阿帕杜莱①

　　档案记忆再生产转型显现总体性趋势和内在运行逻辑，并对社会记忆整体建构产生影响。理论研究目的不仅在于阐释社会现象与事实，形成对世界的理解，还在于对实践的反思与行动。档案记忆再生产本质是精神生产实践，本章即力图探求"如何转型"的行动逻辑。面向记忆流动加速的智媒时代，有必要构建契合转型的实践路径体系，以助推转型进程，提升其对总体社会记忆及社会再生产的影响能级。

---

① 尼古拉斯·盖恩·比尔：《新媒介：关键概念》，刘君、周竞男译，复旦大学出版社，2015，第77页。

第一节 转型总体特征

借鉴费孝通先生的"文化自觉"理念，与新媒体时代主要社会情境变化相适应，档案记忆再生产更为注重时代性、民族性、交互性，其运行逻辑与转型变化体现在路径、取向、内容、方式、范围等一系列对比性变化上。

一、路径：单向性转向多元化

在新媒体时代，数字原生数据迅猛增长，包括档案馆在内的各类记忆机构无不重视数字记忆资源的生成与积累，共同参与社会记忆再生产。以各类记忆实践项目为例，档案部门围绕城市记忆、乡村记忆、新时代新成就、红色记忆等开展多个层面的记忆工程建设；图书馆界以记忆项目平台采集与展示中国记忆、城市记忆等；文物部门着眼于乡村记忆、非物质文化遗产、革命文物等组织记忆项目建设；教育部、国家语委实施"中国语言资源保护工程"为方言建档；文化部建设"中国记忆——中国传统文化艺术基础资源数据库"；等等。在多元社会治理体系下，新媒体时代档案记忆再生产趋向社会化、大众化、多元化，更多个人、群体或组织作为生产主体参与其中，民间、个体档案记忆逐渐浮现。

与既往多局限于单一群体或者机构不同，新媒体时代档案记忆再生产具有更多个性化色彩，档案开放公布、政府信息公开、新媒体平台、对个体记忆的关注等为公众的直接、深度参与提供了条件，社交媒体的繁荣更助推其纵深推进至个体。"一条极具黏性和吸引力的PGC+UGC（注：专业生产内容＋用户生产内容）生产与传播通路已经初具雏形。"①公众通过各类新媒体平台，以图文音像等各种形式将个体档案记忆呈现于网络空间，并融入社会意义和主体意义，公众关注焦点从文本、内容向关系、意义偏移。档案记忆再生产打破了传统单向度的传-受模式，转变为多元主体参与、相互激发的循环再生产模式。从形成者付诸媒体的各式文本，到加工者的内容诠释，再到消费者的理解建构，档案记忆的文本形式、内容和意义因多元主体参与得以扩展。

这将弥补官方档案记忆的单一框架，使宏大叙事得以细节化、人本化、生活化，社会记忆亦得到丰富和细化。以各地城市记忆工程为例，一方面档案部门主动采集各类记忆资源，抢救那些濒临消失的城市记忆；另一方面面对正在消失的老旧建筑、市井风情，公众也自发在新媒体空间生成和发布各类私人档案记忆。多元化的档案记忆构成了总体，并形成彼此的交互关系，否则流于同质、单一，也就失却了档案记忆再生产全方位、多角度反映社会实践活动的丰富意义。

档案记忆再生产具有累积延续性，新媒体时代打破了时空限制，向更大空间延伸。新媒体时代趋向于跨域传播，其对视觉文化的强调、对在线互动的重视，赋予档案记忆新的外观与形态。与社会记忆的数字化趋势相应，新媒体时代档案记忆再生产最大的转型，便是以传统较为单一方式为主到以数字化为主的跨域融合再生产方式。从累积性再生产的角度来看，数字记忆资源的采集更为多元化；从加工性再生产的角度来

---

① 刘胜男：《算法时代"好内容"的定义》，《新闻与写作》2017年第6期。

看，这一方式转变更为突出。媒体融合包括内容载体、传播渠道和接收终端等的多方融合，涉及档案机构等诸多社会机构。档案记忆作为社会历史的凝结和反映，往往与政治、经济、文化等社会发展密切相关，必须置于大的社会与历史背景中才能展现其内涵和深度，跨域生产存在可能且有必要。在文化产业的重要性日益凸显之际，档案记忆再生产也可着眼于主体、内容、方式、途径等多方面的跨域生产。

结合既有实践和发展形势，档案记忆的跨域再生产更依托于项目化运作方式。就海量档案记忆资源、庞杂档案记忆体系而言，档案机构内外专职从事档案记忆成果开发者为数不多。项目化运行导向清晰、范围可控，有利于消除地域、行业、部门边界，聚合主题，实现社会不同方面力量尤其是专业力量的引入和支持。新媒体时代记忆再生产主体泛化现象，也提示要加强力量协同整合，数字档案记忆资源的连通与共享则提供了条件。档案记忆再生产可纳入地方文化项目或其他各类项目规划中。档案机构不仅可直接参与各类记忆项目，更可承担项目设计、组织职责。项目可从管理、学术等多角度运作，寻求多方面资助。在数字档案记忆资源建设方面，国外有企业主导的市场模式和非营利性组织主导的公益模式两种。前者如美国Fold3公司（主营"战争记忆"）和Ancestry公司（主营"家庭记忆"），通过与美国、英国等国家档案馆的合作开展营利性的数字档案资源建设；后者如美国的Family Search这一公益性组织，与美国、瑞典、秘鲁、比利时等国的档案部门开展合作①。国内虽缺乏此类公司，但引入市场模式和公益模式的理念亦可借鉴。

---

① 谭必勇、陈艳：《社会记忆视野下数字档案资源建设的多元化路径探析》，《档案学通讯》2018年第1期。

二、取向：生产性转向消费性

社会记忆传承、建构的重点在于达成个体与集体、社会的理解与互动。从这一角度，新媒体时代档案记忆消费的主体性凸显出来，档案记忆消费者成为档案记忆再生产的首要考量内容，档案记忆再生产取向由注重生成转向激发消费。当前各档案机构均关注新媒体时代的新要求、新变化，譬如对于不同新媒体终端，要考虑不同对象的档案记忆消费者需求。这既是大环境使然，也是发展的内在要求。档案记忆必须活化，并与人的精神世界相联，方能把沉睡的档案化为有温度的记忆，真正深入人的内心，从而以一种无形力量推动社会记忆再生产。

消费文化因其固有的负面因子常受到批判，研究者认为物化消费使一切消解为符号，脱离了消费的本质。"电子媒体的兴起使人们警醒，我们不仅被符号所包围，同时也被多媒体所围困。"①这反过来证明，对物的消费包含着意义的消费。新媒体在一定程度上意味着意义经济，意义消费在档案记忆再生产中占据更重要的地位。对于档案记忆这类文化精神产品，档案记忆消费相较于档案信息、档案知识产品消费的超越之处，就在于记忆背后的深层意义消费。当前，档案部门加大公共服务体系建设，更为关注公民权利。这有助于强化档案记忆再生产的社会功能，从信息、知识引申到记忆的意义意蕴，对意义的诠释与理解将提升至更为突出的位置。

档案记忆再生产离不开新媒体与传统媒体的有效结合。考虑到新媒体时代分众化、小众化趋势突出，档案记忆再生产面临的消费者竞争将愈加激烈，针对性、特色化的档案记忆再生产将成为重点。通过将有关档案记忆成果推送到移动阅读客户端等，可实现其放大效应。对于记忆

---

① 蒋原伦：《媒体文化与消费时代》，中央编译出版社，2004，第9页。

消费，有必要消除疑虑，档案记忆凭借先天的本源性记忆优势，在文化消费中具有特殊地位。国际档案学界较早关注的公众休闲利用需求在新媒体时代得以激发与实现，并与公众的身份、认同、情感等有机联系起来。不难想象，新媒体时代的消费者面对如此大规模的记忆繁荣大潮，对优质的个性化内容仍会有如此期待。新媒体付费资讯用户的增长揭示出内容消费升级的需求。2021年末，我国各级国家综合档案馆开放档案已达20976.6万卷（件）[①]，海量的开放档案记忆资源成为未来档案记忆消费的又一有力增长点。由于数字经济、数字文化消费对积累数字用户、数字用户体验的高度关注，新媒体时代档案记忆消费者导向理念日益强化。在消费取向下，档案记忆消费者的记忆消费体验愈加生动、切中内心，从而吸引、培育更多的档案记忆消费者，实现档案传播价值、服务集聚受众的华丽转身。

三、内容：凝固性转向流动化

社会记忆包括各个群体、各种空间、各类形式，地理空间和社会身份的流动成为社会记忆传承、建构的要点。"集体记忆不仅承载着个人与所属群体之间的文化型构关系，而且也是一种社会建构行为。"[②]档案记忆的内在层次突出体现了社会秩序，对构筑社会结构具有重要意义。档案记忆资源通过档案馆网设置与共享的资源配置，如各级各类档案馆资源的流向与归档范围，重要人物、事件、活动的重点归档，体现出档案记忆再生产的层次与类别。档案记忆的结构映射出社会的结构，

[①] 国家档案局：《2022年度全国档案主管部门和档案馆基本情况摘要（一）》，https://www.saac.gov.cn/daj/zhdt/202308/e135948610cf40139ed61c6d9a45c6f7.shtml，访问日期：2023年11月3日。

[②] 刘燕：《国族认同的力量：论大众传媒对集体记忆的重构》，《华东师范大学学报（哲学社会科学版）》2009年第6期。

社会网格的疏密程度决定社会记忆再生产的广度和深度，网格之外也成为社会记忆的空白、边缘处。新媒体时代社会记忆呈现数字化、网络化、流动性、互动性的特点，仅依靠官方档案机构的档案记忆再生产难以完全发展。与档案管理模式更加关注社会化相应，档案记忆再生产模式中的社会化元素愈加明显。近年来在数字档案记忆资源开发中注重社会化主体的参与，也反映了这一趋势。新媒体时代伴随着一定的意义消解和认同冲击，档案记忆再生产转型的重点在于凝聚特定群体尤其是以国人和族群为代表的国家、民族认同感。中华文明绵延数千年，有着深层的文化和心理结构。既有档案记忆成为社会记忆再生产的资源与源头之一。

新媒体时代原创性内容生产成为价值源。这也是档案记忆再生产的优势所在。立足本源性档案记忆资源，档案记忆再生产力求形神兼备，意义再生产成为关键。意义与人们的社会关系与交往活动密不可分，这意味着它并非凝固于文本和字里行间，而是流动于交往实践。这种流动性依赖于文本内容与形式，具有历史与社会基点。不同的意义指向决定了档案记忆再生产对象、方式与效果的差异，后者又影响意义再生产的领域与深度。如对经典的校注成就了经典文本，档案记忆因意义再生产而强化了档案作为人类社会记忆源头之一的价值。这种意义决定何种历史事实进入记忆世界或被遗忘。在数字化浪潮推动下，全球化记忆流动逐渐增强，人类数字记忆有融于一体的趋势，打造共享记忆成为可能，这成为不同群体相互深化理解、整合认同的基石。随着国际档案事务交流的扩大，档案记忆再生产有可能跨越国别、民族，迈向全球性、世界性的人类命运共同体记忆，如以珍稀档案为代表的世界记忆名录。一系列有关档案记忆文本整理与内容加工的研究或实践项目，莫不指向国家与民族认同等深层意义。

四、范围：区域性转向全球化

新媒体时代全球性的传播网络已然成型，并深刻影响当今的记忆与文化交流，既有的民族国家、区域社区等有了新的网络空间形态，为档案记忆再生产提供了全球化视野。如非物质文化遗产档案所记录、保存的档案记忆，以其鲜明的民族、地域特色，拥有全球化的记忆前景。据有关中国国家形象的全球调查，分别有41%、21%的受访者通过"本国的新媒体""中国在本国推出的新媒体"这两个信息渠道了解中国[①]。在新媒体空间推广国家文化形象还有很大空间，面向全球化的档案记忆再生产前路漫长。这对加大档案记忆能量输出提出要求。

新媒体时代档案记忆的全球化共享与流动加速，借助以网络为代表的新媒体跨越边界，提供向世界开放、传递声音的窗口，档案记忆再生产激发情感认同的广度和深度都大为提升。长期以来，受文化语境、国际形势、媒体内容生产水平等因素影响，新媒体传播中的中国声音并不突出，中国形象并不鲜明，国际话语权的主导力仍然不强。例如，对于南京大屠杀记忆，日本右翼势力公然篡改历史，"反记忆"依然存在；慰安妇档案尚未入选世界记忆名录。所幸，南京大屠杀档案已列入世界记忆名录，彰显了对人类理性与价值的集体反思。这一创伤记忆，不仅需要国人铭记，更须融入人类集体记忆，并扎根永驻，转化为人类命运共同体意识。健忘的民族总要历经磨难，"前事不忘，后事之师"。为保持中华民族创伤记忆的存续，须"向世界警示记忆转化，即通过多元化的方式进行再生产，促进人类命运共同体意识的形成"[②]。通过再生产，档案记忆有可能跨越文化、国家、民族的壁垒，成为融汇经验与教训的

---

① 中国外文局对外传播研究中心：《中国国家形象全球调查报告2019》，https://tech.sina.com.cn/roll/2020-09-16/doc-iivhvpwy7003662.shtml，访问日期：2022年12月2日。

② 张建军：《创伤记忆：生成、承续与再生产》，《大连近代史研究》2017年第14期。

全人类共同文化遗产。

　　司基利（Szekely）将档案馆历史划为四个连续性范式，即授权–凭证性的档案馆，国家的、公共的和全球的（世界性的）档案馆。在全球档案馆模式下，基本目标为全球获取，受众为互联网用户和普通公众，档案工作者为信息专家和信息代理者所替代并成为核心专家。[①]虽然这一模式不可预期，但分析档案馆历史发展轨迹，其趋势可从数字记忆中理解。新媒体时代记忆的开放性、流动性使档案记忆再生产更具开放视野，迈向全球记忆，全球化成为档案记忆再生产的重要语境。

---

① PEREIRA Â G，VESNć–ALUJEVIć L，GHEZZI A："The ethics of memory in a digital age"，*Palgrave Macmillan*，2014，第30页。

第二节 对社会记忆再生产的影响

社会记忆是文本形式、内容、意义的复合体，在此角度，档案记忆再生产转型带来的影响主要体现在媒体记忆、数字记忆、共享记忆三个方面，并在整体上提升社会记忆再生产的速度和成效。其中，不可避免存在一定的负向影响，即记忆的竞争加剧与遗忘的冲突凸显，这常与对新媒体的批判与忧思相连。

一、迈向智慧记忆

档案记忆属于一种特殊的社会记忆，封闭期制度、开放制度等限定性记忆制度，使之隐含于社会记忆的内核，能在公众范围内再现的仍然有限。海量档案记忆处于沉睡之中，有待在适当情境下激活、展演、复活。新媒体时代档案记忆再生产转型首先表现为从内容到形式的数字化以至智慧化转型，这也反映出数字记忆融合化和智慧化发展前景。档案资源智慧化转型旨在"推动档案资源模态改变、状态精进、价值增长、功能提升"，其路径在于数字化—数据化—语义化和智慧化[①]。结合智能媒体发展趋势，"智慧"对"智能"的超越在于其蕴含的人的自主性与

----

① 祁天娇、曹宇、傅晓丹等:《"十四五"时期档案资源智慧化转型研究》,《档案学通讯》2021年第6期。

自主能力，凸显人的存在，追求"人媒合一"。在智慧场景下，智能媒体不仅作为人类感官的延伸或工具而存在，更是人类身、心、媒体交融的系统，帮助人类更好地感知与认知世界①。

数字记忆不仅包括档案记忆，还包括图书、文物、媒体等多领域的记忆形态。面对数字化转型之势，数字记忆不断生成的同时，档案记忆与其他类型社会记忆的融合通道进一步拓宽，融合力度也得到加强。数字记忆对时空界限的打破，使诸种形态的社会记忆，通过智能媒体、大数据、人工智能等技术的发展，实现集成式的信息检索、知识发现、记忆提取，并实现快速流动与传递，使多形态社会记忆相对游离的局面改善。这可为特定群体提供多方位的记忆视点和多途径的记忆资源，进而影响社会记忆建构的内容与方式。以各类数字人文项目为代表，假设大规模的机器学习和跨媒体记忆资源关联，以档案记忆为触媒，可集聚多种社会记忆形态，发挥凝聚、扩散作用，成为连接社会记忆网络的神经节点和中枢之一，甚至形成基于智慧记忆的"全球脑"。

二、丰富媒体记忆

在新媒体时代，一系列新资源成为社会记忆的重要来源，其中一大亮点就是媒体记忆。媒体并非纯粹技术的体现，它还代表一种资源、关系。如麦克卢汉所言"媒介即讯息"，媒体首先作为存储媒介而存在，其本身亦形成一种媒体记忆。新媒体时代档案记忆与公众生活的距离不断拉近。网络的开放性、超链接、标签、分享评论等，使得个体档案记

---

① 程明、程阳：《5G时代智能媒体发展逻辑再思考：从技术融合到人媒合一》，《现代传播（中国传媒大学学报）》2021年第11期。

忆不仅记录个人生活，更延伸至公共空间与公共记忆。档案记忆再生产转型为社会记忆建构贡献了新的记忆文本。如果缺乏档案记忆再生产这一档案化存储、记忆建构再现机制，新媒体时代的媒体记忆会处于流动、脆弱、离散状态。通过积极主动地收集各类社会记忆资源，尤其是政务网页、社交媒体文件等新记忆资源，档案记忆再生产不断为媒体记忆丰富内容，为社会记忆再生产提供可资信赖的记忆形态，档案记忆成为新媒体时代媒体记忆的理想"记忆之场"。

档案记忆再生产的转型从生成、加工与消费都可以看出，档案记忆不断提取、激活并融入社会记忆和媒介场域，媒体记忆的内容得以扩大，通过档案化的形式获得了累积的可能。仅以数字档案记忆资源的跨媒体融合为例，不仅要考虑技术层面问题，更要考虑各类数字记忆机构、系统的内部运行和外部协作问题。新媒体时代档案记忆再生产的转型发展，将扩大档案记忆的累积范围和程度，加快档案记忆的传播与能量输出，提升档案记忆对社会记忆再生产的作用成效，影响媒体记忆的融合进程，深化实质性融合。

三、打造共享记忆

档案记忆再生产转型中对意义的关注，更接近社会记忆的主旨核心。社会记忆再生产不仅有传递、承续之义，更有重组、更新之义，体现为意义导向的主动性生成。文本意义存在于生活世界，强调记忆的交流与互动，其中的记忆密码即共享记忆。新媒体时代档案记忆消费者对记忆的感知、获取更为便捷，既为共享记忆缩短代际或群体间距提供了优势，也带来了纷繁记忆场中的理解挑战。"理解"作为狄尔泰（Dilthey）所认为的进入精神世界的三大方式之一，"打开了日常生活所缺乏的可能性的视域"①。"理解"成为理解档案记忆再生产各方主体关系的关键。

从符号学角度来看，文本代表着符号，符号必定承载与传递一定意义。"文本一旦停止使用，它便不再是意义的承载体，而是其坟墓。"②新媒体时代为档案记忆提供了复活、演绎的新空间。在新媒体营造的大众传播环境下，档案记忆再生产蕴涵深度价值，代表公众的知情权利和记忆权力。"理解那些以最公开、最常见的传播方式流通的代码和意义非常重要，它们就是大众媒介和流行文化的不同文本。在我们的世界中，这些文本生产世界的共享代码和意义地图。"③依托数字记忆资源、共享平台等，档案记忆再生产有望直接面向公众，更为主动、开放、灵活，共享记忆也更易生成与扩散，达成群体内外的理解与反思，从宏观层面上将最终超越国家、民族记忆，指向人类命运共同体记忆。考虑到实践中的千差万别，理解与反思的过程充满挑战与不确定性，深受政治、经济、文化等多种因素的影响，尤其当涉及的内容有历史文化冲突时。

四、激活社会记忆

在新媒体时代，档案记忆再生产转型趋向更丰富的形式、更多元的内容和更广泛的范围，但新媒体自身的一些负面效应值得警觉。互联网对传统的中心造成程度不一的消解，"信息过载化、浅表化和碎片化现象促发了个体、集体记忆的断裂或衰退，""人们强烈地呼唤记忆的自觉与回归"④。新媒体时代"注意力"成为追求目标，这直观表现在阅读量、

① 杨庆峰：《历史数字化、认知与记忆》，《江海学刊》2017年第2期。

② 扬·阿斯曼：《文化记忆：早期高级文化中的文字、回忆和政治身份》，金寿福、黄晓晨译，北京大学出版社，2015，第89—90页。

③ 劳伦斯·格罗斯伯格、艾伦·渥泰拉、D.查尔斯·惠特尼、J.麦格雷戈·怀斯：《媒介建构：流行文化中的大众媒介》，祁林译，南京大学出版社，2014，第170页。

④ 冯惠玲：《数字时代的记忆风景》，《中国档案报》2015年11月19日，第3版。

点赞量、转发量等指标上。媒体领域的"热搜""10万+"等对注意力的关注，不可避免地延伸到档案记忆再生产领域。为获得更多关注，档案记忆再生产往往更关注热点。主体多元化、去中心化的趋势使得档案记忆再生产从官方垄断走向社会各个角落，甚至个人也可以参与其中，尤其是针对私人档案和个体记忆的档案记忆再生产。社会记忆因多重主体的介入、多种声音的解读，记忆更加显现出竞争性乃至冲突性，社会记忆的整体建构难度加大。社会记忆不仅是共享的记忆，也是各方权力、资本竞逐的场域。档案记忆再生产的转型诸如边缘群体声音的显现，有可能使社会记忆领域的话语冲突更为直接和明显。媒体领域自身对媒体资源占有、分配的竞争，同样反映在档案记忆再生产各个要素与环节的运作上，并直接影响社会记忆竞争的领域和力度。

五、消解记忆冲突

事物发展的根本动力在于矛盾，矛盾之于档案记忆再生产，可理解为记忆与遗忘的冲突。遗忘与记忆相对应，常成为人们努力对抗的一面。这不仅是哲学层面的重要议题之一，在文学作品中也不乏相关主题。如2004年科幻电影《最终剪接》（The Final Cut）讲述了人们在孩提时即被父母植入并记录一生的记忆芯片，而记忆剪辑师在制作身后纪录片《重现记忆》（Rememory）时，就面临保留或删除的遗忘冲突和道德困境。档案记忆再生产过程隐含着遗忘，极端情况即以销毁为手段将档案记忆清除。

保罗·康纳顿认为，与被动的"失忆"不同，遗忘有积极的一面，它"涉及不同的群体行为与社会机制"①。至少有七种类型的遗忘，包括

---

① CONNERTON P：" Seven types of forgetting"，*Memory Studies*，2008年第1期。

强权国家的记忆清除、迈向和解的遗忘、重塑身份的遗忘、结构性失忆、避免冗余的记忆删除、有组织舍弃以及抗拒耻辱的沉默性遗忘[①]。出于政治、经济、文化、制度等环境或个体因素，遗忘本身成为维护权利的重要内容，甚至成为权力的象征之一。在新媒体时代，"从遗忘为常态转移到记忆为常态"[②]，记忆能力快速增长，社会遗忘能力则面临弱化甚至大幅度丧失的挑战，"被遗忘权"日益引发关注。舍恩伯格甚至用数字监狱比拟数字记忆带来的风险。新媒体时代档案记忆再生产的社会化转型，能够在宏观层面将记忆与遗忘加以适当协调，提供了消解冲突的又一可能。

[①] CONNERTON P: "Seven types of forgetting", *Memory Studies*，2008年第1期。

[②] 维克托·迈尔·舍恩伯格：《删除：大数据取舍之道》，袁杰译，浙江人民出版社，2013，第21页。

第三节 面向智媒时代的推进机制

新媒体时代快速变迁，持续对档案记忆再生产的过程、环节、要素等产生影响，使其转型规模和程度进一步扩大深化，加速其与社会记忆再生产的交互。面对新的时代语境，可根据档案记忆再生产转型特点，从个别生产要素的建设转向整个生产要素体系与过程，注重总体性价值导向、制度设计和社会关系规范，积极构建实践面向的多维立体推进机制体系（见图7-1），推动转型深化和能级提升。

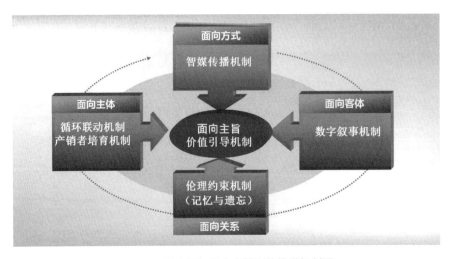

图 7-1 档案记忆再生产转型的推进机制图

一、面向生产主旨的价值引导机制

从人类整体发展角度，"履行档案记忆职责，维护社会公平与正义"是档案记忆再生产的首要价值定位。这蕴含档案记忆对于社会记忆再生产、主体人的全面发展和整个社会的再生产三方面的意义，也是档案机构在整体社会结构中存续发展的"合法性"来源之一，还体现出新媒体时代档案记忆再生产的价值总纲与基本规则。随着经济社会的发展，基于证据视点的档案工作在各领域发挥重要作用，已彰显出公平正义的影响力，档案部门拥有借助记忆捍卫社会公平正义的重大职责和天然优势。在新媒体时代，档案记忆作为社会记忆的本源性构成之一，对建构数字空间共享记忆有着特殊意义，对于社会转型发展和公众个人自由全面发展发挥着支撑作用。

价值导向也是新媒体时代的焦点之一。如在智能媒体发展的背后，"算法是否有价值观"一度成为热点话题。2021年以来，国家互联网信息办公室等先后发布《关于加强互联网信息服务算法综合治理的指导意见》《互联网信息服务深度合成管理规定》，规范算法生态、算法机制，防范算法滥用带来的风险隐患，实现"算法导向正确、正能量充沛，算法应用公平公正、公开透明"①，强调"坚持正确政治方向、舆论导向、价值取向，促进深度合成服务向上向善"②。技术并非孤立的存在。算法优先、流量为本反映的是缺乏价值引导的资本逻辑。这也体现出人们对数字空间中数字正义的追求。数字正义作为指导和约束人类在数字技术领域的价值准则，要求数据资源合理分配、数字权利充分配置、算法决

---

① 《关于印发〈关于加强互联网信息服务算法综合治理的指导意见〉的通知》，https://www.gov.cn/zhengce/zhengceku/2021-09-30/content_5640398.htm，访问日期：2023年5月20日。

② 《互联网信息服务深度合成管理规定》，https://www.miit.gov.cn/xwdt/gxdt/sjdt/art/2022/art_466dfb964d6646f38234ca8aadc056b1.html，访问日期：2023年5月20日。

策公开透明以及代码规制规范有效①。

因此，面向智能媒体传播，包括数字人文运用在内的档案记忆再生产同样遵循价值导向和价值判断。"当前努力发展数字人文本身就体现了一种价值判断，即既要传承传统文化，又要走向现代化。"②档案记忆再生产释放的记忆能量属于"正能量"。档案部门由于定位、馆藏、特色等不同，在社会记忆场中有着不同的作用领域。从维护社会公平正义出发，档案部门一方面可加大档案记忆资源积累，深化档案记忆加工，形成必要的规模与质量，发挥对社会记忆再生产的影响力；另一方面可以通过多种方式激发档案记忆需求和消费，促进人们理解社会、建构认同。依托未来智慧优势，在数字媒体空间和社会记忆空间，档案部门加大社会记忆能量供给的同时，同步提升自身再生产社会记忆的水平，拓宽社会记忆能量辐射的范围。

"封闭于库房中的档案并不能帮助公民改善身份认同，反而可能成为历史与现实、推测与真相、个体与社会之间的阻隔。"③公众的知情、书写和获取权利不仅指向进入公共空间的档案记忆，还指向潜藏、封闭的待开放档案记忆。个体档案记忆有望重新激活、集聚，并经新媒体传播、扩散，推动社会记忆再生产。因此，档案工作者不仅是档案记忆的守护者、传播者，更是社会公平、正义的维护者、支持者。特里·库克（Terry Cook）认为证据、记忆即"档案这枚硬币的两面"，存在证据、记忆、认同、社区四大范式④。这也是档案机构在档案记忆再生产转型中强化引导力、提升协同力的基础。

---

① 周尚君、罗有成：《数字正义论：理论内涵与实践机制》，《社会科学》2022年第6期。
② 刘炜、刘越男、王晓光等：《建构中国自主数字人文知识体系的使命与路径》，《数字人文研究》2022年第4期。
③ 冯惠玲：《当代身份认同中的档案价值》，《中国人民大学学报》2015年第1期。
④ 特里·库克：《四个范式：欧洲档案学的观念和战略的变化——1840年以来西方档案观念与战略的变化》，李音译，《档案学研究》2011年第3期。

档案部门恪守的"存史、资政、育人"具有深层价值观意义。"让我们信守公共责任、政务公开、文化多元性和社会公正的价值观。如此，档案工作者才真正可以说，我们正在确保档案服务大众，并以专业技能促进更美好的社会。"①档案部门一方面要建立覆盖人民群众的档案资源体系，将须纳入国家记忆宝库的各种形态、内容、群体的记忆筛选入藏，避免记忆真空；另一方面，应将档案记忆能量辐射向社会，与一些"反记忆"相抗衡，避免记忆混乱，在维护国家主权、凝聚国家民族认同、增强文化自信等方面发挥作用，服务于人类命运共同体对真善美的追求。2023年阿布扎比国际档案大会的一大议题就是"和平与宽容"，强调"在充满冲突和挑战的当今世界，档案是国家记忆，将通过促进和平、提倡宽容、加强合作，为使社会更加丰富多彩发挥自身的作用"②。这无疑对全球档案界提出了使命要求。

二、面向生产主体的循环联动机制

"守护与传承档案记忆"业已成为档案部门的自觉担当，这一记忆职责在智媒时代衍生出新的内涵。从既往实践和今后发展来看，档案记忆再生产由包括档案部门在内的多个部门、社会组织和个人的共同参与，但各参与者彼此存在一定阻隔。2011年联合国教科文组织在《档案共同宣言》中呼吁，"所有公民、公共管理者和决策制定者、公共或私人档案馆的管理者或拥有者，档案工作者和其他信息专家在档案管理方

---

① JIMERSON R C："Archives for all：professional responsibility and social justice"，*The American Archivist*，2007年第2期。

② 《阿联酋国际档案大会开始论文征稿》，https://www.saac.gov.cn/daj/gjjldt/202301/8035954a4f824030ac6c7112c25f0509.shtml，访问日期：2023年3月8日。

面具有集体责任"①。新媒体时代档案记忆消费者与生成者在特定情形下有转化之势。

新媒体时代若仅固守记忆守护者的角色，恐难担负记忆使命。面对社会各类档案记忆资源的建设与开发，档案部门要努力做档案记忆再生产的主导者，注意引导社会组织与个人的主动参与，并适当协助。从当前记忆资源的竞争来看，档案部门应以社会记忆建构的总体性、主动性思维来作以引导。事实上，档案部门参与社会记忆建构的范例既往有之，体现为国家档案馆网的布局、归档范围与保管期限表的制定等。从研究与实践动态中，也可感受档案部门积极参与社会记忆建构的成效，如城乡档案记忆、非遗档案记忆、红色档案记忆等，以及以记忆为主题的文化成果、档案编研产品等。借助新媒体的平行关系、生动话语、灵活互动模式，档案部门将进一步发挥引导力和推广开放亲民的形象。循环联动、多元化生产已成为大势所趋，加大相关共享与合作必要且可能。图书馆界2015年就发出《全国图书馆界共同开展记忆资源抢救与建设倡议书》，将抢救与建设记忆资源视为"我们新的航线、新的田野"②。对于具有区域、民族、群体特色档案记忆资源的采集，应从体制机制上融为一体，纳入整体层面去扶持。

这种循环联动协同机制的建立与运行，面向档案记忆再生产的主体及行为，与新形势下档案治理能力密不可分。档案治理侧重于档案部门对档案事务的治理，其本质即"明确档案事业治理各种主体之间的利益和权责关系，并满足其利益诉求"③。在公共服务产品的供给方

---

① 《国际档案大会通过〈档案共同宣言〉》，《中国档案报》2010年11月18日，第3版。
② 国家图书馆中国记忆项目中心：《全国图书馆界共同开展记忆资源抢救与建设倡议书》，《国家图书馆学刊》2016年第1期。
③ 陈忠海、宋晶晶：《档案治理：理论根基、现实依据与研究难点》，《档案学研究》2018年第2期。

面，随着档案开放进程的加大，政府方面不可能包办诸多资源。相对开发力量有限的档案部门面向智媒语境开展档案记忆再生产活动，不免精力不济，有必要将视野转向社会，加大对档案记忆再生产所涉主体的引导力，引导公众主动参与档案记忆再生产。档案管理作为一项系统工程，客观上需要各有关领域部门的协同创新。有必要在治理多元、开放、协作的总体要求下，实现深度融合和有序发展。目前学界对档案数据治理日益关注。而数据治理需要"健全基于'数字政府、数字经济、数字社会'的多场景、多层级数据治理标准化协同路径及实施方案"①。要注重发挥档案行政管理部门的服务功能，通过完善档案法律法规，制定推荐性标准或规范，结合新领域、新类型建档、档案中介组织培育等，引导档案记忆再生产转型发展。其中可以关注各档案企业在档案事业数字化以至智能化转型中的作用，以及档案行业与相关产业的交流合作。2023年，高校、档案馆和企业成员共36家单位共同成立了档案数据产教融合发展平台（CAIE-36)②，在产教融合联动方面迈出重要一步。

在公共服务理念下，档案部门可通过加强与相关政府部门、行业协会、民间公益组织等的信息互通，共同搭建一体化的服务平台。讲好中国故事、传递中国声音，已成为当代中国的一项重大文化战略。档案机构有必要承担起专业档案记忆生产机构的职责，履行社会记忆传承建构的使命，适应档案记忆再生产的转型变化，提升新媒体时代档案记忆再生产能力，做好大众记忆时代的引导者和参与者。

---

① 安小米、许济沧、王丽丽等：《国际标准中的数据治理：概念、视角及其标准化协同路径》，《中国图书馆学报》2021年第5期。

② 《2023档案数据产教融合大会暨第十三届电子文件管理论坛在宁波成功举办》，https://irm.ruc.edu.cn/xydt/xyxw/11edb41569974ad4b4d64f5f27f7b738.htm，访问日期：2023年11月6日。

三、面向生产主体的"产销者"培育机制

消费是档案记忆再生产的目的和动力，有必要引导培育相应的档案记忆消费群体，促进新媒体时代的档案记忆再生产。无论是满足特定需求的目的性消费，还是纯属猎奇式的休闲性消费，均有拓展空间。

新媒体时代档案记忆消费者不仅是被动的受众，还是可直接参与的"互众"甚或"产销者"。据一项对档案馆2.0、图书馆2.0应用的全球机构调研，与新媒体中社交媒体认知相关的关键词中，"交流、互动、参与、合作、新受众"居前[①]。这虽针对社交媒体应用，但也反映出新媒体时代主体理念、能力的要求与变化，核心的即互动、开放、协作。新媒体的在线留言、评论、弹幕、分享等功能，可让档案记忆消费者反馈信息更容易得到采集和评估，有助于发现目标消费者。比如通过新媒体平台用户关注、点赞、转发、留言、评论等，直接获取有关指数并分析，据此发现、培育、维系消费者。从等待消费到发现、培育和引导消费，这一变化具有变革性意义且更有实践可能。培育消费者首先要让公众认知档案记忆。虽然有国际档案日宣传活动、各类档案文化活动等，但公众对此的认知度仍然偏低，有待提升。

要注意兼顾档案记忆消费者两端，即重点、弱势群体。传承档案记忆的关键在于青年一代。当下Z世代（网络一代）习惯于数字阅读，思维活跃，乐于接受新事物。有必要采取灵活方式如微动漫、微电影、微课程等，让其认知并了解带有时空间距的档案记忆。可结合不同学段、学情，遵循教育规律，利用档案记忆资源编写校本教程，开设乡土文化等相关德育课程或讲座，让档案记忆与文化融入课堂、写入教材，走近

---

① LIEW C L, WELLINGTON S, OLIVER G, et al: "Social media in libraries and archives:applied with caution", *Canadian Journal of Information & Library Sciences*，2015年第3期。

青少年。还可结合学校立德树人的关键课程思想政治理论课，融入大中小学思政课一体化和"大思政课"建设。在打造智慧档案馆的同时，可在档案记忆消费中实现"智慧课堂"的引入。此外，对于不具识读能力的人群，可多采用图片、音频、视频形式展示；对于有阅读障碍者，可以大字屏、语音版形式辅助阅读；对于少数民族或地方民众，可采用民族语言、方言进行加工。

四、面向生产客体的数字叙事机制

在新媒体时代芜杂情境中，档案记忆独具价值，由其记忆本源性出发，以档案记忆加工的"再"生产为代表，通过数字叙事策略，实现面向公众的多维诠释。前文论及档案记忆加工的数字叙事已多有阐述，此处不再展开。需要强调的是，这一数字叙事以可信性为基础，以可读性为旨要，以思想性为升华，并重在体现变迁性、对话性、意义性和互文性。

其一，体现变迁性。在新的时代背景下，档案记忆再生产需要打破时空限制，消除既有的存储和隔离状态，将档案记忆置身于社会变迁的整体框架，体现总体变迁性。以面临剧烈社会变迁的城乡记忆为例，随着新型城镇化的深入推进，城市、乡村在生态环境、文化形态、治理方式、空间区域等方面均发生快速变化，两者泾渭分明的界限已然被打破，甚至在某些区域朝向一体化的方向发展，城市记忆、乡村记忆逐步融合为城乡记忆。档案记忆再生产势将顺应城乡一体化发展的社会趋势，破除代际、空间传递中遇到的各类记忆阻隔，通过融入时代理念、元素、形式与资源，着力实施有层次、有重点、有特色的档案记忆再生产活动。

其二，突出对话性。社会记忆有效传承、建构的重点在于受众认同。这依赖于双方对话，进而为受众认同提供基础。新媒体强调开放、平等的交流话语模式，有助于形成互通对话机制。通过这种互通对话，个体记忆被理解，最终纳入集体记忆、地方记忆和共同体记忆中。档案记忆再生产使得记忆以物化的形式加以展演，可视化、可感知，以易于接受、认同的形式实现消费者互动，变单向的传授过程为双向的传播互动、社会记忆的生产与消费过程。以乡村记忆为例，伴随城市化进程的加速，城市文化在城乡记忆中居于强势地位。在档案记忆再生产中，要从乡土中国的传统出发，以城乡平等的理念，尊重乡土记忆的原生性、独特性；要以人为本，在充分认识与理解所面对的乡土特质基础上，摆脱"异乡人"局限，由立足精英文化的优势性展演，转向"接地气""入乡俗"的话语表达，积极营建心理和情感上的对话空间，传递和构建新一代的乡土记忆认同。

其三，重视意义性。档案记忆再生产注重意义再生产，对内容的诠释力大小除主要取决于加工层面，还受到记忆消费过程中的意义建构影响。如葛兆光所言，档案中自古存在"有组织的历史记载"与"有偏向的价值确认"，"正是这种价值赋予记载以某种意义并把它放置在某个位置"①。档案记忆作为社会记忆的重要形态之一，唯有在历史与社会这一大的解释框架下，方能体现其深层次内涵与意义。从内容层次和深度出发，从长远计，新媒体时代档案记忆再生产要为国家民族形象建构、传递共享记忆、善治服务，面向人类命运共同体构建。诚如北宋张载所言，"为天地立心，为生民立命，为往圣继绝学，为万世开太平"。这种价值关怀立意高远，值得深思。

其四，关注互文性。社会记忆并非虚无缥缈，有其具体的内涵、载体与表达形式。"任何文本都不是孤立地被阅读的；所有阅读都发生于'互文性'的框架之内，也发生于涉及互通知识汲取的背景中。"②新媒体时代数字记忆的融合趋势，使得不同形态、内容的社会记忆有望达成

---

① 葛兆光：《中国思想史（导论）：思想史的写法》，复旦大学出版社，2016，第14页。
② 安东尼·吉登斯：《社会理论和现代社会学》，文军、赵勇译，社会科学文献出版社，2003，第115页。

"互文性"的关联，新媒体的超文本、多媒体等特性也使档案记忆的多种文本表达与融合成为可能。在诸多记忆项目实践中，新媒体尤其是数字人文的运用，使得各类记忆资源以数字记忆的形态集聚，共同拓展并强化档案记忆再生产的数字叙事能力。

五、面向生产方式的智媒传播机制

新媒体一定程度上消解了档案机构物理空间界限，形成一个虚拟边界甚至无边界的数字空间。档案记忆再生产未来将集中于文化与科技的创新融合。2019年，科技部等六部委发布《关于促进文化和科技深度融合的指导意见》，提出推动媒体融合向纵深发展，推动文化科技技术创新，对公共文化服务进行全方位、全链条改造，促进内容生产和传播手段现代化，推动文化数字化成果网络化、智能化[1]。智能媒体演绎了新型媒体生态和记忆语境，为档案部门推进档案记忆再生产转型提出新命题。对政府而言，正确认识和使用媒介及媒介信息是提升政府治理能力的重要基础和主要内容[2]。从生产方式角度来看，提升档案部门档案记忆生产力的关键在于提升适应媒体智能化转型的素养与能力。档案记忆再生产尤其是加工需要敏锐的社会洞察力、精准的媒体感知力、厚实的人文素养。新媒体时代内容生产、话语传播方式发生一系列变革，对资源有限的档案部门形成挑战。这要求档案部门既要注重专业力量协同整合，也要加大档案人员新媒体素养提升。这一素养不仅有对新媒体形态的理解与运用能力，更包含对其社会意义的理解。

---

① 《科技部等六部门印发〈关于促进文化和科技深度融合的指导意见〉的通知》，http://www.gov.cn/xinwen/2019-08/27/content_5424912.htm，访问日期：2019年9月10日。

② 王洛忠、闫倩倩、陈宇：《数字治理研究十五年：从概念体系到治理实践——基于CiteSpace的可视化分析》，《电子政务》2018年第4期。

在智能媒体传播背景下，有必要拓宽档案部门对话社会公众的话语平台，建立层次化、立体化、可视化、互动化的平台，达成传播共享档案记忆的互动融合机制。新媒体时代公众对多媒体以及超链接记忆文本的需求日益增长。以"云生产""云传播"为趋势的全媒体加工，在网络和社交媒体上有着突出表现。档案记忆成果具体形式包括：融图文音视频于一体的网络文章、在线展览；开发或植入的各类程序，如青岛档案馆开发了维基百科式的"青岛历史知识库"微信小程序；具有文化创意产品特性的微电影、微纪录片、动漫作品等；运用H5技术、VR技术的浸媒体成果等。还可着力打造以档案记忆为核心竞争力的融媒体IP。参照人民日报的"中央厨房"理念，进行数字档案记忆的一次生成、多元开发，并通过消费反馈进行再生产；人民日报"创作大脑"智能创作平台也可提供借鉴。在智慧城市、智慧村镇建设中，档案记忆消费者可获得更佳的智慧体验。档案部门可通过参与智慧政务服务吸引用户，将档案记忆成果与政府信息公开查询、便民服务、档案远程利用等结合起来，并适时延伸至深入社区、乡镇的各类智慧服务平台。

六、面向生产关系的伦理约束机制

面向人类命运共同体的档案记忆再生产指向善治、治理，记忆伦理尤其是数字空间的伦理问题凸显出来。记忆伦理即"追问什么样的记忆是符合道德伦理要求的"[①]，它涉及对社会记忆的合法化表达。档案记忆伦理其实古已有之，如史官的"秉笔直书"等。国外如1955年美国国家档案馆提出半官方的"档案工作者准则"，1992年美国档案工作者协会（SAA）制定首个官方准则，其后的修正、探讨认为"责任与伦理并行

---

① 梅丽：《越战小说中的记忆伦理》，《重庆邮电大学学报（社会科学版）》2015年第6期。

不悖"①。国际档案学界关于口述历史档案、少数族群档案等的探讨隐含了对记忆伦理的诉求。正如国家治理与政治伦理密不可分，强调公信力的档案治理与档案记忆伦理有着密切关联。档案记忆的伦理在于公平、公正、开放，符合善治目标。面向智媒时代，档案记忆再生产转型也蕴含必要的记忆伦理尤其是数字记忆伦理、媒介伦理要求，并集中于记忆与遗忘两大方面。这也体现出档案记忆再生产的规约机制，记忆与遗忘同时作为运作机理，影响档案记忆参与塑造社会记忆和共享性的共同体记忆。档案记忆的生产和消费本身意味着选择、鉴别与筛选，舍弃即意味着遗忘，无论自觉还是不自觉。

（一）普遍享有档案记忆的权利

"'记忆属于大众'是当代数字记忆必须秉持的准则。"②这一准则同样适用于档案记忆再生产。新媒体时代有着不同于以往的媒体环境，社会变迁、制度、技术等引发档案记忆的主动性、选择性、制度性遗忘，有必要关注新兴群体、边缘群体、少数族群、弱势群体档案记忆。普通人也有记忆的权力。美国历史学会主席卡尔·贝克尔有句名言"每个人都是自己的历史学家"③。意大利托皮耶韦圣斯特凡诺（Pieve Santo Stefano）的国家日记档案馆，收藏尘封的私人日记，表达出普通人同样不希望被忘却的意愿。以面向大众的口述历史档案记忆为例，"随着意义结构和评价模式的变化，过去重要的东西后来可能变得不重要了，而以前不重要的东西在回顾的时候却可能变得重要了"④。如肖勇的《老兵：百位抗战老兵影像档案》、崔永元的"抗战老兵口述史"等，都使普通

---

① COX R J: "Archival ethics:the truth of the matte", *Journal of the American Society for Information Science & Technology*, 2008年第7期。

② 冯惠玲:《数字时代的记忆风景》,《中国档案报》2015年11月19日, 第3版。

③ BECKER C: "Everyman his own Historian", *American Historical Review*, 1932年第2期。

④ 阿莱德·阿斯曼:《回忆有多真实？》, 载哈拉拉德·韦尔策《社会记忆：历史、回忆、传承》, 季斌、王立君、白锡堃译, 北京大学出版社, 2012, 第118页。

抗战老兵记忆通过影像、口述等档案记忆形式浮现于世。如何记录、书写与再现各类创伤记忆，涉及隐私与道德，体现出一定的伦理要求。国外也有研究者呼吁将"记忆权"作为一项天然权利纳入法律框架①。

随着经济社会的转型发展，一些社会弱势或边缘群体逐渐受到关注。受限于自身社会经济地位、文化素质等，他们在社会生活中属于相对沉默的一群，如国企下岗职工、农民工等。身份落差或转换以及社会认同的冲击，不仅表现在物质层面，还表现在精神层面。如何确保公众共享改革发展成果，不仅成为国家治理需要考虑的问题，也成为档案记忆再生产中值得沉思的问题，这也是社会有机体健康运行、有效再生产的保证。应注意关注数字空间的文化弱势群体，努力消除数字贫困，弥补数字鸿沟。要重视个体记忆与集体记忆的互构性，给予弱势与边缘群体记忆更多的关注，甚至可以考虑有无档案救济的途径。这些弱势、边缘群体虽不晓言说或无力言说，但并不意味他们在宏大叙事中可隐去，化入历史背后的阴影。档案记忆要植根公众、面向公众、服务公众。这些记忆"微光"在何种情况下得以显现照亮，有待进一步的探索。

档案记忆再生产的这一伦理要求不仅立足于过去与当下，还指向未来，与新媒体时代的网络伦理甚至人工智能伦理等都有相通之处。普遍享有档案记忆的权利指向人类个体的尊严、权力和群体文化多样性。以前沿的人工智能伦理为例。2017年，在美国加利福尼亚州阿西洛马举行的Beneficial AI会议上，全球科学家提出"阿西洛马人工智能原则"（Asilomar AI Principles），包括科研问题、伦理价值问题、长期问题三大类，强调符合人类价值观和共同利益，"和人类尊严、权力、自由和文

---

① Tirosh N, Schejter A M："A right to memory and communication policy: safeguarding the capability of remembrance"，*Communication Theory*，2022年第4期。

化多样性的理想相一致"①。2017年，电气和电子工程师协会（IEEE）发布人工智能伦理标准。2019年，欧盟发布《人工智能（AI）道德准则》，提出透明度、多样性、非歧视性和公平性、社会和环境福祉等七大条件②。尽管内容不一，但它们都指向人类共同福祉，旨在"推动技术向善和构建人机共存的美好生活"③。

（二）特殊允许遗忘的权利

"被遗忘权"（Right to be Forgotten）是学者们探讨数字时代记忆伦理时的一个重要议题，并引申出包括档案工作者在记忆大生产时代可能面临的困境。谁担负有记忆或删除的权力？谁决定告诉子孙后代何种过去？就如历史的史料不一，究竟编织何样历史？又取决于何种标准？这涉及在一个强调记忆的时代，对记忆控制权力和记忆滥用风险的关切。一方面，记忆充沛而丰盈；另一方面，记忆的复杂性与不确定性并存。记忆与反记忆、冲突性记忆始终存在于数字空间和记忆场域。媒体的沉默往往会使社会记忆的结构性、群体性遗忘化为事实。以新媒体时代的一轮轮网络风暴为例，在将记忆再度引入大众视野的同时，也使更多记忆悄无声息地沉入网底。新媒体时代，数字海量存储改变了传统记忆模式，在新媒体筑就的强大记忆能力面前，遗忘反而成为一大挑战。2014年，根据欧盟数据保护工作小组关于"被遗忘权"实施细则，欧洲民众有权申请谷歌公司删除"不恰当、错误、落伍的信息"④。2016年，欧盟又在《一般数据保护条例》中确认了"被遗忘权"。

---

① Michael Irving：《阿西洛马23原则使AI更安全和道德》，陈亮译，《机器人产业》2017年第2期。
② 李曦子：《欧盟发布人工智能道德准则，值得信赖的AI要满足这7大条件》，http://finance.sina.com.cn/roll/2019-04-10/doc-ihvhiqax1366945.shtml，访问日期：2019年9月22日。
③ 崔中良、卢艺：《国外学者关于人工智能伦理问题研究述评》，《国外理论动态》2023年第2期。
④ 《欧盟出台"被遗忘权"的具体实施细则》，https://www.tisi.org/3308，访问日期：2019年6月12日。

除此之外，"被遗忘权"在法律层面上还在阿根廷和美国加州得到确认。2016年，国内也出现所谓的"被遗忘权"第一案，虽然当事人对信息检索公司的网页删除诉求被驳回，但案件本身也反映出被遗忘权和一般人格权的关联。2021年实施的《中华人民共和国个人信息保护法》规定了"删除权"，并对删除条件、情形与责任作了规定。

结合已有法律规定及司法案例，被遗忘权实质上包括信息删除权和链接删除权两种最主要的权利①。对"删除权"和"被遗忘权"的关系，学界也持有分歧。有研究者认为两者存在实质差别，相较于"删除权"，"被遗忘权"的内涵不仅是删除，更代表着与记忆相对应的忘却②。尽管缺乏相关法律条文，但"被遗忘权"的确立对承担记忆职责的图书档案机构释放出强烈信号，要求其能迎接未来挑战。学界和业界在此方面已展开行动与研讨。2016年，国际图联（IFLA）在《关于被遗忘权的声明》中，倡导图书馆及其馆员参与被遗忘权政策讨论，既支持个人隐私权，也提供信息查找帮助③。2017年，在墨西哥城举办的国际档案理事会ALA-ICA年度会议倡议以适当渠道表达"被遗忘权"的概念。"社会不应'忘记'公民或其需求，任何单位不能仅仅为了避免对其行动担责便准许消除其行为记录。"④2023年召开的第十九届国际档案大会也将"被遗忘权"纳入大会主题，探讨相关的信任与证据议题。

档案机构面对着铭记过去、建构未来与公民需求的伦理要求与选择。新媒体时代，对被遗忘权、公民隐私权、公民信息数据权利等与档

① 连志英：《被遗忘权对图书馆档案馆信息存档及信息获取的影响》，《图书情报工作》2021年第16期。
② 姜素红、林炼鸿：《论被遗忘权的理论因应及制度构建》，《湘潭大学学报（哲学社会科学版）》2023年第3期。
③ IFLA: *Statement on the right to be forgotten*，https://www.ifla.org/node/10272，访问日期：2023年5月25日。
④ 石文馨：《"档案、公民身份和跨文化"：国际档案理事会2017年会在墨西哥城开幕》，http://www.sohu.com/a/220236557_734807，访问日期：2019年8月15日。

案机构的开放服务之间的矛盾，有待完善相应法律保护，开展相应的学术探讨。围绕《陈寅恪的最后二十年》档案利用引发的诉讼也对档案机构敲响警钟。新媒体时代档案记忆传播可实时共享，并留痕持久。这对数字记忆消费中的知情权、隐私权保护提出挑战。

上述两方面记忆伦理不仅具有对档案记忆再生产的伦理规范意义，更具面向人类命运共同体记忆、整体社会记忆建构的价值观意义，关乎整个社会的伦理、公平、价值，"数字记忆和数字遗忘构成了社会公民认同实践的行动标准"[1]。当代中国发展面向的共同体语境可从三个层面理解：一是面向中华民族命运共同体，以社会主义核心价值观凝心聚力，致力于中华民族伟大复兴；二是面向网络空间命运共同体，着眼于数字记忆空间与共享；三是面向人类命运共同体，立足于中国共产党所提倡的全人类共同价值（和平、发展、公平、正义、民主、自由），发挥更广的话语传播力。共同体记忆共享的关键在于意义的再生，贯穿档案记忆的生成意义、文本阐释意义到共同体个体理解意义的流动。

对档案记忆伦理的追求，涉及记忆与遗忘的较量，当代人对既往历史所负的债责伦理。人类命运共同体记忆的建构伴随着解构，记忆合法化的过程交织着"去合法化"的斗争，正是在区别与区隔中，个体、族群、国家的身份认同得以清晰化，并得到体认和信守。如对于人类记忆共同体的"世界记忆名录"，南京大屠杀档案的入选和慰安妇档案的落选事实，就极为鲜明地反映出廓清与遮蔽、战争与和平对于人类命运共同体的记忆反思与理解意义。因此，档案记忆再生产最终指向人的全面发展、整个社会的再生产。这将影响我们将何种档案记忆以何种方式带向未来，关系到新媒体时代档案机构的价值基点。从共同体记忆出发，

---

[1] 龙家庆、徐拥军、裴佳杰：《数字时代记忆与遗忘的权利悖论与应对策略》，《图书与情报》2022年第5期。

档案记忆再生产贯通过去、现在和未来，为中华民族伟大复兴提供强大精神动能；同时也以中国人民追求美好生活的命运共同体记忆贡献于人类文明文化发展，深化文明交流互鉴，促进大放异彩的人类记忆图景形成。

结论与展望

记忆研究意蕴深邃，呈现出各异其趣的学术景象。笔者寻求档案学、社会学、传播学、马克思主义理论学科等的视域融合，以"档案记忆再生产"为切入点，进行档案记忆实践的理论聚合和实证研究，意图勾勒新媒体时代档案面向整体人类社会发展的记忆图景。迈向智媒时代，媒体不仅作为资源、中介、结构要素，更作为记忆生产机制深度融入档案记忆再生产，推动新一轮转型。从转型中探究其本质与演进规律，对于档案记忆的生产流动至关重要。

一、研究结论

"档案记忆再生产"是从社会再生产、社会记忆再生产视角提出的，是涵盖具体档案记忆实践的统摄性概念。作为一种客观存在的社会现象，档案记忆再生产随社会变迁而生发演进。本书立足于新媒体时代在资源生成、传播媒介、记忆场域等方面的变革，重点探究其对档案记忆再生产的转型影响，深入分析其与社会记忆再生产、社会再生产的关联与运行机制。主要研究结论如下：

第一，档案记忆是从中介切入的社会记忆形态，档案记忆再生产是社会记忆再生产、精神再生产的基本形式之一，是对档案记忆施加一系列影响的行为、过程和结果，体现为档案记忆经由生成、加工、消费不断累积、扩大更新，实现档案记忆积累、重构、活化、展演、传递、共享的记忆流动过程。它贯穿档案记忆生成、加工到消费三大环节，贯通文本生成、内容加工、意义阐释三个层面，涉及多元主体，指向不同意义向度。生成作为档案记忆再生产的起点，有着初始化意义；加工重塑了档案记忆的结构与形态，具有典型的"再"生产特征；消费强调消费者的主体能动性，实现档案记忆的传播与共享。档案记忆再生产呈现出鲜明的记忆实践特征，具有记忆传承、社会治理、文化认同等社会功能。它受社会再生产的规定，并以所涉及的社会关系、社会结构的再生产推动社会再生产。汲取中华优秀传统文化智慧，档案记忆再生产参与社会记忆再生产，蕴含"太极图"式生生不息、往复更新的运行机理。

第二，档案记忆再生产是贯穿人类历史时空的普遍社会现象和实践活动，受档案记忆系统内外因素制约，并随社会变迁而不断演变。档案记忆再生产发展的每一历史阶段都与特定时代社会实践以及生产要素的变革相关，其总体演化沿袭以下发展轨迹：速度上从缓慢走向加速，广度上从封闭走向开放，幅度上由分散走向系统，深度上从单一走向多元。政治、经济、文化、媒介技术等外部环境因素，以及档案记忆再生产主体、档案记忆制度、档案记忆资源等档案记忆系统要素，综合作用于其中。由此内外影响因素体系出发，新媒体时代社会情境发生重要变革，社会转型、社会治理、文化消费、智媒传播等共同推动档案记忆再生产的转型发展。

第三，新媒体时代档案记忆再生产面临一系列的转型变化，媒体不仅作为记忆中介，更作为重要的记忆机制作用于档案记忆再生产。本书面向档案记忆的生成、加工、消费三大环节方面的转型转化，着眼于主体、客体、方式、关系等，描绘新媒体时代档案记忆再生产转型的整体图景。档案记忆生成环境转向数字空间、复合竞争性记忆场域、交互生成语境；生成主体从官方、精英转向民间、大众；生成对象转向数字档案记忆，并扩展到新兴新媒体档案记忆，使个体档案记忆得到彰显。档案记忆加工目的愈加突出意义再生产，从史学研究到共享记忆，档案史料转化为记忆资源；加工主体日益社会化、协同化，加工形态由文本到注重具身体验，并以空间记忆和影像记忆为代表；加工方式趋向数字化、叙事化、创意化以及以数字人文项目为代表的数字叙事。档案记忆消费主体转向融生产与消费于一体的数字消费者；消费对象从记忆资源到记忆资本，从内容消费扩展到注重情感、认同等的意义消费；消费方式趋向数字化、个性化、品牌化、休闲化，消费途径趋向在线获取，更加重视互动实践。

第四，新媒体时代档案记忆再生产转型体现出一定的总体特征，对整体社会记忆建构产生影响，有必要实施一系列旨在提升转型能级的推进机制，从而针对转型变化进行全方位调整。本书从路径、取向、方式、范围等方面，总结新媒体时代档案记忆再生产转型的总体特征，具体表现为由单向性、生产性、凝固性、区域性转向多元化、消费性、流动化、全球化。档案记忆再生产转型对整体社会记忆建构将产生多重影响，包括迈向智慧记忆、丰富媒体记忆、打造共享记忆、激活社会记忆、消解记忆冲突。为提升转型能级，实践中可面向档案记忆再生产的要素与过程，从主旨、主体、客体、方式、关系等出发，实施价值引导、循环联动、"产销者"培育、数字叙事、智媒传播和伦理约束等六大推进机制，以促进社会记忆及整个社会再生产。媒体智能化转型的关键在于优质内容的生产，这也为档案记忆再生产提供新的机遇与空间。

二、研究展望

社会再生产理论、社会记忆理论等关联诸多大家先哲的深邃思想，新媒体时代、社会转型等涉及当代社会发展的复杂关系，档案记忆再生产置身于广阔的社会领域，与政治、文化、社会、技术等相融相生，档案记忆系统复合多重因素、多元情境，复杂性不言而喻。缘于社会实践的动态发展，以下议题可资深化：

其一，新类型档案记忆的再生产。首先是数字档案记忆，它以数字化形式存在，如何构建数字"记忆之场"意义深远；其次是新内容档案记忆，新组织、新群体、新领域为档案记忆再生产开辟了新视野；最后是私人档案记忆尤其是个体档案记忆，这关系到整体档案记忆的多维性、生动性和记忆伦理。

其二，档案记忆再生产与国家和社会治理。在中国式现代化进程中，国家治理体系和治理能力现代化同步推进。这加速了档案记忆实践的社会化模式，使公共档案馆之"公共性"更具实质意义。档案记忆如何以"记忆资本"服务国家和社会治理？如何作用于"善治"目标？权力、认同、伦理、公正等本身作为治理中的重要概念，将继续影响记忆公平公正，这也决定我们留下何种档案记忆遗产。

其三，档案记忆再生产与传媒生态的发展。媒体与生活世界不断演化、重塑，深刻影响档案记忆的功能性生产和流动性传播。参照莱文森的媒介人性化进化观点，媒介的时空延展能力和智能思维交互能力，将引申出更具文明交流意义的档案记忆再生产模式。

其四，档案记忆的消费者行为与消费机制。在定性研究基础上，可考虑引入扎根理论等质性研究方法，开展针对具体消费模式、行为、心理等的深度分析，探求社会记忆与个体档案记忆的交互转化机制。这将进一步激发从消费视角对档案记忆的反向研究。

其五，档案记忆的叙事方式与话语研究。作为讲好档案故事、中国故事的枢纽，档案记忆叙事如何在文化传承创新中发挥作用？如何助推中国话语传播和全球共同体记忆生产？这不仅关乎档案记忆内容，更指向档案记忆的意义再生产。

　　以上议题本书已部分涉及，但限于篇幅及主题复杂性难以论述至详，留下诸多思考空间，这正是本议题的开放之处。历经30余年发展，档案记忆研究已由学术自省走向学术自觉，积极进行理论建构逐渐演化为档案学术共同体的知识承诺。正如冯惠玲教授在中国首届档案学博士论坛上所指出的：会议主题"21世纪的社会记忆""既注释了档案事业一如既往的历史职责，更表达了对未来严肃而认真的思考"①。笔者也希望在这一领域有所思考、有所贡献。

　　档案记忆再生产涉及面广，在提供深广议题空间的同时，也增加了深层把握的难度，也对笔者达成理论的"视界融合"构成挑战。本书仅择要进行理论抽象与阐述，并对新媒体时代这一新语境作出理论呼应和路径思考。在新媒体相关理论研究中，探讨、批判、争议交织，不断引发新问题、新思考。这一研究语境自身的变动性、复杂性增加了本议题的把握难度，但正因如此，也提供了分析"档案与社会"图谱的又一路径。有学者甚至预言，继解释学、语言学转向之后，新媒体时代的人文社会科学将迎来新的"传媒学转向"②。尽管只是方向之一，但变革就在当下。档案记忆再生产将持续伴随人类社会的发展，绵延至未来无尽的时空。新媒体时代未来可能以真正的智慧时代在人类社会发展史上书写浓墨重彩的一页。档案记忆面向过去，立足当下，更指向未来，关乎整个社会的公平、正义、和谐和美好生活，档案记忆再生产的价值与意义莫过于此。

---

① 中国首届档案学博士论坛文集编委会：《21世纪的社会记忆——中国首届档案学博士论坛文集》，中国人民大学出版社，2001，第1—3页。

② 张骋：《传媒本体论——新媒体时代的理论转向》，中国社会科学出版社，2016，第13页。

参考文献

一、中文参考文献

[1] 阿斯曼.回忆空间：文化记忆的形式和变迁 [M].潘璐，译.北京：北京大学出版社，2016.

[2] 伯格.理解媒介：媒介与文化研究的关键文本 [M].秦洁，译.北京：清华大学出版社，2013.

[3] 埃尔，冯亚琳.文化记忆理论读本 [M].余传玲等，译.北京：北京大学出版社，2012.

[4] 玛格利特.记忆的伦理 [M].贺海仁，译.北京：清华大学出版社，2015.

[5] 伯迪克，德鲁克等.数字人文.改变知识创新与分享的游戏规则 [M].马林青，韩若画，译.北京：中国人民大学出版社，2018.

[6] 康纳顿.社会如何记忆 [M].纳日碧力戈，译.上海：上海人民出版社，2000.

[7] 莱文森.人类历程回放：媒介进化论 [M].邬建中，译.重庆：西南师范大学出版社，2017.

[8] 利科.记忆，历史，遗忘 [M].李彦岑，陈颖，译.上海：华东师范大学出版社，2018.

[9] 安德森.想象的共同体：民族主义的起源与散布 [M].吴叡人，译.上海：上海人民出版社，2016.

[10] 麦奎尔.麦奎尔大众传播理论 [M].崔保国，李琨，译.北京：清华大学出版社，2010.

[11] 韦尔策.社会记忆：历史、回忆、传承 [M].季斌，王立君，白锡堃，译.北京：北京大学出版社，2012.

[12] 波斯特.第二媒介时代 [M].范静晔，译.南京：南京大学出版社，2000.

[13] 马克思，恩格斯.马克思恩格斯选集：第1卷[M].北京：人民出版社，1995.

[14] 马克思，恩格斯.马克思恩格斯选集：第2卷[M].北京：人民出版社，1995.

[15] 马克思，恩格斯.马克思恩格斯全集：第23卷[M].北京：人民出版社，1972.

[16] 马克思，恩格斯.马克思恩格斯全集：第46卷（上）[M].北京：人民出版社，1979.

[17] 瑞安.跨媒介叙事[M].张新军，林文娟，等，译.成都：四川大学出版社，2019.

[18] 麦克卢汉.理解媒介：论人的延伸[M].何道宽，译，北京：商务印书馆，2003.

[19] 哈布瓦赫.论集体记忆[M].毕然，郭金华，译.上海：上海人民出版社，2002.

[20] 盖恩，比尔.新媒介：关键概念[M].刘君，周竞男，译.上海：复旦大学出版社，2015.

[21] 布迪厄.文化资本与社会炼金术[M].包亚明，译.上海：上海人民出版社，1997.

[22] 诺拉.记忆之场：法国国民意识的文化社会史[M].黄艳红，等，译.南京：南京大学出版社，2015.

[23] 霍尔，杜盖伊.文化身份问题研究[M].庞璃，译.郑州：河南大学出版社，2010.

[24] 库恩.科学革命的结构[M].金吾伦，胡新和，译.北京：北京大学出版社，2003.

[25] 阿斯曼.文化记忆：早期高级文化中的文字、回忆和政治身份[M].金寿福，黄晓晨，译.北京：北京大学出版社，2015.

[26] 勒高夫.历史与记忆[M].方仁杰，倪复生，译.北京：中国人民大学出版社，2010.

[27] 霍尔，尼兹.文化：社会学的视野[M].周晓虹，徐彬，译.北京：商务印书馆，2009.

[28] 罗尔.媒介、传播、文化 一个全球性的途径[M].董洪川，译.北京：商务印书馆，2012.

[29] 陈永生.档案工作效益论[M].北京：中国档案出版社，1995.

[30] 卜鉴民.世界记忆工程与地方档案事业发展研究[C].北京：人民出版社，2018.

[31] 丁华东.档案与社会记忆研究[M].北京：人民出版社，2016.

[32] 丁华东.档案学理论范式研究[M].上海：上海世界图书出版公司，2011.

[33] 金波，丁华东，倪代川.数字档案馆生态系统研究[M].北京：学习出版社，2014.

[34] 景中强.马克思精神生产理论研究[M].北京：中国社会科学出版社，2004.

[35] 哈里森.文化和自然遗产批判性思路[M].范佳翎，王思渝，莫嘉靖，等，译.上海：上海古籍出版社，2021.

[36] 李红涛，黄顺铭.记忆的纹理：媒介、创伤与南京大屠杀[M].北京：中国人民大学出版社，2017.

[37] 李宏图.表象的叙述：新社会文化史 [M].张智，译.上海：上海三联书店，2003.

[38] 刘云章.马克思主义精神生产研究 [M].北京：学苑出版社，2011.

[39] 漆亚林.智能媒体发展报告2021—2022[M].北京：中国社会科学出版社，2022年.

[40] 孙德忠.社会记忆论 [M].武汉：湖北人民出版社，2006.

[41] 徐拥军.档案记忆观的理论与实践 [M].北京：中国人民大学出版社，2017.

[42] 王明珂.华夏边缘：历史记忆与族群认同 [M].杭州：浙江人民出版社，2013.

[43] 吴宝康.档案学概论 [M].北京：中国人民大学出版社，1988.

[44] 张庆园.传播视野下的集体记忆建构：从传统社会到新媒体时代 [M].北京：中国社会科学出版社，2016.

二、英文参考文献

[1] BROTHMAN B. The past that archives keep: memory, history and the preservation of archival records[J].Archivaria, 2001(51):48-80.

[2] COOK T. What is past is prologue: a history of archival ideas since 1898,and the future Paradigm shift[J].Archivaria,1997(43):17-63.

[3] COX R J. Archival ethics: the truth of the matter[J].Journal of the American Society for Information Science & Technology,2008,59(7):1128-1133.

[4] HOSKINS A.Digital memory studies:media pasts in transition[M].New York:Routledge, 2018.

[5] JACOBSEN T,PUNZALAN R,HEDSTROM M.Invoking"collective memory":mapping the emergence of a concept in archival science[J].Archival Science,2013,13(2/3):217-251.

[6] JIMERSON R C.Community archives:the shaping of memory[J].American Archivist,2010,73(2):686-691.

[7] KETELAAR E.Archives as spaces of memory[J].Journal of the Society of Archivists,2008,29(1):9-27.

[8] MILLAR L.Considering the relationship between memory and archives[J].Archivaria,2006(61): 105-126.

[9] NEIGER M,MEYERS O,ZANDBERG E.On media memory:collective memory in a new media age[M],London:Palgrave Macmillan,2011.

[10] SCHWARTZ J M,COOK T.Archives,records,and power:the making of modern memory[J]. Archival Science,2002(1):1-19.

[11] TIMCKE S.The materials of memory: tracing archives in communication studies[J].

Interactions: Studies in Communication & Culture,2017,8(1):9-20.

[12] TIROSH N，SCHEJTER A M.A right to memory and communication policy:safeguarding the capability of remembrance[J].Communication Theory,2022,32(4):497-506.

后　记

我对文化记忆的兴趣由来已久，档案记忆再生产恰为我提供了深入思考的机会。面向人民美好生活和精神共同富裕，精神文化生产可谓正当其时。值此落笔之时，几多感慨。诚如本文主题，这也是从我的博士论文到专著的"再生产"记忆。

难忘2014年的那个初秋，重返校园，走进美丽的上海大学，内心是雀跃的，宛若重回安徽大学眼镜湖到中山大学康乐园的青葱岁月。埋头实务十余载，学术渐远，深造之愿，心神萦绕，所幸梦圆。

深谢恩师丁华东教授！不嫌愚钝，再收为博士开门弟子，幸甚！丁老师治学严谨，视野开阔，师德馨远。其于大学"青椒"时即以严爱著称，一门中国政治制度史，学生无不抓狂应试，然多有启迪，至今尚可评点古装剧。再受教门下，自文献研读、选题至成文，丁老师均倾注心血，致力让学生拥有自己的"钥匙"及"地图"。入学伊始，即嘱慎待论文，必泡"三水"（碱水、盐水、开水）。如师所言："学术自有甘苦，坚持下去，点滴积累，必有所获。"若本书对档案记忆理论与实践有些许进益，足以堪慰。

学术伴有孤独，却非孤旅。思路滞涩时，"邂逅"先哲，求教师友，不断汲取营养，不时发现新景。重温经典，片鳞半爪，已足以慨叹几千年思想史之绵延不绝、博大精深。档案学并非显学，学生更幸多方受教。中山大学陈永生教授睿智豁达，将我引入学术之门；金波教授学高身正，指点各路迷津，尽显大家风范；潘玉民教授学术生活达人，示范如何悦读人生；中国人民大学连志英教授亦师亦姐，时常点亮思想，堪当榜样；安徽大学尹慧道教授严谨治学，关爱有加。另也感谢上海大学于英香教授、吕斌教授、李国秋教授、盛小平教授、陆阳教授，复旦大学杨庆峰教授，国防大学政治学院薛匡勇教授，南京大学吴建华教授，上海图书馆刘炜研究馆员，东华大学王治东教授等不吝指教。感谢诸多前人研究支撑与启迪。

学术之外，收获更多情谊。博友余厚洪、孙逊、龙怡、张茜、吴铭、倪代川、周月友、杨智勇、卢欣等，有缘共进，不负芳华。郑永利、吴洁琼、刘春梅老师悉心解决大小问题。东华大学崔敏华馆员、航空工业档案馆张晓博士，上海交通大学姜玉平博士，华东理工大学陆宪良高工，同济大学章华明研究馆员，复旦大学钱益民博士等诸多友君予以诸多鼓励支持。另有师者赠言："人生不如意者十之八九"（尹慧道教授），"享受学术"（陈永生教授），"细水长流，胜任愉快"（陈怡怡副教授），"Everything will past."（一面之缘的沈寂先生），"一定要乐观，迎难而上"（郁铭芳院士）。凡此种种，难以穷列，念之则暖意心头，迸发力量。

深深感恩父母兄长，一路风雨同舟，始终欣赏注目，支撑前行远方。感谢爱人全方位支持，让理想不再止步春天里；爱女同羽常炖"心灵鸡汤"，赐我活力与惊喜；乖巧吾儿羽桐，"鳄鱼小顽皮"铁三角组合让欢乐翻倍；公婆鼎力支持，得守一方宁静书桌。又忆及慈爱爷爷奶奶、念叨"阿公欢喜侬"的儒雅外公、学究气外婆、敦厚小舅。念旧影，不觉泪眼婆娑。一顶迟到博士帽、一份书香或可宽慰。

"鱼和熊掌不可兼得"，未曾想人生半途再征新程。伴有兰台眷恋，带着母亲"做一名优秀人民教师"的嘱托，我有幸再登三尺讲台。尽情读书、思考、分享，对于孩提时即以读书为最大乐事的我，可谓快哉！快哉！教学爬山，探索新知，道阻且长，所幸师长同仁不吝赐教点拨，助我渐融新境。"用一朵云去推动另一朵云"，虽屡恐误人子弟而如履薄冰，然其趣无穷。幸福，难以言表。

教学之余，我也重新检视博士论文，并有幸获学校出版基金资助，删繁就简，实现人生第一本学术专著的"再生产"。与周慧慧编辑的结缘，让成书之路更为愉悦。感谢邓鉴之老师题赠书名，墨宝增辉。

收笔之际，益觉师恩深沉、亲情深远、友情深厚，非言语所能谢。谨以本书奉献父母及所有亲人、师友。拥有你们，幸莫大焉。祈愿诸君好人一生平安！同祈国泰民安！犹记春花烂漫时，相与丛中笑。

张 燕
2024年1月于松江广富林